新编大学体育教程

主　编　赵志梅
副主编　李　锋　黄　斌　王亚男
　　　　徐建中　魏建军　陈方煜
　　　　王寅昊
编　委　许淑贤　张仕权　史　伟
　　　　覃　安　王益泉　黄必超
　　　　吴洪南　谢纪军　黄兹贤
　　　　王　炼　唐俊杰　刘成晨
　　　　张　瑜　陈　辉　朱　涌
　　　　欧阳群华

中国商业出版社

图书在版编目（CIP）数据

新编大学体育教程 / 赵志梅主编. — 北京 : 中国商业出版社, 2023.7
ISBN 978-7-5208-2556-6

Ⅰ. ①新… Ⅱ. ①赵… Ⅲ. ①体育-高等学校-教材
Ⅳ. ①G807.4

中国国家版本馆 CIP 数据核字(2023)第 136787 号

责任编辑：聂立芳
策划编辑：张　盈

中国商业出版社出版发行
（www.zgsycb.com　100053　北京广安门内报国寺1号）
总编室：010-63180647　编辑室：010-63033100
发行部：010-83120835/8286
新华书店经销
三河市悦鑫印务有限公司
*
787×1092毫米　16开　16.75印张　395千字
2023年7月第1版　2023年7月第1次印刷
定价：59.80元
* * * *

前言

体育作为促进学生身心健康的重要手段，为学校培养合格的人才发挥了重要作用。为贯彻落实中央精神和《学校体育工作条例》，加强体育课程建设，进一步提高教育教学质量，依据《全国普通高等学校体育课程教学指导纲要》，结合学校体育工作实际和地方特色，我们广泛参考吸收众多他人的研究成果与经验，组织编写了《新编大学体育教程》。

本书以改革、实践、探索为思路，根据《全国普通高等学校体育课程教学指导纲要》的精神要求，以教育性、知识性、健康性、兴趣性和发展性为编写的基本原则，遵循“健康第一”的指导思想，以加强体育课程建设，提高体育教育教学质量为前提，体现增强大学生体育意识，奠定终身体育锻炼的思想为导向，根据体育教育教学特点，力求以运动技术为主线；主张体育教育与健康教育相结合，充分体现体育的多功能特征，切实提高普通高等学校体育课程在培养新世纪高技能技术人才方面的整体效益。

本书根据实际需求配备了微课资源，通过详细的视频讲解帮助学生更好地进行学习。本书的出版得到桂林理工大学教材建设基金资助，可作为高等院校体育课程教材使用，也可作为体育爱好者与体育工作者的参考书。

本书由赵志梅担任主编，由李锋，黄斌，王亚男，徐建中，魏建军，陈方煜，王寅昊担任副主编，许淑贤，欧阳群华，史伟，覃安，王益泉，黄必超，吴洪南，谢纪军，黄兹贤，王炼，唐俊杰，刘成晨，张瑜，陈辉，朱涌，张仕权参与编写。

在编写过程中参考和引用了众多的书籍和资料，在此向有关作者致以真诚的感谢。鉴于时间紧迫及水平所限，书中不妥之处在所难免，恳请广大读者批评指正。

编　者

目录

课外学习资源：

扫码立领
掌握体育技能
塑造健康体魄
★健美

扫码立领
掌握体育技能
塑造健康体魄
★健美操

扫码立领
掌握体育技能
塑造健康体魄
★空手道

扫码立领
掌握体育技能
塑造健康体魄
★台球

扫码立领
掌握体育技能
塑造健康体魄
★自由搏击

扫码立领
掌握体育技能
塑造健康体魄
★瑜伽

扫码立领
掌握体育技能
塑造健康体魄
★学生体质测试

第一章　大学体育概述

第一节　体育概述

什么是体育？对它的内容和形式，大家似乎都已熟悉。但如何认识它的本质，则又是体育理论界正在探讨、尚有争议的问题。根据目前我国的实际情况，体育在学校领域是指“旨在增强体质，使身心得到和谐发展的身体活动”，通常也称学校体育或体育教育。若扩展到社会，它又包括各种形式的运动，其中包括社会体育和竞技体育。应该指出，对体育的这种表述，也考虑到我国的传统习惯。因为翻开我国体育发展的历史，当它尚处于萌芽状态时，作为体育基本手段的身体运动，就一直伴随着人类的生存和劳动需要而悄然存在，其作用在于强身和获得生产技能。直至脱离蒙昧时代，由专门组织的教育和社会需要所决定，体育又有了丰富社会文化生活和促进精神文明的价值。由此可见，体育是一种特殊的社会现象，它作为有意识的社会活动和教育过程，实质包含了体育教育和体育运动两层含义。但为了突出个性特征，并便于发挥各种身体运动的特殊作用，通常又按不同实施对象、性质及对社会的影响，把学校体育、社会体育和竞技体育作为体育总名称下的三个组成部分。

一、体育的健身功能

强身健体是体育最主要的本质功能。人体是一个结构十分复杂并具有多种机能的有机体。人体的质量是人的生命活动和生活能力的物质基础，它是在遗传变异和后天获得的基础上所表现出来的，体育以身体运动的方式给器官系统以一定强度和量的刺激，对身体各个系统、组织、器官起到积极、有效的影响。

1. 体育运动对神经系统的作用

人体的各种器官活动是在神经系统的调节下进行的。神经系统是人体中最重要的系统，它由中枢神经和周围神经两部分组成。中枢神经系统具有高度的综合机能，是统率和指挥全身动作的司令部。周围神经是连接中枢神经和身体各个部分的神经组织。神经系统的主要作用是控制、指挥、调节人体各部分的机能，以适应外界环境的各种变化。

（1）改善脑部供血状况，提高大脑皮质神经细胞的耐受力。中枢神经由神经细胞构成，大脑皮质神经细胞处于中枢神经的最高部位。这些神经细胞的兴奋和抑制，构成大脑皮质的活动。长时间看书学习，致使大脑皮质细胞长时间处于兴奋状态而产生疲劳，造成工作效率下降，因而产生注意力不易集中、精神恍惚等神经性反应。经常参加体育运动，会加快全身血液循环，使单位时间内流经脑细胞的血液量增加，改善脑部的供血状况，大脑皮质神经细胞能获得较多的氧气和其他营养物质，同时脑部的代谢产物排出速度加快。因此经常锻炼，能使大脑皮质神经细胞的活动能力得到改善，提高脑细胞的工作耐受能力和工作学习的效率。

（2）提高神经系统的反应能力和灵活性。由于运动本身需要身体完成一些比日常生活更为复杂艰巨的动作，这就要求神经系统能迅速动员和调节各器官、系统的机能，使之适应肌肉活动的需要。同时，体育运动的环境随着大自然的条件而变化，各种外界环境的刺激，使机体的应激能力经受了锻炼，神经系统的兴奋、抑制的交替转换过程得到加强，强度和均衡性得到提高，神经系统对全身各系统的迅速调节能力得到改善，反应速度及灵活性的提高，使身体在活动中动作灵敏、协调、准确。

（3）提高人体对外界环境的适应能力和对疾病的抵抗能力。各种地理、气候条件对神经系统的影响是很大的。例如，当人体突然受到寒冷侵袭时，全身毛孔和表层血管会迅速收缩，体内新陈代谢等防御性、保护性反射增强；在炎热的季节或环境中，能迅速加快全身的散热，舒展表层血管，提高皮肤温度；当遇到危险及可能给人体带来的运动伤害时，迅速采取防御和保护性动作；等等。因此，长期参加体育运动的人，对外界自然环境的适应能力及对疾病的抵抗能力要比一般人强。

2．体育运动对心血管系统的作用

心血管系统包括心脏、血管和血液。心脏是血液流动的原动力；血管是输送血液的管道，遍布全身；血液担负着输送养料和氧气、排除代谢产物和二氧化碳的任务，在心脏、血管中周而复始地流动。人体就是凭借血液循环与外界进行物质交换，循环一旦停止，生命活动就随之停止。可见，心血管系统对人的生存的重要意义。

（1）促进心脏结构与机能的良性变化。体育运动能使心肌肌红蛋白的含量增加，心肌中的毛细血管大量新生，供血量增加，组织代谢加强，其结果是心肌纤维变粗，心肌呈营养性粗壮，心脏的大小和质量都增加。在 X 线透视下，可见心脏外形丰满，搏动有力。由于心壁增厚，心腔增大，心脏收缩力提高，则心容量增大。一般人的心容量为 765 毫升 ~ 785 毫升，而经常参加体育锻炼的人的心容量可达到 1 015 毫升 ~ 1 027 毫升，心脏质量可达 400 克 ~ 500 克，每搏输出量增加，可达 100 毫升左右。同时，心搏表现呈徐缓状，一般人每分钟心跳频率为 70 次 ~ 80 次，而经常参加体育锻炼的人心跳频率为 50 次 ~ 60 次。

（2）促进血液数量与质量的提高。一般人的血液总量占体重的 8%左右，而经常进行体育运动的人血液总量约占体重的 10%。运动时血液的重新分配机能快，这就保证了人体在从事较大的生理负荷时，在神经系统的调节下，反射性引起肝、脾内的储存血释放出来，同时内脏血管收缩，肌肉内血管舒张，动员了大量血液参加循环，保证了肌肉活动时血液供给，血液中红细胞数可增加到每立方毫米 550 万个左右；血红蛋白的含量也增加，每百毫升血液中可达 17 克 ~ 18 克或更多。这样可大大提高血液运输氧气和二氧化碳的能力，血液中缓冲物质和碱储备含量增加，可更多地中和运动时产生的乳酸，有利于在氧气不足的情况下进行较长时间的工作，从而提高工作的耐久力和缺氧的耐受力。

（3）促进血管结构和机能的良性变化。经常参加体育运动，可增加血管壁的弹性，血流的外周阻力减小。安静时，收缩压可降低到 11 305 帕 ~ 13 965 帕（85 毫米汞柱 ~

105 毫米汞柱)，舒张压可降低到 5 320 帕～7 980 帕（40 毫米汞柱～60 毫米汞柱）。同时，由于经常参加体育运动的人肌肉活动状态良好，收缩有力，收缩与放松呈有节奏、有规律的转换，使人体的静脉血液回流心脏速度加快，回流量增多，供心脏冠状动脉自身营养程度增大，有利于预防冠状动脉硬化。经常参加体育运动，还会使人体内的一种名为 HDL_2 的高密度脂蛋白粒子的浓度增加，这种粒子具有清理和打扫沉积在血管壁上的脂肪和胆固醇的作用，可以减少血管堵塞的危险，保障体内的正常血液循环，防止各种心血管系统疾病的发生。

3．体育运动对呼吸系统的作用

呼吸系统由肺、鼻、喉、气管等组成，人体一切活动所需要的能量和维持体温的热量，都来自体内营养物质的氧化。氧化过程需要不断消耗氧，并产生二氧化碳。人体内这种气体代谢过程的持续进行，有赖于人体不断从外界环境中摄取氧，并不断向外界环境排出二氧化碳。人体与外界环境之间的吐故纳新以及人体内部进行的气体交换的全过程，称为呼吸。

（1）促进呼吸器官结构的变化。由于体育运动是比较剧烈的肌肉活动，需要消耗大量的氧气，同时组织内也会产生大量的二氧化碳，这就促使呼吸系统必须加倍工作，以适应活动的需要。由于呼吸肌经常性地经受锻炼，因此力量增强，胸廓运动的幅度也随之增大，肺泡参与气体交换的数量也明显增多。经常参加体育运动的人，其胸围要比不运动的人大 3 厘米～5 厘米，呼吸差也增加到 9 厘米～16 厘米。

（2）提高呼吸系统的机能水平。长期进行体育运动，呼吸深度加大，呼吸频率相对减少。由于呼吸肌的力量增强，肺泡弹性增大，肺活量、肺通气量指标数明显增大，肺活量可达 4 500 毫升～5 500 毫升，比一般人大 1 000 毫升～1 500 毫升。肺通气量可由平常呼吸时的 9 000 毫升达到 70 000 毫升～120 000 毫升。同时，肺泡通气量也明显增加，呼吸效率明显得到改善。提高呼吸系统机能水平后，对改善人体的活动能力有较大的促进作用，增加了人体对坚持较长时间活动和工作的耐受力，同时对预防呼吸系统的疾病也有显著作用。

4．体育运动对运动系统的作用

人体运动是靠运动系统实现的，运动系统由肌肉、骨骼、关节组成。骨骼是人体的支架，关节是连接骨与骨之间的枢纽，肌肉附着在骨骼上，在神经的支配下，通过交替收缩和放松使关节屈伸、展收、旋转，完成各种动作。运动系统机能的高低，决定着人体活动的质量。

（1）改善肌肉中的血液供应情况，促进结构机能的良性变化。长期参加体育运动，肌肉中毛细血管增粗并大量开放，血流量增大，血液供应良好，新陈代谢旺盛，酶活性提高。同时，由于肌肉中营养物质、能源物质的含量增加，肌肉纤维变粗，肌肉的生理横断面积增大，肌肉的质量占全身体重的比例也相应增大。肌肉收缩时的力量加强，速度加快，弹性、柔韧性都有所增强，灵活性、耐久性得到提高。

（2）强化骨的结构，提高骨的性能。长期参加体育运动，使新陈代谢过程得以改善与加强，使骨的结构和性能都发生了变化。表现在骨密质增厚，骨变粗，骨小梁的排列根据拉力和压力的不同更加整齐和有规律，骨表面肌肉附着的突起增大。这些结构上的变化都使骨更加粗壮、坚固，提高骨的抗断、抗弯、抗压的性能。经常参加体育运动还能刺激骺软骨的增生，促进骨的生长，对人体身高的增长有一定的促进作用。科学研究证明，经常参加体育运动的青少年比一般同龄青少年身高增长要快，身高的相对终极值也比一般青少年高 4 厘米 ~ 8 厘米。

（3）增强关节的牢固性，提高关节的柔韧性和灵活性。经常参加体育运动，关节周围的肌肉和韧带得到了增强，从而加强了关节囊的力量，加固了关节。同时，运动过程中关节本身的活动是有目的的锻炼，从而使关节周围的肌肉、韧带的伸展性得到改善，扩大了关节运动的幅度，提高了关节的灵活性，增强了关节的牢固性。

二、体育的美育功能

体育和美育同是学校教育的重要组成部分，在培养和造就社会主义现代化人才方面有着各自不同的教育功能。把体育和美育有机地结合起来，实现它们之间功能交叉的教育作用，则是现代教育发展的趋势之一。

体育的美育功能是建立在体育的美学价值基础上的。体育的美学价值是一种对自然美、社会美、艺术创造美的综合表现，构成了美育的重要内容。体育的美育功能就是在遵循体育和美的客观规律的前提下，通过体育的直观美的感受和运动实践中体育动作美的创造，激发人们对体育运动的热情，培养人们对体育美的鉴赏能力和创造能力。

1．人体美的塑造

从美学理论角度上说，人体美属于自然美的一部分，它包括人的形体美、相貌美和姿态美。根据医学理论，人体的形态结构和生理特征与人的遗传有关。美学理论角度上的人体美，只是一种理论上的抽象集合，而在现代生活中，一种以“健、力、美”为核心的现代化人体审美的观念已逐渐被人们认识、欣赏和接受。这种人体美，其实质是后天创造美。人们通过体育实践对人体进行美的塑造，人体在基本形态和运动形态方面表现出挺拔、匀称、协调、丰满、强健、有朝气、有力量等魅力与特征，展示出现代人的神态和风姿。它不仅在很大程度上弥补人体先天美的不足，而且在一定意义上是对人体美的普遍、完整意义上的表达和体现。

2．性格美的培养

作为社会主体的人的美，不仅要由人体美来表达，而且还要从人的社会美的意义出发，通过人的内在性格美、行为美去表现。古希腊哲学家德谟克利特曾说过：“身体的美，若不与聪明才智相结合，便是某种动物性的东西。”苏联作家奥斯特洛夫斯基也曾写道：“人的美并不在于外貌、衣服和发式，而在于他的本身，在于他的心，要是人没有内心的美，我们常常会厌恶他的漂亮的外表。”

现代体育不仅能对人的形体做出后天美的塑造，更能通过体育运动的实践造就和培养人的性格美。跳水、跳伞、跳台、滑雪使人勇敢；射击、射箭、击剑使人果断；柔道、摔跤使人顽强；举重使人坚韧；体操、技巧使人坚定、沉着；武术、拳击使人机智、敏捷；球类运动促进友爱、互助、团结；登山、攀岩培养人不畏艰难险阻、吃苦耐劳的精神；田径、游泳激励人不甘落后、勇于进取……现代体育运动在赋予人美的肌体的同时，不断熏陶着人类美的精神、美的品质、美的情操，使人的思想、感情得到美的丰富。

3．人的行为美的培养

人的行为美是一种外在的美，是构成人的社会美的一种表现形态。在人类社会的现实生活中，人的行为美主要表现在三方面：一是为国家、为民族而献身的行为；二是为人民、为革命而斗争的行为；三是为真理、为正义而奋斗的行为。现代体育以其特殊的实践运动，特殊的手段和方法，在培养人的行为美方面表现出独特的功效。

中华人民共和国成立以来，在党和国家的关怀和培养下，一批又一批运动员表现出为祖国、为民族忘我拼搏、勇于献身的崇高行为。为了祖国体育事业的腾飞、中华民族的振兴，用自己的青春年华奋力搏击，换来了民族荣誉和亿万人民的欢腾、振奋。体育运动使实践者经受千锤百炼，鼓舞和激励着亿万人民奋斗在中华民族振兴的大业中，献身于祖国昌盛、繁荣、富强的征途上。

4．运动美的创造

现代体育不仅塑造了人体美，赋予了人的内在精神美，而且更以它的独特的运动形式，向人类展现出具有高度魅力的运动美。在各种运动项目中，运动员以特定的动作、技巧形成了一个有结构、有层次、有深度、有起伏的表演整体，展示出运动的千姿百态，抒发出运动美的韵律，给人以美的享受。

三、体育的娱乐功能

体育作为一种文化形式，具有重要的娱乐价值。就活动的主体所处的位置来划分，体育的娱乐价值有两方面：一是具有观赏性，二是具有直接参与性。

随着科学技术的发展、社会生产方式的变革，科学、健康、文明的现代生活方式正在逐步形成。体育自身的娱乐价值构成了现代生活方式的重要内容并发挥积极的影响，以满足社会不断增长的精神文化生活的需要。通过体育锻炼，体育竞技、体育欣赏等活动及进行这些活动所处的大自然环境，丰富了人们的闲暇生活。在闲暇时间和闲暇生活中，人们通过自身从事体育娱乐消遣，充分感受到作为人和社会成员有意义的价值。充分利用体育的娱乐功能，对于发挥闲暇时间在社会发展中的积极作用有重大意义。随着当代社会闲暇时间的不断增加，体育娱乐活动占每天闲暇时间的比例不断增加，体育娱乐的价值越来越被人们重视。人们改变了体育娱乐的观念，把利用闲暇时间进行体育娱乐活动看作一种使自己感到愉快和满足的社会需要，其本身是一种社会目的，而不从属于工作目的。体育娱乐活动不再被认为是无所事事、虚度时光，而在很大程度上被看作人的尊严和权利，是一种人格的表现，是一种生活的艺术。以体育娱乐活动作为体育的一种社会目标，培养积极的闲暇生活方式，对于社会的发展意义是显而易见的，它既有益于身体健康，又有益于竞争、合作、交往等社会意识的培养和强化。在社会主义条件下，它既可使人们得到充分享受和自我发展，又可促进全社会生活的改善和社会生活质量的提高。

体育娱乐是求得身心欢快和休闲为目的的体育活动，它的作用主要表现在以下两方面。

（1）放松身体，消除疲劳，积极休息。人们在紧张工作之后，无论是体力还是脑力方面都会感到疲劳，因此在闲暇时间里需要即时休息。有效率的休息可以尽快地使身体得到放松，疲劳得以尽快消除。休息分静态休息（也称消极休息）和动态休息（也称积极休息）两种。静态休息通常是指睡眠、打盹和闭目养神；动态休息是指通过活动的形式来消除人体的疲劳，在睡眠充足的前提下，采用积极休息能比较快地消除人体疲劳，起到消极休息起不到的作用。苏联生理学家谢切诺夫曾经做过这样的试验：让一批人用右手举重，疲劳以后，一部分人躺下休息，另一部分人接着用左手举重然后测定被测试者右手疲劳的消除情况。结果发现，继续用左手举重的人比躺下休息的人右手疲劳消除得快。这是因为人体在静止休息时，末梢毛细血管每平方毫米中有 80 条左右开放，其余则关闭；而进行适度的活动，能使毛细血管开放 1 000 条 ~ 2 000 条。这样，供给肌肉组织的营养物质大大增加，代谢过程中产生的乳酸和二氧化碳（这是使人体疲劳的主要原因）得到较快排除。

（2）培养乐趣，调节精神，丰富生活。社会经济的发展，促进了人们生活水平的不断提高，人的需要也开始发生了变化。人的较低层次的生存需要，如衣、食、住及其他本能的需要基本上得到了满足；而较高层次的享受需要开始成为人们追求的目标，进入闲暇生活。享受需要包含物质财富和精神财富两方面，对物质产品的享受需要，主要表现在讲究营养，注重穿着、住宿，以及高档的消费品等方面；对精神产品的享受，主要通过丰富多彩的文化娱乐活动去实现。

通过参加体育娱乐活动，特别是参加那些自己喜爱和擅长的运动项目，可以使人获得快感。这种心理状态可以使人自信、自尊、自豪、自强，使烦恼、不安、寂寞、自卑等不良情绪得以消除。体育运动对人是一种蓬勃向上的激励，激发人们更加热爱生活、创造生活，在增进健康的同时，调节心理和精神，丰富知识，充实生活，培养乐趣，陶冶情操，调整人际关系。正如现代奥运会创始人顾拜旦在他的名作《体育颂》中满腔热情地歌颂的那样："啊！体育，你是乐趣！想到你，内心充满欢喜；血液循环加剧；思想更加开阔；条理更加清晰。你可使忧伤的人散心解闷，你可使快乐的人生活更加甜蜜！"

第二节　校园体育文化及锻炼方法

一、校园体育文化

校园体育文化是以广大师生为主体，以课外体育文化活动为主要内容，以校园为主要空间，以校园精神为特征的一种群体导向性文化，它为广大师生提供了一个参与健身娱乐活动，参加或欣赏竞技比赛，从中体味运动快乐，展现自我的平台。校园体育文化是一种内涵广泛、系统开放的文化形式，既有严谨的科学方法、健全的组织结构，又有丰富的人文资源。作为一种学在校长期的教学、科研和行政管理过程中逐步形成，并在广大师生直接参与和精心培养下发展起来的社会文化，它与校园德育、智育、美育文化等一起构成了校园文化群，与竞技运动文化、群众文化一起组成了体育文化群，在德、智、体、美、劳全面发展的教育方针中，在培养身心健康以及具有创新精神和实践能力的社会主义现代化合格人才中具有十分重要的作用。

1．校园体育文化的作用

（1）增强学生体质，促进学生健康成长。健康是人类发展的基本要素，一切的成就，一切的财富以及人生的一切都始于健康的身体和健康的心理。校园体育活动有利于促进学生的生长发育和健康成长，是校园体育文化的核心组成部分。青少年处于生长发育时期，把体育活动作为娱乐消遣的重要生活方式，可以让身体锻炼和心理调节在健康的方式中实现。在体育锻炼过程中，给予各器官系统一定强度的刺激，使肌体在形态结构、生理机能等方面发生一系列适应性反应，对肌体产生积极的影响，从而养成学生良好的身体姿态，提高生长发育能力，促进身体的基本活动能力和学生对客观环境的适应能力及对疾病的抵抗力。

（2）搭建课间娱乐平台，培养团队协作精神。校园体育文化是营造学校人文气息和文化氛围重要且不可缺少的内容，是推动校园文化发展最有力的催化剂和主要载体，它不仅能起到增进健康、增强体质的作用，更重要的是在追求健与美的协调发展和"更快、更高、更强的奥林匹克精神的同时，崇尚一种公平竞争、团结协作的道德风尚，一种尊重自己、尊重他人、自强不息、自信不止的道德品质，一种促进相互交流、相互协作的精神，这正是培养协作和团队精神的最积极因素。

通过体育竞赛，可以检验和证明学生的自身能力、水平和价值，培养勇敢果断、顽强拼搏、勇于挑战的意志品质和工作作风，增进学员之间、师生之间、班级之间的友谊，达到人际交往和沟通的效果，提高班级凝聚力，培养积极向上的集体荣誉感和团队精神。

（3）展示师生精神风貌，树立学校品牌形象。体育文化是展示校园文化和大学生精神面貌的窗口，是学校活力的象征之一。学校的占地面积、办学规模、师资水平、配置的运动场地和器材设备等物质基础是否符合标准，是学校有形资产的体现。学校的知名度、美誉度等因素有机地结合，构成了学校的公众形象，良好的知名度和美誉度是一所学校校园文化的外在体现，是学校一笔巨大的无形资产。体育文化是树立学校良好形象的一个重要品牌，它的影响超越国界，它的品牌效应不可估量。世界上任何一所名牌大学或学院，历来都十分重视和强调体育在校园文化建设中的地位与作用。

例如，延续百年的英国剑桥大学和牛津大学两所名校开展的赛艇对抗赛，清华大学与北京大学两校每年进行一次的赛艇比赛，其目的不在于胜负和两校之间体育方面的对抗，而在于培养学生的一种精神和学校对人才培养的目标，更重要的是营造校园文化氛围。许多奥运会、亚运会冠军和优秀运动员作为学生进入大学校门，为学校树立优良的公众形象，大大提高了学校的知名度。体育品牌和体育精神通过大学发扬光大，也使大学的品牌和精神得到弘扬，并使学生对母校产生巨大的凝聚力和自豪感，同时吸引了更多的名师和人才的加盟，使这些学校的无形资产变成了有形资产，成为学校的巨大精神财富。

2. 加强校园体育文化建设的途径

（1）加强学生体育兴趣和习惯的培养。体育锻炼不仅是一项运动，更是一种科学、文明、健康的生活方式。良好的校园体育文化，关键是使学生对体育产生兴趣，养成锻炼习惯。对体育的兴趣，是在对体育的特点、功能认识的基础上逐渐培养和形成的。它可以转化成学生参与体育活动的动机，成为激励学生从事体育活动的推动力。在培养学生牢固树立终身体育观念的过程中，应对学生的体育锻炼行为、效果做出积极评价，特别强调学生主动积极参加运动实践，并使之成为日常生活中不可缺少的内容。同时要因势利导，以高水平竞技体育项目为榜样，提高学校内部群体对体育的关注度，使学生在体育锻炼中形成稳固良好的习惯。

（2）深化课程改革，精心设计体育教学内容。体育教学内容是体育教学的载体，教材内容的合理性、科学性、可接受性对校园体育文化建设具有至关重要的作用。选择体育教学内容时要充分考虑到学生的学习价值，要选用那些兼具民族性与世界性、健身性与娱乐性、科学性与可接受性的教学内容。对于那些无法贴近学生未来生活和职业、缺乏实用性与时代感的内容，以及学生在学习的过程中因受竞技规则的限制被动掌握甚至不易掌握的内容，应予以删除，以最大限度地满足学生对体育文化的需求和兴趣。

（3）加大投入，完善校园公共体育设施。校园体育物质文化建设是开展体育活动的基础条件，功能齐全的体育场馆和数量相当的运动器材是良好的校园体育文化环境的体现。环境育人的作用是显而易见的，学生一踏入校门就应该受到校园体育文化的熏陶。要努力适应学校规模扩大、学生人数增多的现实需要，不断改善校园体育环境，增加运动场地，把体育设施建设作为评估校园环境、教育环境的重要内容。要千方百计克服财力不足对体育环境建设的制约和影响，把改善体育环境的资金需求纳入校园建设规划，采取学校自投、社会赞助等方法，逐年增加体育经费投入，逐步改善场地器材条件，有计划、有重点地添置体育场地和器材，使学生能够广泛、便捷地参与校园体育活动。

二、体育锻炼的方法与计划

1. 体育锻炼的形式和组织方法

为保证课外体育锻炼的顺利开展，必须确立相应的形式和组织方法，才能使体育锻炼得以落实。

（1）早操。按时早操可以培养学生良好的生活习惯，同时使睡眠后处于“抑制状态的大脑和身体各个器官系统的低功能状态得到较快的消除，从而有利于提高学习、工作效率。早操的内容一般以徒手体操为主（如广播操、眼保健操、健身操等），也可以开展跑步、太极拳、气功和各种球类基本动作练习等。活动的时间一般在 15 分钟 ~ 20 分钟，生理负荷不宜过大，以免影响文化课学习。早操的组织方法可采用集中与分散相结合、统一安排与自选相结合。

（2）课外体育锻炼。开展课外体育锻炼是课内外结合的主要途径，也是推行《学生体质健康标准》的重要组织形式，现在已有不少学校将课外体育锻炼列入课表，以保证锻炼时间和锻炼条件的落实。在锻炼内容上要做好与体育教学相结合、与原校传统体育项目相结合、与小型多样竞赛活动相结合。在组织形式上要注意集中与分散相结合、规定与自愿相结合、班组与个人相结合、锻炼与测验比赛相结合。课外体育锻炼应掌握适宜的生理负荷和心理负荷，使其身心和谐发展，促进健康，增强体质。

2．锻炼计划的制订

制订计划的目的在于加强锻炼的科学性，减少盲目性，便于检查和总结锻炼效果，提高锻炼质量。制订计划时，要结合自己的学习和生活制度，做到有利于调节脑力劳动、提高学习效率，使锻炼与学习互相促进，相得益彰。按自己的兴趣爱好，力求发挥个人的特长，进行具体安排。锻炼计划可分为阶段锻炼计划和一天锻炼计划两种。

（1）阶段锻炼计划。首先要确定锻炼阶段，通常以一个学期为一个阶段。其次是确定锻炼内容，以《学生体质健康标准》为例，规定的项目要在一年内完成，自己感到比较难于合格的项目，应做重点锻炼内容。最后是合理安排运动负荷，当天有体育课则运动负荷可安排小一些，周末可安排大一些，其他时间以中等运动负荷为主。

（2）一天锻炼计划。早操以晨跑、做操为主，活动强度不宜太大。下午课外活动是最好的运动时间，可进行比较剧烈的运动，按照阶段计划确定的内容和强度进行锻炼，运动量以不影响晚自习为原则，每次锻炼必须做好准备活动和整理活动。晚饭后或睡觉前不宜做剧烈运动，可适当散步或进行棋类活动。

3．掌握适宜的运动负荷

运动负荷是指人体在体育锻炼中所承受的生理负荷，它反映出锻炼过程中身体的生理变化。不同的运动负荷，对身体会出现不同程度的疲劳现象。体育锻炼是在不断和疲劳做斗争的过程中，提高和发展人体机能水平的，但必须分清疲劳与过度疲劳的生理界线，利用疲劳标志可以检查运动负荷的大小。决定运动负荷的因素很多，有练习强度、时间、密度、数量等。它们之间密切相关，互相制约，任何一种因素都能直接影响运动负荷的大小。

（1）练习强度。一般以心率作为强度指标。心率和人体内的耗氧量成正比，运动时耗氧越多，心脏跳动越快，而运动负荷越大，肌体对氧气的消耗就越多。根据这个规律，练习强度以 10 秒心率次数计算，然后换算成 1 分钟心率次数，即可知道强度的大小。

（2）练习时间。是指一次体育锻炼的总时间。在确定练习强度和练习密度后，练习时间持续的长短直接关系到运动负荷的大小。

（3）练习密度。这是指实际练习时间占总时间的比例。如参加 1 小时锻炼，减去间歇时间，实际练习只有 20 分钟，则练习密度为 33%，所以练习密度反映时间和数量的关系。

（4）练习数量。练习数量用次数、质量和距离等表示。它和运动负荷成正比。调整运动负荷的方法是：增加或减少练习的重复次数；延长或缩短练习时间；改变动作的速度、幅度或强度；改变动作的难度或练习条件；增加或减少练习的距离；增加或减少竞赛因素；等等。

三、体育锻炼的效果评定

体育锻炼效果评定目的是及时了解体育锻炼对身体发展与变异的状况，分析有利因素与不利因素，既可激发锻炼信心，提高积极性，又能发现问题，及时采取相应的措施，调整锻炼计划，从而更有效地实现增强体质的目的。评定锻炼效果的方法较多，目前常用方法有以下三种。

1. 对照评定法

这是用人体体质和锻炼状况的各项指标进行直接对比研究，以分析检查锻炼效果和体质变化的评定方法。

2. 指数评定法

（1）体重身高指数。这是评定骨骼、肌肉、皮下脂肪和内脏器官重量等综合情况的指标。计算公式为：

体重（千克）÷身高（厘米）×1 000

一般数值应在 325～420，男子超过 450、女子超过 420 为肥胖，男女低于 300 则为瘦弱。

（2）胸围指数。这是评定人体胸廓和胸部肌肉发育与发展水平的指标，评定标准见表 1-1。计算公式为：

安静时胸围数-1/2 身高

表 1-1　胸围指数评定表

胸围指数	良好	中等	较差
评定指数	>0	=0	<0

（3）整体形态指数。这是评定人体形态状况优劣的指标，评定标准见表 1-2。计算公式为：

身高（厘米）-体重（千克）-胸围（厘米）

表 1-2　整体形态指数评定表

整体形态指数	10 以下	11～20	21～25	26～35
评定指数	好	良	一般	差

（4）肺活量指数。这是评定人体肺功能优劣的指标。计算公式为：

肺活量（毫升）÷体重（千克）

通常男子在 60 以上，女子在 50 以上为正常值。

3. 体能测定法

（1）12 分钟跑评定法。这是以限定时间内能跑多长距离，间接推算出最大吸氧量，它能反映一个人的心肺功能水平。评定标准见表 1-3。

表 1-3　12 分钟跑成绩评定　　**单位：米**

年龄	性别	很好	好	一般	较差	很差
30 岁以下	男	2 800 以上	2 500～2 800	2 000～2 400	1 600～1 900	1 500 以下
	女	2 600 以上	2 300～2 600	1 900～2 200	1 500～1 800	1 500 以下

（2）《国家体育锻炼标准》评定法。这是把锻炼前后测试的数据与《国家体育锻炼标准》进行对比，评定体质的增强状况。

身体素质的综合发展水平是将“达标测验的各类单项最高分相加，即：

$$X_n=n_1+n_2+\cdots$$

X_n 为达标测试总得分评定标准。身体素质综合评定见表 1-4。

表 1-4　身体素质综合评定表

X_n	450	400	350	300	250	200
综合发展水平	很好	好	较好	一般	较差	很差

身体素质某单项发展水平：例如评定速度素质的发展状况，可以用 50 米或 100 米测试得到的分数进行评定。评定标准见表 1-5。

表 1-5　身体素质单项评定表

n	90	80	70	60	50	40
单项发展水平	很好	好	较好	一般	较差	很差

第三节　体育欣赏与竞赛组织

通过欣赏比赛，人们可以更好地理解比赛规则，感受体育比赛的魅力和。通过竞赛组织，比赛可以得到更好的保障和公正，可以为观众提供更好的体验和享受。

一、体育欣赏

综观当今世界，体育已越来越成为各国人民社会生活的重要内容，人们在积极参与体育健身的同时，把观看与欣赏体育运动比赛与表演也看作一种文明高尚的精神文化生活。由于人们的文化素养、阶级层次和对体育知识了解与掌握程度的不同，因而体育欣赏能力各异，欣赏的效果也千差万别。我们应加强自身的文化修养，学习和充实体育方面的知识，不断提高体育欣赏能力与水平。

1. 观赏体育运动比赛的魅力

（1）弘扬爱国主义精神，振奋民族精神，强化集体观念。任何一项体育比赛都是通过个人或集体，在发挥和表现其体格、体能、运动能力和人的生理、心理、智慧等综合素质的潜能中，努力拼搏，争标夺冠。因此，运动员在赛场上都具有一定的代表性，他们在努力实现自我价值的同时，重要的是为所代表的集体、群体或民族、国家争取荣誉。而观众往往与参赛者有着千丝万缕的联系。因此，赛场上的胜负也与观众的荣辱密切相关。我们在观看体育比赛中，常常可以看到，如果某一场比赛与本民族、国家、地区、学校或单位有密切关系，比赛级别越高，场次越关键，观众的心理越受胜负的牵制，情绪也就越发激昂。特别是当本民族、本国家运动员获胜，升国旗、奏国歌时，亿万观众都会和运动员一样产生激动不已的心情，热血沸腾、热泪盈眶，把本国运动员的胜利视为自己、民族、国家的荣誉，从而产生强烈的民族自豪感。

（2）美化生活，陶冶情操。现代人把参与和观赏体育比赛作为生活的重要内容，体育比赛的魅力已达到迷人的程度，吸引亿万人关心、观赏、追求和参与体育运动，创造完美的人生。

（3）体育审美的欣赏价值。体育运动的形式与特点使其具有很强的审美与欣赏价值。人类具有追求和创造真、善、美的天性。体育是集健、力、险和真、善、美为一体的强者、勇者、智者的活动。在体育运动中可以呈现出完美的人体美，观众可以观赏到运动员健康、健壮、匀称、优美的形体，欣赏到运动员在完成动作过程中的造型美、动作美、姿态美、健壮美和精神美。而现代科技在体育领域中的应用，促使体育运动技术向高、难、新、险、奇的方向发展，使体育技艺更为精湛，竞争更为激烈，更具娱乐性、观赏性，使人们赏心悦目。欣赏体育运动和竞技比赛，既可以给人们带来精神的、心理的愉悦和美的欣赏与享受，还可以使人从中领悟到许多人生真谛。还有一些体育项目，实质上就是人类向自身生理极限的挑战，展现了人类不断进取、不断创新、追求完美的拼搏精神。

2. 体育运动项目分类与观赏要点

欣赏体育比赛，必须了解体育运动有哪些种类和项目。目前世界上的竞技运动、娱乐体育、民间体育、游戏等共两万多项，其中列入奥林匹克冬季、夏季运动会比赛的共有 31 个大型项目、260 个小型项目，因此要对所有体育项目做全面了解是很困难的。下面对主要的体育项目的竞赛成绩和名次的评定做一般性介绍，以帮助和提高大家对体育运动项目的了解与观赏能力。

（1）计分类项目。计分类项目主要以比赛的得分多少来评定成绩和名次。如各种球类，包括篮球、排球、足球、沙滩排球、乒乓球、网球、软式网球、羽毛球、棒球、垒球、曲棍球、手球、橄榄球、壁球、地掷球、冰球、高尔夫球、台球、保龄球、毽球和门球等，都属于计分类项目。

观赏计分类体育比赛，一是看全队运动员之间的组织配合是否默契；二是看全队战术的运用及场上组织；三是看运动员精湛技艺；四是看运动队和运动员比赛的作风及风格；五是看运动员的比赛精神和斗志，以及顽强拼搏、胜不骄、败不馁的场上表现等。此外，拳击、柔道、跆拳道、相扑、泰拳、散打、国际式摔跤、中国式摔跤、卡巴迪、击剑、飞镖等运动项目也属于计分类运动项目。

（2）测速与测距类运动项目。测速与测距类运动项目主要有田径、游泳、蹼泳、滑雪、雪橇、速度滑冰与短跑道速度滑冰、冰上溜石、轮滑、皮划艇、赛艇、帆船、龙舟竞渡、自行车、摩托车运动、摩托艇汽车运动、方程式赛车和跳伞等。

测速与测距类运动是奥运会比赛中金牌数目最多的项目。观赏中主要看运动员的运动能力和水平发挥得如何，一是看运动员的速度、力量和耐力等身体素质水平；二是看运动员的动作是否有节奏、技术是否合理，是否符合人体生物力学原理；三是看运动员的动作是否具有美学的韵味和风格；四是看运动员的技术、精神、意志和品质的表现。

（3）评分类运动项目。评分类运动项目主要有竞技体操、艺术体操、技巧、健美运动、健美体操、体育舞蹈、花样游泳、跳水、花样滑冰、马术、武术和蹦床等。以裁判员在现场对运动员的技术进行评分和排列名次，一般采用几个裁判员同时评分。为了使评分公正、准确，几个裁判员的评分采取去掉一个最高分和一个最低分，取中间几个裁判员评分数的平均值来决定运动员的最后得分的评分形成。

观赏评分类运动项目比赛，主要看运动员的动作是否具有勇敢性、独特性、熟练性、优美性和审美性。具体来说，一是看运动员的动作难度和幅度，看是否大方、协调和连贯；二是看运动员形体、造型、姿势、节奏、编排、难度、韵律等是否具有难、新、力、健、快、险、美的表现力、想象力、准确性和优美性等。

（4）计量类运动项目。计量类运动项目以举重项目为典型代表。举重是按运动员的体重级别（男子分为10个级别、女子分为9个级别），以运动员在本级别中所举起的重量大小来评定成绩和名次。如果两个运动员所举的重量相等，则体重轻者名次列前。

此外，还有冒险类运动项目，如登山、攀岩、冲浪、滑水、高空网跳；益智娱乐类运动项目，如围棋、中国象棋、国际象棋、桥牌、秋千、风筝、垂钓；综合类运动项目，如航空模型、航海模型、无线电测向、定向、现代五项、铁人三项、现代冬季两项、伤残人运动项目和民族传统体育等。

二、体育竞赛组织

（一）体育竞赛的组织

竞赛组织工作包括确定竞赛主办单位、制定竞赛规程、编排竞赛程序表、召集领队会议、培训裁判、组织竞赛等。竞赛规程是竞赛组织工作的依据，内容包括竞赛性质和任务、竞赛时间和地点、参加办法（含分组、各队人数及运动员的资格规定等）、竞赛办法（竞赛规则、确定名次的方法和竞赛使用器材的规定等）和竞赛奖励办法等。

（二）体育竞赛的方法

体育竞赛的方法是指按一定的组织形式和顺序，使参赛者进行比赛。主要方法有淘汰制、循环制和混合制等。

1．淘汰制

通过比赛逐步淘汰失利的队或运动员，最后确定优胜者。淘汰制可分为单淘汰法、双淘汰法和种子法等。

（1）单淘汰法。参赛的队或运动员在比赛中失败一次，即被淘汰。其优点是可节省时间，减少比赛场次，因此多用于参赛队数或人数较多的比赛。

编排方法：参加队或人数为 2，4，8，16，32，…，n 即为比赛的轮次，以 8 个队（人）参赛为例，可按图 1-1 编排。

比赛场次等于参赛队数减 1，8 个队的比赛场次为 8-1=7（场）。如果参加比赛的队或运动员数不是 2 的乘方数时，可选择最接近且大于参加队数 2 的乘方数，算出轮空队数，并进行有轮空的比赛。

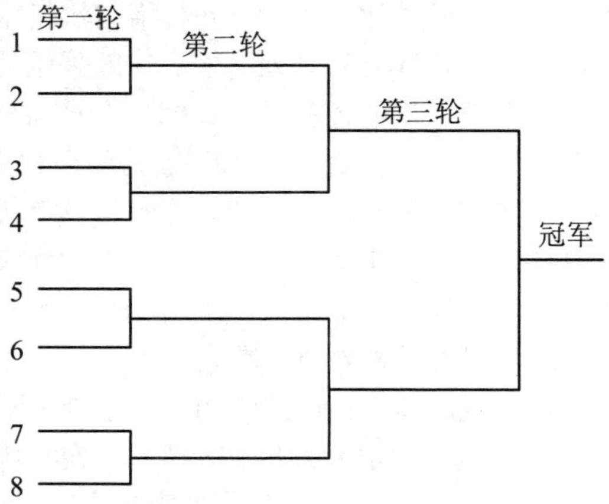

图 1-1　单淘汰法

（2）双淘汰法。参赛的队或运动员在比赛中失败两次后即被淘汰。与单淘汰法相比，双淘汰法有减少比赛偶然性的优点，但比赛场数增多。

编排方法：以 8 个队（人）参加比赛为例，其编排如图 1-2 所示。

双淘汰赛总场次计算方法：总场次=（队数-1）+（队数-2）。如果是 8 个队比赛，那么比赛总场数为（8-1）+（8-2）= 13（场）。决赛时，如果 1 胜，则 1 为第 1 名，5 为第 2 名。如果 5 胜，则 1 和 5 都只败一次，应进行补赛，胜者名列在前。

（3）种子法。赛前，根据参加队或运动员的以往比赛成绩和技术、战术水平，选定若干强队或运动员作为种子队（人），然后分散地安排在淘汰表的各个不同的部分，使他们避免过早相遇。

编排方法：如果在有 8 名运动员（队）的比赛中有 4 名种子选手（队）参加。那么可按图 1-3 进行编排。如果有轮空比赛时，尽可能安排种子选手（队）轮空。

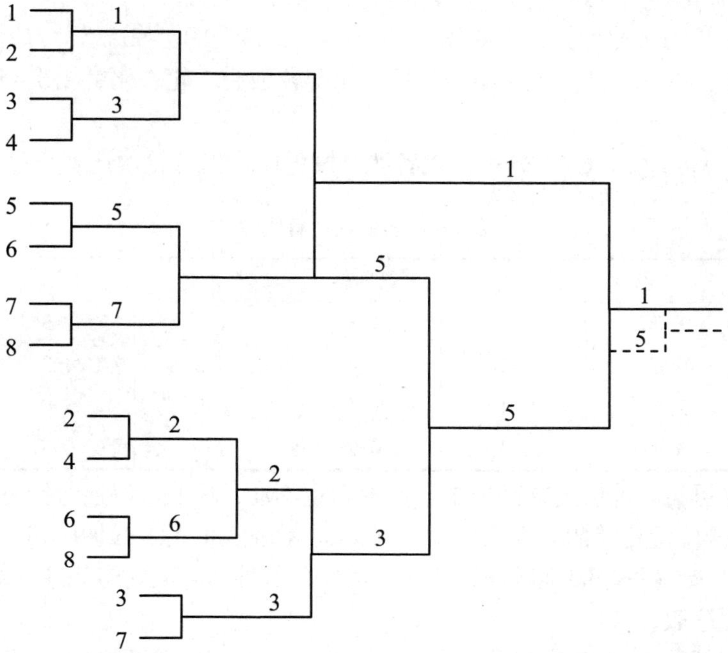

图 1-2　双淘汰法

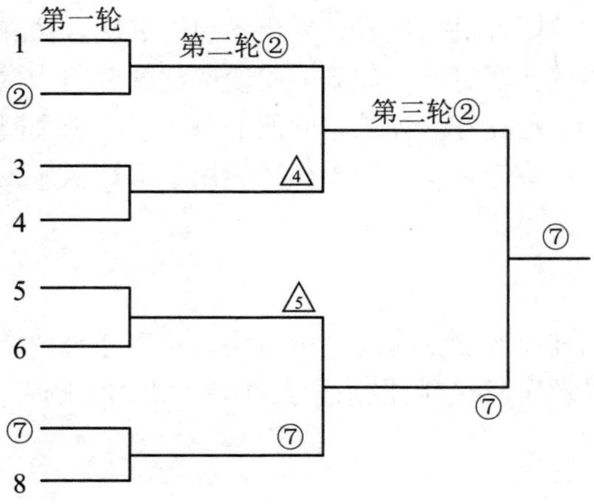

图 1-3　种子法

2．循环制

循环制是使参赛的每个队（人）在比赛中均等相遇，以各队（人）比赛的胜负场数决定名次。循环制可分为单循环、双循环和分组循环等。

（1）单循环。所有参加比赛的队（人）相互比赛一次，以胜负场数决定胜负的比赛方法。这种方法一般在参加比赛的队数或人数较少时采用。

单循环比赛轮次的计算方法：如果比赛队数或运动员数是奇数时，轮次=队数（或队员数）；如果比赛队数或运动员数是偶数时，轮次=队数-1。

单循环比赛场次的计算：比赛场次=队数×（队数-1）÷2。

编排方法：以 7 个队（人）参赛为例，比赛轮数为 7 轮，比赛场次=7×（7-1）÷2=21（场）。

用 1，2，3，4，5，6，7 分别代表各队，按程序排出各轮次比赛程序（见表 1-6）。

表 1-6 各轮次比赛程序

第一轮	第二轮	第三轮	第四轮	第五轮	第六轮	第七轮
1-0	1-7	1-6	1-5	1-4	1-3	1-2
2-7	0-6	7-5	6-4	5-3	4-2	3-0
3-6	2-5	0-4	7-3	6-2	5-0	4-7
4-5	3-4	2-3	0-2	7-0	6-7	5-6

由表 1-6 可见，每场比赛都把 1 号位置固定不动，其他号码逆时针方向移动位置，凡是与“0”号位置相遇的队即为轮空。如果是 8 个队（人）参加比赛，则将“0”换成“8”即可。比赛程序编排后进行抽签，按各队所抽的号码对号入座，填写队名，最后编排比赛程序表。

（2）双循环。每个参赛的队（人）在比赛中均相互比赛两场，适用于参赛队数不多、赛期又长的比赛。编排方法与单循环相同，但比赛的场次比单循环增加了一倍。

（3）分组循环。这种赛制是将比赛分为两个阶段，第一阶段将比赛队（人）平均分成几个小组，各组按单循环进行比赛，决出各组的名次。然后根据第一阶段的分组数多少，决定第二阶段的比赛方法。如第一阶段的比赛分组为两个以上时，可以采用同名次分组，用单循环进行比赛。如第一阶段的分组只有两个时，就可采用同名次决赛或交叉比赛，来进一步决定名次。分组循环适用于参赛队（人）数较多、赛期短、场地器材充裕的条件下比赛。

3．混合制

混合制是将淘汰制和循环制配合运用的方法。一般是将比赛分成两个阶段，第一阶段为分组淘汰（或循环），第二阶段采用循环制（或淘汰制）。其编排方法同淘汰制和循环制。

第二章　运动处方及运动损伤的防护

第一节　运 动 处 方

一、运动处方的概念

根据 21 世纪初运动处方在国内外发展的情况，可以将运动处方（exercise prescription）理解为由体育教师、社会体育健身指导员、康复医师等，根据体育健身者或患者的年龄、性别、一般医学检查、康复医学检查、运动试验身体素质或体能测试等结果，接其年龄、性别、健康状况、身体素质以及心血管、运动器官的功能状况，结合主客观条件，用处方的形式制定出患者或体育健身者的运动内容、运动强度、运动时间及频率，并指出运动中的注意事项，以达到科学地、有计划地进行康复治疗或预防健身的目的。

这一概念明确了运动处方的制定者、处方的对象、处方的依据、处方的内容以及处方的目的等，强调了应以处方的对象（患者或体育健身者）为中心，制定一个具有个性化的运动处方。

二、运动处方的分类

根据锻炼者的要求及锻炼目的的不同，可将运动处方分为以下几类：以增强体质、增进健康为目的的称为健身运动处方；以预防疾病、辅助治疗某些慢性疾病为目的的称为治疗性运动处方；以恢复身体运动功能及病后康复为目的的称为康复性运动处方；以提高专业运动成绩为目的的称为竞技训练运动处方。

三、运动处方的制定和程序

运动处方的制定和实施流程如图 2-1 所示。

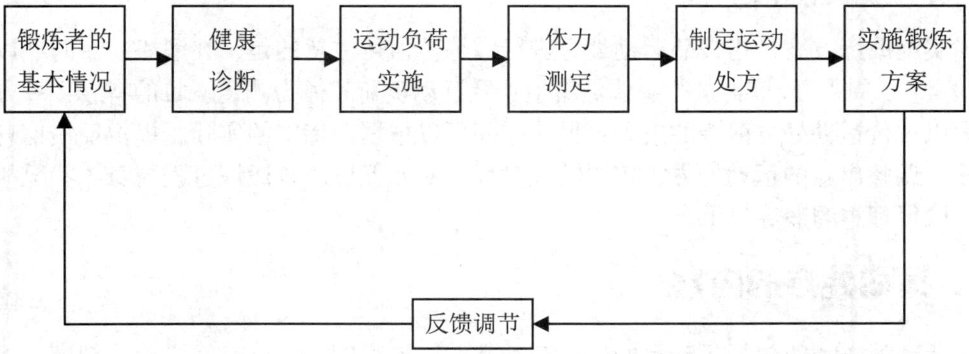

图 2-1　运动处方的制定和实施流程图

1. 锻炼者的基础情况

这是制定运动处方最基础的依据，包括性别、年龄、职业、疾病史、身体锻炼习惯和现状以及睡眠、食欲等。

2. 健康诊断

通过健康诊断，了解锻炼者的健康状况，为制定运动处方提供准确依据。可采用医学检查诊断健康，如有近期的身体检查证明，可直接应用。

3. 运动负荷实施

这是对锻炼者身体机能和运动承受能力的检测和评定。一般要进行安静状态和在定量负荷状态下的生理机能测试，主要测试指标有安静心率、血压、运动时最大吸氧量等。定量负荷采用“递增负荷运动试验”，这是利用活动平板或功率自行车等进行的测试。

4. 体力测定

这主要是对锻炼者的身体素质状况进行检查评定，测定的内容包括身体各部分的力量、速度、耐力、灵敏性和柔韧性等。

5. 制定运动处方

在完成上述调查、测定及结果评价后，可依据身体锻炼的原则、方法，根据锻炼者的实际情况制定包括运动项目、运动强度、运动时间、运动频率等内容的锻炼方案。一次锻炼的时间通常为 45 分钟，其内容分三部分，即准备部分、基本部分和结束部分。

准备部分约 5 ~ 10 分钟，一般采用活动强度较小的步行、慢跑、伸展性体操或太极拳等，目的是使机体由安静状态逐渐过渡到适应运动强度较大的运动的状态；基本部分是运动处方的主要活动，其运动内容应紧扣锻炼目标，如为了发展心肺功能（增加耐力），则采用达到靶心率的有氧运动（如跑步、骑自行车等），并至少维持几分钟以上；结束部分约 5 分钟以上，通常做一些放松体操、散步或自我按摩、牵拉练习等，目的是防止因紧张运动之后突然停止，使血液集中于四肢，回心血量锐减，从而产生的“重力性休克”，导致脑贫血而发生休克症状。

6. 实施锻炼方案

实施锻炼方案是指按照运动处方进行锻炼。值得注意的是，在锻炼一个时期以后（约 4 ~ 6 周），应该再进行身体健康检查及运动负荷和体力测定，目的有二：一方面是用以评价运动处方锻炼的效果；另一方面可以根据锻炼中的实际，提供反馈信息，修改、调整出新的运动处方，控制锻炼过程，从而保证健身锻炼过程与身体状况相适应，取得理想的锻炼效果。

四、运动处方的内容

运动处方一般包括运动目的、运动种类、运动强度、持续时间、运动频度、注意事项及微调整六项。健身运动处方见表 2-1 和表 2-2。

1．运动目的

依性别、年龄、职业、爱好和身体健康状况的不同，其目的有强身保健、防治疾病、健美减肥、消遣娱乐及提高运动成绩等。

表 2-1　健身运动处方（正面格式）

<table>
<tr><td>姓名</td><td></td><td>性别</td><td></td><td>年龄</td><td></td><td>职业</td><td></td><td>病史</td><td></td></tr>
<tr><td colspan="2" rowspan="4">健康体能状况</td><td colspan="2">身高/厘米</td><td></td><td colspan="3">体重/千克</td><td colspan="2"></td></tr>
<tr><td colspan="2">身高体重指数</td><td></td><td colspan="3">胸围/厘米</td><td colspan="2"></td></tr>
<tr><td colspan="2">安静心率
（次・分钟$^{-1}$）</td><td></td><td colspan="3">最大负荷时心率
（次・分钟$^{-1}$）</td><td colspan="2"></td></tr>
<tr><td colspan="2">最大肺活量</td><td></td><td colspan="3">最大吸氧量（毫升・千克$^{-1}$）</td><td colspan="2"></td></tr>
<tr><td colspan="2">运动目的</td><td colspan="8"></td></tr>
<tr><td colspan="2">运动种类</td><td colspan="8"></td></tr>
<tr><td colspan="2">靶心率</td><td colspan="8"></td></tr>
<tr><td colspan="2">持续时间</td><td colspan="8"></td></tr>
<tr><td colspan="2">运动频度</td><td colspan="8"></td></tr>
<tr><td colspan="2">注意事项</td><td colspan="8"></td></tr>
<tr><td colspan="2">复查日期</td><td colspan="8"></td></tr>
</table>

表 2-2　健身运动处方（背面格式）

运动日期	运动情况	身体反应

2．运动种类

现代新兴的运动处方要求包括三种运动种类，即有氧运动、伸展运动及力量性运动，以达到全面锻炼的最佳效果。第一类，有氧运动的耐力性运动项目：步行、慢跑、走跑交替、游泳、自行车、滑冰、越野滑雪、划船、跳绳、上下楼梯以及室内功率自行车、步行车、活动平板（跑台）等。第二类，伸展运动及健身操：广播体操、太极拳、太极功、气功、五禽戏、八段锦、健身迪斯科、跳舞以及各种医疗体操和矫正体操等。第三类，力量性锻炼：采取中等强度的足以发展和维持去脂体重的力量训练，必须成为成人身体素质训练计划的一个组成部分。

3．运动强度

运动强度是运动处方最重要的因素，是运动处方定量化与科学性的核心问题。在实践应用中常用心率来确定和控制运动强度。常用的计算方法为靶心率法。

靶心率（Truget Heart Rate，简称 THR）又叫“运动中适宜心率”，也就是在运动中用来衡量运动强度的一个标准。当人们在靶心率范围内进行运动时，既能收到最佳的锻炼效果，也能保证锻炼的安全性。

计算公式：THR=（220−年龄）×（0.65～0.85）

其中：（0.65 ~ 0.85）为系数，年轻大学生应为 0.8 ~ 0.85。

例如，一名健康的 20 岁的女大学生，按公式计算其靶心率应是 160 ~ 170 次/分钟，即该女大学生在运动中的强度控制在这一心率范围是适宜的。

运动参看靶心率，靶心率到底怎么量？测量自己靶心率的方法也很简单，那就是运动时，当感觉自己已经气喘吁吁时，停下来，用手摸自己的脉搏，看 1 分钟自己脉搏跳动的次数是否达到了规定的靶心率数值，如果在规定数值内，说明此时的运动强度刚刚好。

4．持续时间

健身运动通常以有氧运动为主，多选择运动强度较小而持续时间较长的运动效果较好。据研究报告，一次运动的持续时间最短为 5 分钟。每次进行 20 ~ 60 分钟的有氧运动比较适宜。

5．运动频度

运动频度指每周的锻炼次数。体育锻炼贵在坚持。从健身的目的考虑，每周的锻炼次数一般在 3 ~ 5 次，不要少于 3 次，能坚持每天锻炼 1 次更好。

6．注意事项及微调整

运动中主要注意三方面情况：一是指出禁忌的运动项目和某些易发生危险的动作；二是指出运动中自我观察指标及出现指标异常时停止运动的标准；三是每次锻炼前后都要做好充分的准备活动和整理活动。

接受运动处方的人，首先按处方锻炼，在实行过程中可能出现不适合自己条件的地方，可自己进行微调整，以求适合自己的条件。如一次微调整不成功，便可从反复实践中修正，最终就可能找到自己独特的最适合自己条件的运动处方。这样有自己的微调型，才会安全、有效而且愉快地运动。

五、简易运动处方

依据教育部颁发的《大学生体育健康纲要》的精神，参照一般劳动者坐姿（伏案操作）类、站姿类、变姿类和工场操作类为主的四种类型，也可选用以下几种简易运动处方。

（一）健步走

有目的的走步锻炼被称作健步走，它的优点是简便易行，动作柔和，不容易出现伤害事故，适合于各种人群；地点随意，不需要特殊场地；由于需要承载体重，可以防止骨质疏松。走步锻炼的不足是能量消耗较小，费时间。

1．步行健身的方法

健步走要点：身体放松，呼吸自然；抬头、挺胸、收腹，重心落在脚掌，两臂自然摆动；行走时应穿着软底、透气、舒适的鞋子。

（1）散步。散步是一种步法轻松、步幅最小（50～60 厘米）、步速最慢（25～30 米 / 分钟）、运动量最小的走步方法。散步有利于放松精神，减少忧郁和压抑情绪，散步健身适合身体虚弱者、慢性病患者。

正确的散步姿势：身体正直，双肩放松，抬头挺胸，收腹收臀，两臂自然摆；不轻而易举，也不感到困难。散步锻炼可根据自身的体质选择不同的速度和步长。

（2）快步疾走。快步走是一种步幅适中、步频加快、步速较快、运动量稍大的走步，适合于青年及儿童。长时间疾走可增加能量消耗，促进体内多余脂肪的利用。快步走能增加肌肉活动强度，使腿部肌肉强健发达，并能较好地促进腿部血液循环。

（3）踏步走。原地走步或稍向前移动的特殊走法。这是一种非常安全的锻炼方法，其动作要领是：双腿交替屈膝抬腿至髋高，全脚或前脚掌着地，双臂协同双腿前后直臂或屈臂摆动。

（4）倒步走。即反向行进，人倒退着走步。有研究资料表明，倒步走比正向行走的氧气消耗量高 30%，心跳快 15%，使人消耗更多的氧气和热量。因此，有人利用倒步走减肥，其动作要领：上体和头部自然正直，眼睛平视前方，双臂协同双腿自然摆动。需要注意的是，倒步走安全性较差。

2．健身走注意事项

（1）选择安全的场地，地面要平整宽阔，最好没有车辆和行人，初练者开始锻炼时速度不宜过快。

（2）注意做好准备活动，使运动器官和心肺机能得到适应，特别是冬天进行快步走锻炼前应先慢走，待脚发热后再快走。

（3）赤足走时要注意足部的安全，选择在光线充足的人工路面上行走；如果足部出现不适，应该适当减少行走距离。

（4）倒步走不适合老年人。

（二）健身跑

健身跑也称慢跑，被人们视为“有氧代谢运动之王”而风行全球。健身跑的精髓在于听任你的身体，自由自在地跑。德国医疗体育专家阿肯教授提出健身跑要“长、慢、远”，意思是跑的距离要长，速度要慢，地点要远离闹市区，这样才能使身体得到更多的氧，有益健康，尤其是心血管健康、抗病延年益寿。

健身跑健身的优点：省时间，强度大于步行，属中等强度，适合健康者或有较好锻炼基础的慢性病患者；有节奏，全身运动，调节神经系统功能，促进新陈代谢，改善消化系统活动；相对安全，提高心肺功能，提高有氧耐力，增强体质；促进脂肪代谢，控制体重，减肥健美。

健身跑锻炼的不足：肢体承力大，关节容易损伤。

1．健身跑的主要方法

（1）走跑交替方法。先走 100～200 米，然后慢跑 300～500 米，重复数次。也可以走 1 分钟，跑 1 分钟，交替进行；逐渐缩短走的时间，加大慢跑时间，直到可以完成持续慢跑，见表 2-3 和表 2-4。适合于体弱者和缺乏锻炼的人。

（2）匀速健康跑。根据自己的体力合理地选择速度，进行持续跑，可以采取这样的方法：第一周用 6～8 分钟跑 1 000 米，2 周后加 1 000 米，再过 2 周再加 1 000 米，直至 5 000～6 000 米。适合有基础者或体质较好者。

（3）变速跑。变速跑就是在跑的过程中快跑一段距离后，再慢跑一段距离，快跑和慢跑交替进行的一种跑法。这是适合体质较好的长跑爱好者的跑法。

表 2-3　20 分钟走跑交替运动方案

周次	每周跑 3～4 次	总时间/分钟
1	跑 1 分钟+走 1 分钟，重复 3 次，再跑 1 分钟	7
2	跑 2 分钟+走 1 分钟，重复 3 次	9
3	跑 2 分钟+走 1 分钟，重复 4 次，再跑 2 分钟	14
4	跑 3 分钟+走 1 分钟，重复 4 次	16
5	跑 4 分钟+走 1 分钟，重复 4 次	20
6	跑 5 分钟+走 1 分钟，重复 3 次，再跑 2 分钟	20
7	跑 6 分钟+走 1 分钟，重复 3 次	21
8	跑 8 分钟+走 1 分钟，重复 2 次，再跑 2 分钟	20
9	跑 10 分钟+走 1 分钟，重复 2 次	22
10	持续跑 20 分钟	20

表 2-4　走跑交替运动方案

周次	慢跑/秒	行走/秒	重复次数	总时间/分钟	总距离/米
1	30	30	开始 8 次，以后每天加 1 次至 12 次	8～12	500～800
2	60	30	开始 6 次，以后每天加 1 次至 10 次	9～15	1 200～2 400
3	120	30	开始 6 次，以后每天加 1 次至 10 次	15～25	2 400～4 000
4	240	60	开始 4 次，以后加至 6 次	20～30	3 200～4 800

2. 健身跑注意事项

（1）做好充分的准备活动，防止肌肉拉伤和剧烈运动开始时出现心肌缺血。

（2）长期在水泥地跑步的人要避免小腿胫骨劳损，尽量选择在草地或泥土地跑，并要注意动作要领。

（3）冬天跑步要注意防寒。夏天跑步出汗多应适当喝些淡盐水补充，以免肌肉抽筋。跑后注意放松运动。

（4）感冒、发热、腹泻时暂不宜跑步。

（三）骑自行车

骑自行车进行健身锻炼是有氧运动的手段之一，具有锻炼内脏器官的耐力和提高心肺功能的作用。有人统计，在世界上各种不同职业人员中，邮递员的寿命最长，其中一个原因是经常骑自行车传送信件。自行车的种类繁多，有公路自行车、山地自行车、场地自行车、小轮车和技巧车等。

骑自行车健身的优点：提高心肺功能，增强身体免疫力，具有锻炼内脏器官耐力的效果；骑自行车可使左右两侧的大脑功能均衡协调发展，从而提高神经系统的敏捷性；骑自行车健身有利于增强下肢肌肉力量；促进心理健康，使人心旷神怡。

骑自行车健身的不足：危险性较大；上肢锻炼少；运动不当使关节容易疼痛。

1．骑自行车健身方法

（1）有氧自由骑。不限时间、不限速度地骑车，能够达到缓解身心疲劳的作用。可以用中速骑车，蹬车频率在每分钟 75 ~ 100 次，一般连续骑行 30 分钟左右，距离为 8 千米，是很好的有氧锻炼方式。用这种方法锻炼时，要注意加深呼吸，对心肺功能的提高很有好处。

（2）力量练习骑行法。双脚交替蹬车，左脚蹬车时，右脚不用力，右脚蹬车时，左脚不用力，一只脚带动自行车前进，每次一只脚蹬 30 ~ 50 下，可以用脚心部位接触自行车的脚踏板，脚心蹬车可以按摩涌泉穴；选择顶风或上坡时骑行，提高双腿的力量和耐力素质。

（3）快慢交替骑行法。先慢骑几分钟，再快骑几分钟，然后再慢、再快，如此交替循环锻炼，可以有效地锻炼人的心脏功能。

2．骑自行车健身处方表

各年龄人群骑自行车健身运动处方见表 2–5。

表 2–5　骑自行车运动处方

	30 岁以内			30～39 岁以内		
周次	蹬车距离/米	时间/分钟	频率（次・周$^{-1}$）	蹬车距离/米	时间/分钟	频率（次・周$^{-1}$）
1	3 200	10	3	3 200	10.5	3
2	3 200	9	3	3 200	9.5	3
3	3 200	7.75	3	3 200	8.5	3
4	4 800	11.75	3	3 200	7.75	3
5	4 800	11	3	3 200	7.5	3
6	4 800	10.5	3	4 800	11.5	3

3．骑自行车健身注意事项

（1）应避开城市繁华的街道和车流量较大的路段及溜坡，以保证安全。

（2）应保持正确的骑车姿势，车座的高度应低于车把 5 厘米左右；车型大小也要适合于自己的身高，如骑车用力不当，会引起肱骨内侧擦伤或上髁炎等。

（3）如遇大雾天气、能见度很低或冬季路面结冰的情况，不宜进行骑车锻炼。

（4）骑车运动应集中注意力，酒后禁止骑车锻炼。

（四）爬楼梯

爬楼梯运动的强度介于步行与跑步之间。如果跑上楼梯，比步行上楼消耗更多的热量，有利于达到减肥健身的效果，且能增强内脏功能。

爬楼梯运动的优点：爬楼梯时身体势必须要略向前俯，包括手的摆动、跨步，从而能够增强下肢肌肉和韧带的力量，保持下肢关节的灵活性；爬楼梯时对增强人体的呼吸和加强心脏、血管系统的机能皆有极好的促进作用。

爬楼梯健身的不足：不适合高血压及心脏病人，容易磨损膝盖。

1．爬楼梯健身方法

（1）自由爬。以适中强度进行爬楼梯，以不感到紧张吃力为度。为保护膝关节，可以在下楼时采用倒走的形式，但最好扶着扶手，以保证安全。

（2）跑楼梯。如果健康状况良好，或有较好的锻炼基础，体力达到能连续 6 ~ 7 分钟爬楼梯时，可进行跑楼梯锻炼，或走跑交替进行。

2．爬楼梯健身处方

（1）"步步保健康"爬楼梯。被称作"步步保健康"的爬楼梯健身方式原本是自我检测健康指数的方法，方法是以一步一梯，不中途停歇，不扶着楼梯栏杆从 1 楼登上 12 楼的情况下，男性若在 105 ~ 114 秒，女性在 115 ~ 124 秒爬完 12 楼，便是有良好的健康评分。

（2）爬楼与做操相结合练习法。选择十层楼梯，每爬完一层楼就选择做后面一项运动：倚着楼梯栏杆，大腿外展，内收各 20 次；背靠栏杆，曲手肘挺身 30 次；弓箭步压腿各 20 次；原地高抬腿 30 次；扶楼梯栏杆向后直摆腿 20 次；原地提踵 30 次：站立，挺胸，尽量收缩臀部 20 次；扶楼梯栏杆斜撑 20 次。

3．爬楼梯健身注意事项

做好准备活动，特别是踝关节要充分活动开。精神一定要集中，尤其下楼时注意安全。有条件时最好下楼乘电梯，以保护膝关节。

（五）游泳

游泳是一项很好的全身耐力性运动。人在水中游泳，两臂划水同时两腿打水或蹬水，尤其是与上肢摆动划水有关的胸大肌、三角肌、肱三头肌和上半身的背部肌群，会变得比较发达，使肩部增宽，胸肌发达，腹腰肌力增强。同时，游泳划水和打水都是紧张和放松相交替的，人的肢体都要不停地进行收缩和舒张，增强了身体各部分关节的灵活性，提高了关节的稳定性和运动幅度。

游泳健身的优点：水的密度和传热性比空气大，所以消耗的能量比陆地上多，经常进行游泳运动，可以逐渐去掉体内过多的脂肪；人体在水中，胸部要受到水的压力，要不断地加深呼吸，使呼吸肌得到很好的锻炼，变得强壮有力；游泳有利于锻炼人的灵活性和柔韧性，更好地促进骨骼的生长发育；游泳时水流对身体的脉冲，起了很好的按摩作用，加上人体处在水平位活动，有利于四肢的血液回流心脏。

游泳健身的不足：需要特殊的场地；技术动作相对复杂，特别是一些怕水的人学习游泳有些困难。

1．游泳健身处方

各年龄人群游泳健身练习可参考表 2-6。

表 2-6　游泳运动处方

30 岁以内				30～39 岁以内		
周次	游泳距离/米	时间/分钟	频率（次・周$^{-1}$）	游泳距离/m	时间/分钟	频率（次・周$^{-1}$）
1	90	2.5	3	90	2.5	3
2	130	3.5	3	130	3.5	3
3	180	4	3	150	4	3
4	220	5.5	3	180	4.5	3
5	220	5	3	220	5.5	3
6	270	6	3	220	5	3

2．游泳健身注意事项

（1）忌饭前饭后游泳。空腹游泳影响食欲和消化功能，也会在游泳中发生头昏、乏力等意外情况；饱腹游泳亦会影响消化功能，还会产生胃痉挛甚至呕吐、腹痛现象。

（2）做好准备活动，不要在陆地上剧烈运动后马上游泳，这样会使心脏负担加重，体温急剧下降。

（3）游泳后应用干毛巾擦干身体，预防感冒。

（4）游泳应注意安全，不要在浅池跳水。

第二节　运动损伤的预防

随着社会的发展和生活水平的提高，人们日益认识到体育锻炼的重要性，越来越多的人加入到体育锻炼的队伍中来。体育锻炼可以增进健康、预防疾病、延年益寿。但是，体育锻炼也常伴有一些运动性伤痛、运动性疾病，甚至猝死的发生。因此，这就需要有科学的锻炼知识和实践，掌握正确的锻炼方法，减少各类运动的损伤，从而达到享受体育乐趣的目的。

一、运动损伤的分类

体育运动过程中受到机械和物理性方面因素所造成的伤害，称为运动损伤。运动损伤的分类方法很多，概括起来主要有以下几种：

（1）按损伤组织的种类分类：这类损伤可分为肌肉韧带的挨伤、撕裂、挫伤、四肢骨折、颅骨骨折、脊椎骨折、关节脱位、脑震荡、内脏破裂、烧伤和冻伤等。

（2）按运动创伤的轻重分类：不损失工作能力的轻伤；丧失工作能力 24 小时以上，并需要长期住院治疗的重伤。

（3）按运动能力丧失的程度分类：受伤后能按锻炼计划进行练习的“轻度伤”；

受伤后不能按锻炼计划进行练习，须停止患部练习或减少患部活动的“中度伤”；受伤后完全不能锻炼的“重度伤”。

此外，按损伤组织是否有创口与外界相通，可分为开放性损伤与闭合性损伤；根据发病的缓急，可分为急性损伤和慢性损伤；根据病因，又可分为原发性损伤和继发性损伤等。

二、运动损伤发生的原因

造成运动损伤的原因是多方面的，可分为直接原因和诱因。直接原因又可分为内部原因和外部原因；诱因可分为各运动技术特点和解剖生理学特点。

（一）内部原因

1．身体条件

（1）年龄：青少年期骨骼发育尚未成熟，因此，对外力的防御能力较弱。发育中的骨和软骨与成人的相比也显得软弱。骨的长径生长与骨周围肌腱发育相比，前者显得较慢，所以有骨的突起部、肌肉肌腱附着部都容易发生损伤。在韧带受暴力损伤时，骨和软骨往往先出现损伤。年龄偏大的人脊柱和关节的柔韧性降低，加之维持稳定的力量下降，因此，运动损伤经常发生。青少年运动损伤最多的是骨折，其次是扭挫伤，而高年龄组软组织钝挫伤占首位，骨折占第二位。

（2）性别：男性身体内脂肪平均含量是体重的 13%，而女性高达 23%。肌肉含量女性相对少于男性，所以膝关节处的运动损伤发生率女性比男性高。此外，女性激素呈周期性分泌，月经紊乱会造成雌激素分泌低下，这是造成女性疲劳骨折的原因之一。

（3）体格：体内脂肪多、体重大的人会使肌肉发达度减小，因此身体的灵活性、耐久力也相应较差，更易造成损伤，尤其在抵御造成创伤的暴力时，体重大的人处于不利地位。屈肌群与伸肌群力之比是一个很重要的因素，在很多情况下会造成肌肉撕裂伤。技术不熟练的锻炼者更易发生损伤。

（4）其他：在身体状况不良（慢性疲劳、贫血、感冒、痛经、睡眠不足等）的情况下，对意外事件缺乏敏锐的判断和快速准确的保护反应，就可能导致运动损伤。

2．心理素质

从事冲撞性较强的运动（如足球）时，注意力不集中，发生损伤的危险性将增加。情绪不稳定、易急躁、急于求成，或在运动中因畏难、恐慌或害羞而犹豫不决的人，也容易造成运动损伤。

（二）外部原因

1．方法的因素

（1）质的因素：有些体育锻炼者不顾自身的条件而选择不适宜的运动项目，结果损伤的发生率提高。例如，年龄偏大的人进行足球运动，或试图采用蛙跳增强腰腿部肌肉力量，就会出现膝关节损伤；柔韧性练习时，韧带肌肉被动训练过度会造成肌肉撕脱。体育锻炼要科学，并且锻炼者要选择适合于自身条件的运动。

（2）量的因素：运动时间过长、运动量过大、运动频率过高等极易导致过度训练，过度训练是运动损伤的主要原因之一。过度训练是由于锻炼者接受的负荷量太大，使机体未得到充分恢复所致，其症状表现为静息时心率加快、血压升高、睡眠不佳（失眠、多梦、易惊醒等）、食欲下降、体重减轻、无训练欲望、心情烦躁、易激怒、记忆力下降等。如果过度训练不及时纠正，就会使人体免疫机能下降，增加感染和慢性疲劳的发生率。

2. 环境因素

（1）自然环境：雨后路滑、光线不足、气温过高、过低或过于潮湿，都会引起运动损伤。

（2）人工环境：锻炼者使用劣质器械，锻炼服装和鞋子不合适，缺乏必要的防护器具（如护膝、护踝、护腿等），运动场地不平坦或有小碎石或杂物，器械安装不牢固，器械的高低、大小与轻重不符合锻炼者的年龄、性别和训练水平的特点等，这些都能成为受伤的原因。

（三）诱因

诱因即诱发因素，它必须在直接原因（如局部负担过大、技术动作发生错误等）的同时作用下，才可能成为致伤的因素。

（1）各项运动技术的特点：由于各项运动项目都有自己的技术特点，人体各部位的负荷量不完全相同，因此，各运动项目都能导致机体易伤部位的损伤。例如，网球运动易使锻炼者造成“网球肘”，长跑运动会导致锻炼者膝外侧疼痛症候群等。

（2）解剖生理学特点：某些组织所处的特殊解剖位置在运动中易与周围组织发生摩擦和挤压，如肩袖。运动中由于相互间力学关系的改变，可导致负荷最大的组织发生损伤，如踝背伸 60° ~70° 角发力跖屈时，跟腱处于极度紧张状态，但径前肌及腓骨肌则比较松弛，若突然用力踏跳，可能发生跟腱断裂等。

综上所述，由于各项运动都有其自身的特殊技术要求，加之解剖生理学的特点，在直接原因的作用下，各项运动中所发生的运动损伤都具有一定的特点和规律。

三、运动损伤的预防

参加体育锻炼的目的是为了增强体能，促进身心健康，而运动损伤的发生往往会使锻炼者的身心受到一定的伤害。因此，预防就显得特别重要。锻炼者应采取一些运动损伤的预防措施，从而使体育锻炼健康、安全而富有成效。

（一）运动损伤的预防重点

运动损伤的种类很多，各个运动项目对人体各部位的运动伤害各不相同。根据国内有关资料显示，运动员总的来说是小损伤多、慢性多、严重及急性少。慢性的小损伤中，有的一次急性损伤后尚未完全康复就投入训练而变成慢性损伤．但更多的是由于运动量安排不当造成局部过度劳累，最终导致过劳损伤。因此，应注意对急性损伤及时、正确的处理，并科学地安排运动量，以防各种组织劳损的发生。

锻炼者运动损伤的发生情况与运动员有相似之处，但也有许多差异。在体育课和课外活动中，学生急性损伤者相对较多，而劳损者较少。因此，要特别注意急性损伤的防护。但学生锻炼时也要注意合理安排运动量，以防发生劳损，其中以腱与骨相接部分的劳损和骨组织的劳损（如胫腓骨疲劳性骨膜炎、软骨炎等）较为多见。此外，学生锻炼时关节扭伤的发生率也较高，以掌指关节及踝关节扭伤最为多见。因此，在进行体育锻炼时要注意手指及足踝关节的防护。

（二）运动损伤的预防原则及基本方法

一般来说，在体育锻炼中运动损伤的预防应做好以下几方面的工作。

1．重视预防运动损伤

从思想上对运动损伤的预防给予重视，并遵守体育锻炼的一般原则，加强身体的全面锻炼，提高机体对运动的适应能力。调节身体，使身体处于良好的运动状态。

（1）锻炼前应做好充分的准备活动。准备活动不但能使基础体温升高、肌肉深部的血液循环增加、肌肉的应激性提高和关节柔软性增强等，也能减少锻炼前的紧张感和压力感，这在很大程度上可以预防损伤的发生。

（2）锻炼后应注意放松活动。放松活动是指在锻炼后通过放松使体温、心率、呼吸、肌肉的应激反应恢复到锻炼前的正常水平。从预防损伤的角度来看，这同锻炼前的准备活动一样重要。根据不同的运动项目进行针对性的放松活动，可以防止锻炼后出现的肌肉酸痛，也有助于解除精神压力。

（3）自我保护。锻炼者除了认真做好准备活动和放松活动外，也应了解和懂得初步处理锻炼后肌肉酸痛、关节不适的方法。肌肉酸痛的早期可做温水浴、物理疗法或自然按摩。如果疼痛继续或加重，应去医疗机构进行诊断治疗。同时，锻炼中应密切注意自己的身体反应，及早发现运动损伤的早期症状，以便于早发现、早治疗、早康复。

2．创造锻炼的安全环境

体育器具、设备、场地等在锻炼前都应进行严格的安全检查。例如，参加网球锻炼时球拍的重量、把柄的粗细、网拍绳子的弹力等都应该适合锻炼者的个人情况；女性的项链、耳环等锐利物品在锻炼时应暂时摘去；锻炼者应根据运动项目的特点选择合适的服装。

3．注意科学锻炼

随着大家对健康认识的提高，运动健身已被大多数人所接受。科学锻炼是指在科学理论（包括运动人体科学、生物学、医学、心理学和运动处方）的指导下，根据自身健康情况进行的能够提高自身生理机能和素质，增进健康的身体活动。科学锻炼应包括五方面，即全面性、渐进性、个别性、经常性和意识性，前三者对预防损伤较为重要。

（1）全面性是指锻炼者应对体能进行全面训练，而不是单纯针对某一特定动作的反复练习。

（2）渐进性是指锻炼者应逐步提高运动负荷和增加锻炼时间，以防止机体一时不能适应而导致运动损伤。

（3）个别性是指锻炼时必须因人而异。性别、年龄、体力、技术熟练程度不同，活动量和方法也应不同。

4．加强易伤部位训练

加强易伤部位训练和相对较弱部位的训练，提高它们的功能，是预防运动损伤的一种手段。例如，为了预防腰部损伤，应加强腰腹肌的训练，提高腰腹肌的力量，并增强其协调性和对抗的平衡性。

第三节　常见运动损伤的急救与处理

在体育运动过程中常常发生一些损伤或因为运动不当而造成的疾病。运动损伤将影响其健康、学习及工作，因此，要引起足够的重视并学会做一般的处理。

一、运动损伤的急救措施

（一）出血

外伤引起各部位出血，特别是较大的动脉损伤所引起的大出血，如果止血不及时或处理不当，可能危及生命。出血可分为外出血和内出血两类：外出血是指血从伤口往体表外流出，内出血是指血从破裂的血管流入组织、脏器或体内。由于内出血没有血流出体外，不易被及时发现。如果受伤后没有外出血，但伤者有失血的表现，就有内出血的可能，应立即送往医院处理。

对外伤引起的出血的止血方法主要有以下两种方法。

1．指压法

指压法是一种简单方便而有效的临时止血法，适用于中等或较大动脉出血的急救。方法是用手指或掌、拳用力压住动脉伤口的近心端，静脉则应压住远心端。血管最易压住的地方叫指压点。出血部位不同，应选择不同的指压点。常用的指压点如下：

（1）颞动脉。耳前一指宽，用于颞部至头顶部出血时[见图 2-2（a）]。

（2）颌外动脉。压下颌骨水平枝后 1/3 处，用于口、眼、颌上面部出血时[见图 2-2（b）]。

（3）颈总动脉。压甲状软骨外搏动处，用于颈部及头面部出血时[见图 2-2（c）]。

（4）肱动脉。在上臂的上中 1/3 交界处，肱二头肌内侧缘处用四指压向肱骨，用于前臂及手部出血时[见图 2-2（d）]。

（5）股动脉。用拇指压大腿内侧近腹股沟的搏动处，用于下肢出血时[见图 2-2

（e）]。

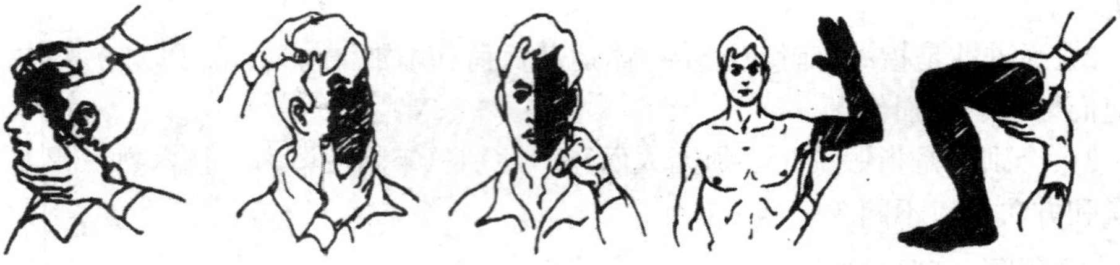

（a）（b）（c）d）（e）

图 2-2　指压法图例

2．止血带法

当四肢大出血、创面大或不整齐时，可用止血带止血。具体使用方法是用橡皮管或手帕、领带、长袜等折叠成带状或把衣服撕成布条，宽度至少在 5 厘米以上，做成代用止血带。止血带的位置是：上肢应在上中 1/3 交界处，下肢在靠近大腿根部处。使用止血带止血时须注意：

（1）缠绕止血带时要在局部加衬垫物，以防损伤皮肤。

（2）记录下使用止血带时间，并标志于显眼处。上止血带时间较长时，应每隔半小时（上肢）至 1 小时（下肢）将止血带松开 1 ~ 2 分钟，以防止肢体坏死，并重新标明时间。

（二）溺水

溺水是人头部淹没于水或其他液体中，水与杂物充满呼吸道与肺泡而引起的窒息。严重者可导致呼吸、心跳停止，称为溺死。

发生溺水后，要设法以最快的速度将落水者从水中救出，将其置于硬的地面上，迅速清除口鼻内异物（泥沙、杂草等），使呼吸道通畅，同时检查呼吸和心跳情况。有呼吸及心跳者，即可将溺水者腹部置于抢救者屈膝后的大腿上，头向下按压背部，使呼吸道和胃内水溢出（见图 2-3）。若溺水者呼吸和心跳已停止，立即实施口对口的人工呼吸及胸外心脏按压，可使用心肺复苏的方法。溺水者恢复了呼吸和心跳后，仍应尽快送医院进行进一步的处理和治疗。

用人工呼吸和胸外按压使呼吸和心跳停止者恢复呼吸和心搏，称为心肺复苏。心肺复苏的主要步骤如下：

第一步，采用仰头抬颈法和托颌法（见图 2-4）。开放气道，同时清除口腔及气道内异物使呼吸道畅通。

第二步，采用口对口人工呼吸法。具体方法：病人仰卧，救助者一手托起病人下颏，另一手捏住病人的鼻孔，并用该手顺势将病人头部后仰。救助者吸足一口气后，对准病人的口用力吹气（见图 2-5）。此时应见病人胸部抬高。吹气结束即刻与病人的口唇脱离并放开捏鼻的手，使病人胸部自行恢复。救助者换气后，再重复上述过程。吹气的频率是：在抢救开始后首先吹气 2 次，以后如只有单人救助，则每按心脏 15 次后，吹气 2 次。如有两人救助，则每按心脏 5 次后吹气 1 次。

图　2-3

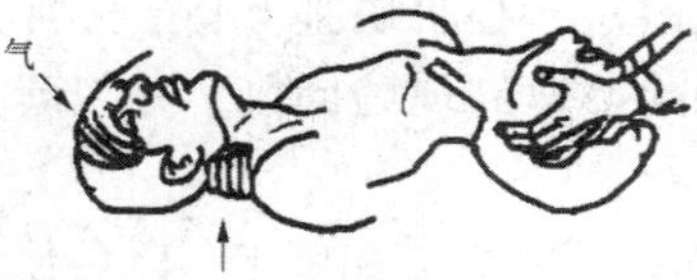

图　2-4

图　2-5

第三步，采用人工胸外心脏按压法。在人工呼吸的同时进行心脏按压。具体方法是：让病人仰卧在平地上，头略低。救助者跪在病者右侧，以右手掌根部放在胸骨中 1/3 与下 1/3 的交界处，左手掌交叉重叠在右手背上（见图 2-6），伸直肘关节，借救助者自身体重，向下有节律地压迫胸骨，使之下陷 3 ~ 5 厘米。按压后即放松，使胸骨复位，但双手不离开胸壁。按压和放松时间相等，如此反复。按压频率每分钟 60 ~ 80 次。心脏按压与人工呼吸的比例是：一人救助时为 15∶2，两人救助时为 5∶1。

进行人工按压时，心脏按压部位一定要放准。救助者按压胸骨时双臂应绷直，双肩在病人胸骨正上方正中垂直，向下用力，活动时用髋关节为支点，以肩、臂部重力同下按压（见图 2-7）。当复苏有效时，可见病人有眼球活动，口唇转红。观察瞳孔时，可由大变小，并有对光反射。这时，仍应抓紧时间将病人转送入医院治疗。如心肺复苏持续 30 分钟以上仍无心搏及自主呼吸，现场又无进一步救治和送治的条件，可以考虑终止复苏。

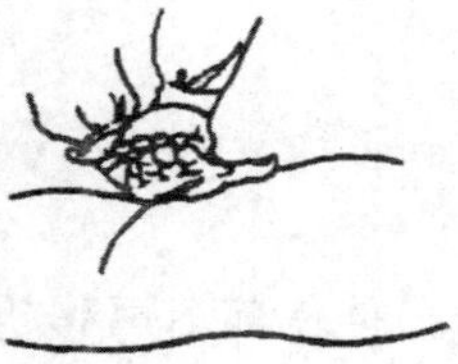

图　2-6

图　2-7

（三）触电

触电在日常生活中时常发生。触电程度轻重不同，对人的伤害也不一样。轻者局部肢体麻木、晕厥、暂时性丧失意识等；重者呼吸增快变浅、心跳加快、昏迷，若抢救不及时可致死。当发现有人触电，应立刻想尽一切办法切断电源（如关闭电源，用干燥木棒或竹竿挑开或拨开电线、电器等），切忌用手去拉，以免祸及自己。患者脱离电源后，应立即进行现场抢救。如触电时间短，可能只出现短时间的心悸、头晕等，一般就地休息 1 ~ 2 小时即可自然恢复正常；如患者呼吸停止，心音听不到，应立即进行心肺复苏，同时送往医院治疗。

（四）毒蛇咬伤

我国发现的毒蛇有 50 多种，有 20 多种蛇伤人。其中眼镜王蛇、眼镜蛇、蝮蛇、竹叶青、五步蛇、银环蛇、金环蛇为常伤人的毒蛇，它们主要分布在长江中下游、西南及岭南地区。蛇毒分为神经毒素和血液毒素两大类。神经毒素可引起呼吸肌麻痹而致人死亡；血液毒素可引起溶血、心肌缺血、心律失常、血压下降甚至致人死亡。因此，一旦被毒蛇咬伤，正确与迅速的现场自救十分关键。被毒蛇咬伤后，一般按以下步骤迅速采取措施：

（1）被咬后要保持镇静，不要惊慌和奔走，以免使蛇咬伤注入体内的毒素随血液循环的加快而进一步扩散和吸收。

（2）就地坐下，用止血带、布带、细绳等，在伤口近心端上方 10,厘米处结扎。不能太紧，以免远端肢体坏死。结扎后 20 分钟放松一次，每次 20 ~ 30 秒，然后再扎。

（3）用力挤压伤口，从四周向内挤出毒液。

（4）用清水冲洗伤口，有条件的用生理盐水或 1∶2 000 高锰酸钾溶液冲洗更好。

（5）可用刀纵横切扩开伤口，用挤压或吸引加速毒液排出。如用口吸（口腔必须无伤口）、用空竹管吸（一头套住伤口，从另一头吸），要一直吸到流出的血为鲜红色、局部组织由青紫转为正常。

（6）可采用火柴、打火机等火灼伤口；用缝衣针之类器具烧红烙入伤口 0.5 ~ 1 厘米，高温破坏蛇毒的毒素，减低其侵害性。

（7）内服、外用蛇药片（按说明书使用）。

上述方法仅为紧急处理的步骤及措施，处理之后应迅速到医院进行蛇毒血清注射等治疗。在野外锻炼或旅游时应提高防范意识，做好各方面准备，如戴宽檐帽、穿长衣裤、穿高帮旅游鞋等。学习和掌握各类蛇的分布地域及规律，可以有效地预防和降低蛇咬伤的危害。

（五）骨折

骨折时首先用夹板、绷带等把受伤部位固定，使伤部不再移动。如果同时伴有出血或有伤口，则先止血包扎伤口。如开放性骨折有外露骨片则不可以放回伤口内，以免感染。

二、运动损伤的一般处理措施

1. 冷疗法

冷疗的作用是用冷因子刺激组织促使温度下降，血管收缩，减少局部血流量及充血现象，降低周围神经传导速度。因此，有止血、退热、镇痛、防肿的作用。一般方法是用冷水、冰块、冷冻剂进行局部冷冻。此法适用于急性闭合性软组织损伤的早期，但应注意不要冻伤组织。

2. 热疗法

热疗法运用比人体体温高的物理因子刺激局部，使血管扩张，促进血液淋巴循环，提高新陈代谢，有利于消肿，促进坏死组织消除，促进再生修复的进行。一般的方法是用热水热敷、药物水熏蒸、红外线治疗等。它适用于闭合性软组织损伤的中、后期和慢性损伤。

3．药物疗法

中药有新伤药、旧伤药、药酒、药水等，可供外用。内服的中药可选用云南白药、跌打丸、三七片等。西药有红汞、甲紫溶液、酒精、碘酒、过氧化氢、松节油、镇痛片等。

4．保护支持带

保护支持带可以使受伤部位相对固定，减少受伤的可能。同时限制器官的超常范围活动，利于受伤组织的休息及恢复。常用保护支持带有各种护具（护膝、护踝、护腕等）、纱布、绷带、弹力绷带和橡胶黏膏等。

5．闭合性软组织损伤处理

急性的可以分早、中、晚三个时期分别处理。

（1）早期是指伤后 24～48 小时内，方法有立即冷敷、加压包扎、抬高伤肢，疼痛严重者可以服止痛药。

（2）中期：24～48 小时以后内出血停止，急性症状减退，伤部仍有瘀血及肿胀。采用方法有热疗法、按摩、拔罐、药物治疗及适当功能锻炼。

（3）后期：损伤基本修复，肿胀压痛等局部症状已基本消失，但功能尚未完全恢复，活动受限。此时，治疗方法以按摩、理疗及适当功能锻炼为主。

而慢性闭合性软组织损伤的一般处理原则是以改善伤部血液循环，促进新陈代谢，合理安排局部负荷量为主。治疗方法同急性损伤中期，但应特别注意功能锻炼。

三、常见运动损伤的处理

1．擦伤、刺伤、裂伤及处理

这三种损伤都属于开放性软组织损伤，其共同点均有伤口和外出血。

（1）擦伤由粗糙物与身体摩擦造成皮肤组织损伤。小面积擦伤用 1%～2%红汞或 1%～2%甲紫涂抹。擦伤面积大伤口深，须用碘酒或酒精在伤口周围消毒后清除伤口异物，再扎上绷带或纱布。感染的伤口应常换药。

（2）轻度的裂伤、刺伤可以用碘酒。酒精将伤口周围皮肤消毒，再用消毒纱布加压包扎。伤口较大较深应及时送医院处理。伤口小而深，污染严重者应做破伤风处理。

2．挫伤

在足球、篮球活动中相互冲撞或被踢，武术、体操活动中与器械撞击，这是发生挫伤的常见原因。挫伤的症状一般局部疼痛、肿胀、功能障碍、皮下出血等，严重的挫伤可伴随其他内脏器官的损坏，如头部挫伤会发生脑震荡或颅骨骨折，胸背部受伤会有骨折或肺脏损伤形成气胸或血胸等。因而，要据暴力大小和受伤部位判断伤势的轻重。单纯性挫伤在局部冷敷后可外敷新伤药、加压包扎等，头部、躯于等部位损伤有休克现象，应立即送医院治疗。

3. 肌肉拉伤

在体育活动中，由于准备活动不足，或肌肉能力差，或技术动作不正确，或场地器材不好等使肌肉被过分拉长，或主动收缩超出肌肉自身能力时，都有可能造成肌肉拉伤。收缩肌肉时受伤部位疼痛加剧或出现凹陷，如果局部凹陷及一端异常隆起可能为肌肉断裂。

轻度肌肉拉伤可用针刺疗法治疗：部分断裂者可用冷疗、加压包扎、48 小时后开始按摩。肌肉拉断者应送医院进行手术处理。

4. 疲劳性骨膜炎

在体育活动或训练中由于训练方法不当，局部负担过重就会使胫骨、腓骨、跖骨发生疲劳性骨膜炎。骨膜炎是对运动量的一种不适应反应，其症状主要有局部疼痛，软组织有轻度凹陷性水肿，骨面上能摸到压痛点，局部还有灼热感。早期症状轻者局部可用弹性绷带包扎，减少局部负荷。重者除减少局部负荷外，还要外敷新伤药、温水浸泡、局部按摩等。如果经过一般处理后，局部症状无改善甚至加剧者，应拍 X 光片确诊是否有疲劳性骨折。

5. 脑震荡

一般头部在遭受暴力作用后，脑的神经组织被震荡而引起大脑暂时意识机能障碍。如足球运动中头部相撞，球从高处落下撞击头部等。主要症状有短时间意识障碍，昏迷时全身肌肉松弛无力、面白脉细、呼吸表浅等。且常伴有头痛、头昏、耳鸣、心悸等，少数患者有恶心呕吐、心烦不定等症状。急救处理时应立即让伤员平卧，防寒或防暑，不要随意搬动，昏迷不醒时用拇指掐人中使其苏醒。由于脑震荡可与颅内血肿、脑挫伤并存，因此，应及时发现其他颅脑病变。如存在以下症状之一者立即送医院处理：

（1）昏迷 5 分钟以上。

（2）耳、口、鼻流血。

（3）清醒后头昏、恶心、呕吐剧烈、两瞳孔出现不对称或变形。

（4）清醒后有颈项僵直或第二次昏迷。

6. 腰部扭伤和腰肌劳损

腰部扭伤多由于负荷重量过大，超出脊柱肌肉的负荷能力而引起肌肉附着区扭伤。也可以是由于脊柱过度前屈突然转体，或技术动作错误等。绝大多数腰部急性扭伤病员有明确外伤史，肌肉患处疼痛，甚至不能伸直脊柱，伤重者，可牵涉到下肢的臀部有疼痛感和麻木感。

伤后初期应多休息，卧于木板并于腰部垫一薄枕以放松腰肌（轻者 2~3 天，重者一周）。可取人中、肾俞、大肠俞、委中等穴进行按摩，还可以采用药物、理疗等其他方法。腰部肌肉劳损是由于反复的机械力作用肌肉骨膜、韧带、关节而使肌肉受损。如长期弯腰过多，体位姿势不良，腰部反复受伤，脊柱畸形等均是常见的原因。腰部肌肉劳损的常见症状有酸痛，在运动或劳动、久站或久坐后常见疼痛加重，而且常有随气温变化而加重症状。

腰肌劳损的处理一般采用按摩、体疗的方法。按摩常用方法有推摩、叩击、按压等。还可以配合穴位进行点穴；体疗则以加强腰、腹、背部肌肉力量为主，过多卧床休息则适得其反。

7. 踝关节韧带损伤

踝关节的解剖结构使其外侧副韧带最容易受伤，常常在腾空后落地重心不稳或落地地面不平而导致外侧副韧带受损。轻度损伤可见外侧肿痛、疼痛、跛行。如果损伤严重，患者足部不能持重，剧痛肿胀范围大，外踝和足背出血瘀斑。更严重者会出现韧带断裂。现场急救措施是立即包扎，包扎方向应与受外伤暴力作用方向相反，轻度扭伤要停止活动4～7天，同时，配合外用药物消肿止痛，4天后可配合按摩、理疗等治疗。

第四节　常见运动性病症的预防与处理

运动性病症是指由于训练安排不当造成体内某些机能紊乱所出现的疾病或症状。常见的运动性病症有过度训练、过度紧张、运动性腹痛、肌肉痉挛等。

一、过度训练

1. 过度训练的原因

过度训练是指训练后疲劳等积累所引起的一种病理状态，全称为过渡性综合征。其早期症状为过度疲劳，常因违反循序渐进和系统性训练原则，持续进行大运动量训练；伤病后身体未完全康复就投入训练；片面追求单项成绩，缺乏全面身体素质和心理训练而发生。也可因生活制度遭到破坏、营养不良、环境不良、精神创伤、心理压力过大等原因，在身体机能下降的情况下进行训练和比赛而发生。

2. 过度训练的处理

关键在于早发现，早处理。处理重点是消除病因，调整训练，或改变训练方法，以及进行对症治疗。一旦发现有过度训练征象，必须改变训练计划，积极调整运动量，控制运动训练强度和时间，减少快速度和大强度的力量练习，调整生活制度，洗温水浴，进行恢复性按摩和体育医疗等，并进行药物治疗。

3. 过度训练的预防

关键是运动员要定期做身体功能检查，根据运动员的机能水平和个人特点，进行适当的训练。对运动员伤病恢复期投入训练时运动量要逐渐增加。

二、过度紧张

过度紧张是由于一时性运动负荷过大和过于剧烈，超过了机体负担能力而产生的急性病理现象。多发生在运动后即刻或过后不久，以急性心血管损害为最多见，在中长跑、马拉松、中长距离滑冰、自行车、划船、足球等运动项目中较多见。

（1）过度紧张的原因。过度紧张多发生在训练水平较差，生理机能状况不良，缺乏锻炼，比赛经验不足，因故长期中断训练或患病的运动员中，当他们过于勉强地完成机体难以承受的剧烈运动或比赛时，就可能发生过度紧张。

（2）过度紧张的处理。病情较轻者，予以必要的对症处理，口服镇静剂，吃容易消化的食物等。对有心功能不全的患者，应保持安静，给氧吸入，点掐内关、足三里穴，对昏迷者可加点人中、百会、涌泉等穴；意识不能迅速恢复应立即送医院处理。

（3）过度紧张的预防。首先要加强体育锻炼，提高身体素质和机能水平；其次在训练和比赛中，应结合身体实际情况量力而行，患病期间，应暂停训练，有高血压病史、心血管系统病史的人，应避免参加剧烈运动和比赛。

三、运动性腹痛

运动性腹痛是由激烈运动引起的一时性的机能紊乱，不应是疾病，随着运动停止，症状可以逐渐缓解。运动性腹痛是体育运动中的常见疾病，在长距离运动和足球等项目中，经常会发生运动性腹痛。

1．运动性腹痛的原因

运动中出现腹痛的原因有多种，它的发生与运动员的身体机能状态、训练水平、运动前准备活动等因素有关。腹痛产生的主要原因如下：

（1）食物不当、暴饮暴食、离比赛时间过近或吃得过饱、喝得过多（尤其是冷饮），或因吃的是产气食物和不易消化食物（豆类、薯类、牛肉等）而发病。此种原因引起的疼痛多在上腹部，疼痛性质多为钝痛、胀痛、严重者可产生绞痛。

（2）运动训练安排不当（如空腹训练、胃酸分泌过多或吸入冷空气等），可能引起胃部痉挛。另外，有些因素可能引起宿便，使粪便过于干燥，刺激肠黏膜而引起痉挛疼痛。此类疼痛发生在左下腹，蛔虫或其他寄生虫所致疼痛。

（3）准备活动不足，致使内脏器官活动与运动器官不相适应，发生肝、脾有血性肿胀，使门静脉压力增高和肝脾被膜牵扯产生疼痛或胀痛。

（4）腹直肌痉挛。

（5）腹部慢性疾病。运动者原有慢性阑尾炎、溃疡病、慢性盆腔炎或肠道寄生虫等，参加激烈活动时，由于受到振动和牵扯即可产生运动性疼痛，这种腹痛部位与原来一致。

（6）原因不明的右上腹痛。运动员主诉“肝区痛”已持续甚久，大多数安静时不痛，运动时痛，其疼痛程度与运动量大小及运动强度成正比，减慢速度，减小运动强度或做深呼吸或按压腹部后，疼痛可减轻，除腹痛外，无其他特异性症状；检查肝功能、肝脾超声或胆汁检查未见异常，各种“保肝”药物治疗无效。

2．运动性腹痛的原因处理

运动中出现腹痛不应惊慌，应当减速慢跑，加强深呼吸，调整呼吸和运动节奏。用手按压腹痛部位，或弯腰慢跑一段距离，一般腹痛可以减轻或消失。疼痛剧烈者，按上述方法不缓解，可以口服阿托品片0.3毫克，腹痛应当停止（注意腹痛在没有明确诊断前，不能服用止痛药，因为会掩盖病情造成误诊）。如无药品或药品无效，还可以针刺足三里、内关、大肠俞等穴位来缓解疼痛。热敷腹痛部位，或局部给以按摩，用揉、按压、做背伸动作，拉长腹肌。如腹痛持续或者腹部摸上去呈“木板状”，考虑有腹膜炎体征，应紧急送医院检查诊治如属胃肠痉挛，可针刺、手刺、手指点揉内关、足三里、大肠俞、阳陵泉、承山等穴，亦可用阿托品0.5毫克即刻注射，或口服“十滴水”。如属腹直肌痉挛，可做局部按摩和背伸动作，拉长腹部肌肉。

3. 运动性腹痛的原因预防

遵守科学训练原则，循序渐进地增加运动负荷，加强身体综合训练，提高心肺功能。充分地进行准备活动，加快体内代谢过程，提高神经系统兴奋性、灵活性，保证器官系统间协调工作，避免因运动过快使胃肠道缺血缺氧发生胃肠痉挛或功能紊乱。合理安排饮食，运动前不能吃得太饱或饮水过多，特别是运动前喝大量冷饮料，饭后应休息1.5~2小时才能进行剧烈活动，运动前避免吃容易产气或难以消化的食物，也不能空腹参加剧烈运动。运动中注意呼吸节奏，中长跑时要合理分配跑速，避免呼吸肌疲劳或痉挛。夏季运动时要适当补充盐分，以免水盐代谢失调。最后，对学生原有疾病应有一定的了解，劝其早就医，在治愈前应避免高强度体育活动。

四、肌肉痉挛

肌肉痉挛是肌肉不自主的强直性收缩，俗称“抽筋”。在日常生活之中，尤其是运动时经常可见，特别是一些长时间的运动或游泳。在运动中肌肉痉挛最容易发生在小腿腓肠肌，其次是足底的屈拇肌和屈趾肌。当发生痉挛时，肌肉坚硬，疼痛难耐，往往无法立刻缓解，处理不当时更会造成肌肉的损伤，因此，我们应对其有充分的认识，并了解处理方法，进而避免肌肉痉挛的发生，将伤害降到最低。

1. 肌肉痉挛的原因

（1）疲劳：身体疲劳时，肌肉的正常生理功能会改变，此时肌肉会有大量的乳酸堆积，而乳酸会不断地刺激肌肉痉挛。

（2）电解质不平衡：运动中大量出汗，特别在炎热的气候下，会有大量的电解质流失。汗的主要成分是水和盐，而盐和肌肉收缩有关，流失过多的盐会使肌肉兴奋造成抽筋。

（3）寒冷的刺激：在寒冷的气候中，例如游泳受冷水的刺激，特别是热身运动没有准备充分，肌肉容易产生痉挛，主要原因是肌肉会因寒冷而兴奋性增高所致。

2. 肌肉痉挛的原因处理

（1）发生抽筋时，不要紧张，先检查并确定何处的肌肉产生痉挛，再针对性的加以处理。

（2）发生肌肉痉挛时，通常只要向相反的方向牵引痉挛的肌肉，使之拉长，一般疼痛都可以得到缓解。处理时要注意保暖，牵引用力要均匀，切忌暴力，以免造成肌肉的拉伤。

（3）腹部肌肉痉挛时，可做背部伸展运动以拉长腹肌，还可以进行腹部的热敷及按摩。

（4）小腿肌肉痉挛时，可伸直膝关节，勾起脚尖同时双手握住脚用力向上牵引或点按承山穴即可。屈拇、屈趾肌痉挛时，则将足和足趾用力背伸，在牵引过程中注意用力缓慢，切忌施暴力以防止肌肉拉伤，在点按穴位后，宜配合局部按摩，这样有助于痉挛的迅速缓解。

（5）游泳中发生肌肉痉挛时不可惊慌，可先吸一口气，仰浮于水面，并立即求救，在水中自救的方法是用没抽筋的一侧手握住抽筋的脚趾，用力向身体的方向拉，同时用抽筋一侧的手掌按住抽筋腿的膝盖，帮助膝关节地伸直，待痉挛缓解后，在慢慢游向岸边。

3．肌肉痉挛的原因预防

（1）加强身体的锻炼，提高自身的健康状况及身体素质，尤其应注意耐寒力及耐久力的增进。身体情况不佳时，特别是疲劳和饥饿时，不要进行剧烈运动。

（2）运动前，必须认真地做好准备活动及暖身，对容易发生痉挛的肌肉可先做适当的按摩，不可突然进行紧张用力的动作或剧烈的运动。

（3）在高温或进行长时间剧烈运动时，应适当地补充电解质，身体疲劳时，应有充分的休息再进行运动。游泳下水时应先用冷水淋浴，并做暖身运动。使全身肌肉逐渐适应冷水的刺激，水温过低时，游泳的时间不宜过长。

（4）预防胜于治疗，当发生肌肉痉挛时须镇定并小心处理，如果运动过程中发生肌肉痉挛应立刻停止运动，进行科学处理。

第三章　大学体育课程思政开展设计

第一节　体育课程思政的内涵

大学体育课程作为高校课程体系的必不可少的组成部分，在高校开展育人工作以及督导大学生在促进自我全面发展方面同样担负着不可推卸的职责。伴随着经济社会的繁荣兴盛以及教育体制改革的深入推进，大学体育课程的地位也愈渐提高，越来越受到教育工作者的重视。高校在积极开展体育课程、丰富体育活动的同时，也更加注重挖掘体育课程中所蕴含着的思想政治教育元素，旨在提升学生身体素质，培养学生道德品质，帮助学生树立正确的价值取向，这些都为大学体育课程思政的实施创造了可行的环境与条件。要推动大学体育课程思政的顺利开展，首先要明确大学体育课程思政的相关概述，掌握大学体育课程思政设计的理论基础，认识到大学体育课程思政开展的必要性和可行性。

一、大学体育课程思政的定义及内涵

随着课程思政的兴起，学者们对课程思政的内涵也进行了深入的探讨。尽管对于课程思政内涵的表述各有千秋，但是在本质认识上却保持了同样的看法。著名学者邱伟光认为，课程思政也就是“以课程为载体，以各学科知识所蕴含的思想政治教育元素为契合点，以课堂实施为基本途径的育人实践活动”，简单而言，就是“课程承载思政，思政寓于课程”。课程思政是高校将思想政治教育融入课程教学和改革的各环节、各方面，实现立德树人润物无声的一种课程观。韩宪洲从理念创新、制度创新以及实践创新三个角度分析了课程思政的内涵，认为其核心就是把“做人做事的基本道理、社会主义核心价值观的基本要求、实现民族复兴的理想和责任”融入到各类课程的各个环节和方面。

我们认为，大学体育课程思政强调疏通体育课程的育人渠道，要号召体育教师要深入挖掘体育课程中所蕴含的思想政治教育元素，在素材选择、教学设计、话语表达等方面坚持弘扬主旋律，并结合体育学科的特点，将理想信念教育、爱国主义教育、品德修养教育、奋斗精神教育、集体主义教育等内容融入体育教学的各个环节，着力构建德智体美劳全面发展的时代新人，是高校在体育领域更好地达成育人目标所进行的一项基础性、创新性的育人活动。

在理解大学体育课程思政丰富而深邃的内涵过程中，我们应该注意以下几点：

（1）从发展维度上来看，应该把大学体育课程思政放在中华优秀传统文化的大熔炉中进行探究，从其本源来看，课程思政的根基厚植于我国优秀传统文化的土壤中。课程思政就是要挖掘各类课程中的思想政治教育元素，从而在知识传授中实现对学生的价值引领。落实到体育教学活动中，大学体育课程思政的开展，不仅是要塑造学生

健康的体魄，而且要以大学体育课程中所蕴含的思想政治教育元素涵养学生的职业道德素养和思想政治素养。作为思想政治教育的培植土壤和重要源泉，中华优秀传统文化在塑造人的品性、培育人的行为方面起着不可忽视的重要作用。其中，中华优秀传统文化所呈现的“立德正心，修身为本”的修身之道、“天下兴亡，匹夫有责”的报国情怀、“鞠躬尽瘁，死而后已”的献身精神等，都为思想政治教育的开展提供了可深入挖掘的教育资源。在文化思想多元迸发的今天，大学体育课程思政传承了中华优秀传统文化的精髓，既育体又育德，凸显了对学生的价值引领，不仅为新时代高校思想政治教育工作开辟了新道路，而且有利于弘扬民族文化，彰显文化自信。

（2）从理论维度上来看，马克思主义关于全面发展的人的思想，是我们全面认识和理解大学体育课程思政的理论基础。中国共产党自成立以来就非常注重对马克思主义理论的传承，历代领导人关于高校教育人、培养人的论述不仅是对马克思主义理论的继承，也是从我国社会发展出发对教育所提出的基本要求。从党的十八大召开到当前全面小康收官的关节点，习近平总书记总是在各类重要场合以及讲话中涉及到高校育人的重要性，并多处指出，高校作为立德树人的重要场所，要在全方位遵循党的教育方针的基础上，培养德智体美全面发展的社会主义建设者和接班人。展现了高校育人的实质，是在体育领域对马克思主义关于全面发展的人的思想的创新发展。因此，只有以人的全面发展为指导，我们对大学体育课程思政的认识才更加科学、准确、全面。

（3）从实践维度上来看，大学体育课程思政是高校落实立德树人根本任务的重要举措之一。古人云：“大学之道，在明明德，在亲民，在止于至善。”高校作为培养优秀人才、塑造合格传承人的主要阵地，承担着立尚德树新人的重要使命。如何造就一批既具有丰富知识和扎实本领的专业人才，又具有高尚思想品德和良好道德素养的时代新人，是高校亟需回答的时代课题。课程思政的提出强化了各类课程所承载的思想政治教育功能，增强了各专业教师育人育德的意识，更加明确了高校要“培养什么样的人，为谁培养人”这一时代任务，凸显了高校立德树人的教育性和价值性。在体育领域，大学体育课程思政的实施要求体育教师在深入挖掘各体育学科的思想政治教育元素的基础上，将思想政治教育融入体育教学的各个环节和方面，借助体育课程的平台，向学生传授立身处世的基本道理，引导学生奉行社会主义核心价值观的真谛，启发学生树立兼济天下的崇高理想以及为了这个伟大理想而努力奋斗的责任感、使命感，从而实现体育课程与思想政治理论课协同育人的目标。不可否认，大学体育课程思政的开展将为培养 21 世纪的综合型优秀人才发挥不可替代的作用，是高校在体育领域落实立德树人根本任务的时代选择。

二、大学体育课程思政的特征

大学体育课程思政是新时代高校在体育领域推进思想政治教育工作的重要抓手，作为一种全新的教育理念，大学体育课程思政呈现出客观性、政治性、实践性等鲜明特征。

客观性。大学体育课程思政的出现不是人们主观臆造的，它的产生有其客观性。从大学体育课程思政产生的背景来看，它是教育实践活动以及课程体制改革的结果。

长期以来，人们存在着这样一种思想误区：认为高校思想政治教育工作的开展依托于思想政治理论课这一核心课程，而且思想政治教育成果是否能达到预期高度也最终取决于思想政治理论课开展的到位与否。但是，思想政治教育是一个长期的系统的复杂工程，仅仅依靠思想政治教育理论课来提高思想政治教育的成效是远远不够的。为改变高校思想政治教育存在的“孤岛”现状，各高校逐渐跳出原有的思维定式，打造“大思政”格局，尝试挖掘各类课程中蕴含的思想政治教育元素，推动各课程与思想政治理论课共同发挥育人育德的作用。诸如此类的教育教学体制改革是人类重要的社会实践活动，自人类进入阶级社会以来，便是客观存在的并伴随着人类社会的发展而不断发展变化。大学体育课程思政是人们在教育教学实践中不断探索的结果，体育教学体制改革的客观性决定了大学体育课程思政的客观性。从大学体育课程思政的实施条件来看，大学体育课程思政能否顺利开展，还受到一定的人力资源、物质设施以及环境因素等客观条件的影响，这也是大学体育课程思政客观性的表现。

政治性。中国共产党自成立伊始，在推进民族复兴的洪流中，也紧抓意识形态的建设，极其重视高校思想政治教育在坚守意识形态阵地中的重要作用。以马克思主义理论教化学生，以先进的思想花火点燃学生成长发展所需要的科学的理论灯塔，指引学生在实践中体验、感悟社会主义核心价值观，是高校开展思想政治教育的重要使命，不仅关乎意识形态的传播，而且从办学方向上体现了高校的社会主义性质。作为思想政治教育工作的创新实践，大学体育课程思政在提出伊始，就坚持以马克思主义为指导，以全面提高受教育者的思想道德素质为目标，为思想政治教育工作的开展注入了活力。可以说，大学体育课程思政是为达到思想政治教育目的、完成思想政治教育任务服务的，这是大学体育课程思政实施的价值体现，也在根本属性上体现了大学体育课程思政的政治性特征和要求。坚持大学体育课程思政的政治性，用马克思主义意识形态教育学生、引导学生，确保其在社会生活中占据主导地位，这是大学体育课程思政顺利开展并取得实质性效果的重要保证。

实践性。在教学环境方面，大学体育课程思政的教学活动是在开放的、空旷的场地条件下进行的，或者室内或者室外，多采取集体活动的形式，且必须借助一定的体育器材，增强了大学体育课程思政的实践性；在教育对象方面，大学体育是除思想政治理论课外，大学生所必须参加的必修课，来自各个专业各个领域的大学生需要通过彼此的接触与交往来完成运动任务，也正是在这样的人际交往中，提升了大学生为人处世的能力，为大学生以积极的心态融入社会提供了良好的实践平台；在教学内容方面，大学体育课程思政的开展依托于丰富多样的体育教学项目，不同的运动项目对学生素质提出了不同的要求，在体育运动中，既有技能技巧的训练，也有意志品质的培养，既追求健康、强健、健美，又尊崇公平、公正、公开，向往团结、合作、友爱，且大学生可以根据自己的兴趣爱好自主选择课程内容，大学生需要在自身的参与中完成运动任务，习得运动技能，不仅考验大学生的身体素质，而且锻炼大学生的心理承受能力，不仅锻炼了学生的动手能力，而且有助于提升学生的思维能力，集中展现了大学体育课程思政实践性强的特征，也正是在这样具有感染力的实践性活动中，增强了大学生的情感认知，推动大学生在知、情、意、行中得以统一。

三、大学体育课程思政的功能

（一）培育时代新人的功能

这主要是指大学体育课程思政对塑造大学生的品德、促进大学生的发展所起的作用。培养德才兼备的人才是社会对高校人才培养所提出的基本要求，也是高校开展课程思政所要达到的重要目标。具体来说，大学体育课程思政对大学生品德发展所起的作用主要体现在以下几个方面。第一，引导大学生树立正确的政治方向。大学体育课程思政通过挖掘体育课程中的思想政治教育资源，将其渗透到体育学科的教学设计中，在对大学生进行运动技能教导时，润物无声式地陶冶大学生的人生观、价值观、世界观等，因时利导地引导大学生在内心深处根植起正确的文化立场、国家理念、历史观点，厚植大学生的国家自豪感、民族认同感和历史使命感，这有助于从思想上对大学生形成一种强大的凝聚力和导向力，能更好地引导大学生的思想和行为向着社会所要求的方向发展。第二，激励大学生形成良好的行为习惯。如果在开展大学体育课程思政过程中，对于大学生的教育只是停留在思想观念层面，而忽视对大学生行为习惯的规范约束，大学生思想和行为的统一就难以实现，很容易造成其行为越轨现象的发生。这样的教育是不全面的、不完善的。因此，大学体育课程思政在实施过程中，从学科自身特点出发，既关注学生正确的道德观、法治观的形成，又善于从体育运动的规律出发，引导大学生自觉遵守社会法律规范和道德行为准则，督促大学生在法律允许的范围内开展创造性活动。第三，引导大学生实现自身人格的完善。大学体育课程思政的开展，弥补了运动技能传授与价值引领相分离的教育缺陷，在体育教学过程中愈渐关注对大学生健全人格的培育，也更加重视引导大学生真正善用马克思主义世界观和方法论正确认识社会、认识自己，以积极主动的心态参与社会生活，从而帮助大学生在运动中形成崇高的思想境界和健康的心理素质。

（二）厚植教师育人意识的功能

这主要是指大学体育课程思政对提升体育教师的政治素养、提高体育教师的育人意识所起的作用。正所谓：“师者，所以传道授业解惑也。”在全国高校思想政治工作会议上，我们注意到，习近平总书记专门强调，作为高校教师，不仅要做传道者，而且要明道、信道，他指出，“传道者自己首先要明道、信道。高校教师要坚持教育者先受教育，努力成为先进思想文化的传播者、党执政的坚定支持者，更好担起学生健康成长指导者和引路人的责任”。从这一角度出发审视高校体育教师所扮演的角色，不难发现，高校体育教师作为大学体育课程思政的直接开展者，必须坚持明道、信道、传道的统一。明道就是要求高校体育教师要深刻认识和把握社会发展的基本规律和人类社会的基本美德，要明确的认识到我国高等教育最终是为中国特色社会主义建设服务的，要清楚自己身上所肩负的立德树人的重要使命；信道就是要求高校体育教师要坚守并切实捍卫马克思主义理想信念的根基，深刻认识到马克思主义基本原理在指导人们认识世界、改造世界过程中的引领作用，在实现中华民族伟大复兴的征程中，坚定道路自信、制度自信、文化自信以及理论自信，坚信我国定然会在惊涛骇浪中永耀国威；传道就是要求高校体育教师应在教育教学过程中引导学生在正确认识世情、国情、党情的基础上，积极投身于民族复兴的时代征程中，通过实践活动的开展淬炼学生的爱国主义精神和时代担当。大学体育课程思政的推行，是新时代高校体育教师在体育领域对“传道授业解惑”的生动呈现——高校体育教师不仅要具备扎实的体育理论知识和运动技能，而且要具有高尚的思想品德素养;不仅要向学生传授运动技能，而且要引导学生树立正确的价值观念。因此，高校体育教师必须及时转变观念，加强政治理论的钻研，多渠道提升自我的思想理论素养，积极探索本学科所蕴含的思想政治教育资源，在教学活动中注重言传与身教的结合，教书与育人的统一。

（三）强化体育学科文化属性的功能

这主要是指大学体育课程思政对体育学科文化的传承与发展所起的作用。作为学科的灵魂，学科文化根植于具体的学科，是某一学科的学科知识、学科规训制度、群落学术生活样态以及学科思维的总和，是推动学科不断向前发展的重要影响因素，是学科永葆生命力的源泉。大学体育课程思政的开展，立足于体育学科的发展，深入发掘体育学科课程中所蕴含的思想政治教育元素，可以说，大学体育课程思政实施的过程也就是教育者向受教育者传授本学科所规定和要求的知识和方法、行为规范、伦理规范、道德规范、价值观和信念的过程，而行为规范、伦理规范、道德规范、价值观和信念等均属于文化范畴。从这一层面讲，大学体育课程思政的开展促进了体育学科文化的进一步传播。一方面，大学体育课程思政的顺利开展推动学生在教师的指导下对学科中所包含的知识理论体系、研究方法、学科思维以及学科中必须遵守的规范、准则有了深入的了解，有助于学生的价值观念以及行为模式朝着符合学科发展要求的方向迈进，进而潜移默化的影响自身的社会行为习惯；另一方面，学生在自我的学习和实践活动中，受体育学科周围环境的影响，也会获得一定的思想道德知识，形成一定的思维方式和行为方式，从而以更加严谨的态度和饱满的热情投身于学科文化的学习与探索中，推动该学科文化的发展。当然，大学体育课程思政的开展并不只是为了机械地进行体育学科文化传播，更重要的是为了让学生在接受优秀学科文化熏陶的过程中，深刻认识我国的优秀文化，从而不断地对其进行整合和创新，增强文化自信，为建设社会主义文化强国而努力奋斗。

（四）提升高校教育质量的功能

这主要是指大学体育课程思政对提升大学教书育人水平所起的作用。提升大学育人能力，巩固大学的持续竞争力，需要在培育人上下功夫，提升办学水平，突出办学特色，从而为国家输出优质人才，满足社会、企业对大学生素质的要求。而且，人才培养的质量也是衡量大学教育质量的重要因素，大学体育课程思政的推行，要求体育学科充分发挥课堂教学的主渠道，坚持知识传授和价值塑造相结合，教会学生踏实做人、认真做事，有助于从整体上提升大学教育质量。

第一，从教学理念上讲，大学体育课程思政恪守协同育人。全国高校思想政治工作会议上，习近平总书记倡导，高校其他各类课程理应与处于核心课程地位的思想政治理论课共同发挥育人作用。大学体育课程思政的提出，将思想政治教育融入了体育学科中人才培养的各个环节、各个方面，实现了课堂教学中运动技能传授和思想政治教育的融合，不仅增强了体育运动的人文性，使教学内容更加丰富、生动，而且弥补了在体育课程教学中出现的育人环节的缺失，扩大了高校构建“大思政”格局的学科基础。

第二，从教学特点上讲，大学体育课程思政坚持价值引领。大学体育课程思政的提出，旨在发掘体育课程中的思想政治教育元素，并将其融入课堂教学的过程中。这一教学过程区别于思想政治理论课，并非是对学生进行思想政治教育的系统理论知识的传授，而是在内容上突显该课程中所蕴含的思想政治教育的价值理念和育人思想，将社会主义核心价值观渗透到体育运动的教学中，在潜移默化中使学生形成正确的世界观、人生观以及价值观，实现对学生的价值引领，这在一定程度上直接影响着教学质量的“增值”以及大学教育质量的提升。

第二节　大学体育课程思政建设的目标

一、大学体育课程思政的目标体系及其关系

从大学体育课程思政目标的结构层面来讲，由于各所大学面临的实际情况以及体育课程设置的不同，可以从不同的角度去构建大学体育课程思政的目标体系。

课程思政的实施，有其所要达到的预期结果。在 2016 年 12 月召开的重要会议——全国高校思想政治工作会议中，党的领导人和各高校大家深入探讨了思想政治教育工作的相关问题，习近平总书记号召各高校在开展教育教学活动中，要始终将立德树人贯穿其中，在着力为“思想政治教育亲和力和针对性”的提升筹谋的同时，要不断精准发力，使学生茁壮成长的发展需求和期待得以实现，全力推动“各类课程与思想政治理论课同向同行”，实现众学科协同育人的美好蓝图。深入领悟习近平总书记所倡导的核心思想要义，使各类课程在教育教学过程中能够实现“价值性和知识性相统一”、“显性教育和隐性教育相统一”，积极构造全员、全过程、全方位的育人格局，打造高校“思政共同体”，培育和造就有理想、有道德、有担当、有知识、有纪律的新时代合格建设者和优秀接班人，是高校开展课程思政的出发点。它反映了新时代对大学生的要求，也是高校教育工作者为落实立德树人的根本任务理应认同的教育理念，是各高校必须统一遵循的总要求。

大学体育课程在高校课程体系中的地位举足轻重，和其他课程一同担负着育人的职责和使命，都致力于国家教育目的和教育目标的实现，满足大学生健康成长发展的需求。大学体育课程思政的实施是对课程思政的具体贯彻落实，是对体育课程中所蕴含的思想政治教育资源的充分挖掘和运用。它是各高校根据自身的实际体育教学情况

开展的教育实践活动，是思想政治教育活动在体育课程中的生动呈现。从这个意义上讲，大学体育课程思政目标就是课程思政目标在体育教学活动中的具体化，是大学体育开展课程思政所要坚持的总体方向，体现的是体育教学活动中普遍的、宏观的、总体的、终极的教育价值。

各年级各项体育运动项目的课程思政目标是大学体育课程思政目标的下位概念，反映的是各个学校在各个年级以及各项体育运动中对受教育者，即大学生所提出的特殊要求，是大学体育课程思政目标在各项体育运动项目中的具体化。也就是说，在大学体育课程思政开展的过程中，根据不同的体育课程内容、体育实践活动，大学体育课程思政的目标也应该有所侧重。

课程思政目标决定大学体育课程思政目标的状态、内容和方向，大学体育课程思政目标的制定要体现课程思政目标的要求，大学体育课程思政目标决定各年级各项体育运动项目的课程思政目标的状态、内容和要求，各年级各项体育运动项目的课程思政目标的制定要体现出大学体育课程思政目标的要求。

二、大学体育课程思政目标设计的依据

水有源，树有根，一切事物都不是凭空产生与发展的，均有其出现的历史必然性，换句话说，一切事物的产生与发展皆有理可依有据可循。大学体育课程思政目标的设计自然也有其遵循的基本依据。

（一）大学生全面发展的需要

大学生全面发展的需要是大学体育课程思政目标设计的最基本依据。需要，是社会生活中的个人，在面临生活中所出现的这样或者那样的欠缺时，企图通过一定的方式以获得满足的一种常见的心理状态，它通常以外在的生活境遇或者个人自身的机能所表现出来的要求呈现在我们的头脑中。大学体育课程思政遵循以人为本的理念，其基本职能就是在促进大学生身体机能健康发展的同时，实现对大学生的精神引领，提高和巩固大学生的思想道德素质。因此，大学体育课程思政目标的设计应该充分了解大学生所思、所想，满足大学生身心发展需要和规律，只有这样，大学体育课程思政目标才是科学的，才有利于在实践中发挥指导作用。否则的话，不仅难以达到目的，反而起到消极的作用，使大学生失去了对于学习体育课的兴趣。

（二）当今社会的形势要求

当今社会的形势要求是大学体育课程思政目标设计可遵循的重要依据。大学生的个体发展总是与社会发展交织在一起的。当前，我国正处于全面建成小康社会和建设社会主义现代化强国的重要历史机遇期，培养既具有康健的体魄，又具有良好的心理素质；既具有专业的职业技能，又具有高尚的职业道德的堪当大任的21世纪新人，是高校落实立德树人的根本任务，向未来社会的发展以及全人类的共同进步事业交出满意答卷的一个重要环节。大学体育课程历来被高校视为众多课程中的重要组成部分，

在淬炼人、培养人、塑造人的过程中具有重要的育人价值，在推进健康中国建设中发挥着应有的促进作用。面对社会的变迁和发展，大学体育课程思政目标的设计应体现出这些要求，更应该反映出未来社会发展的趋势。

（三）体育学科的发展

大学体育课程思政目标应根据体育学科的发展进行设计。从文化学的角度来看，文化的基本构成和集中体现就是分门别类的学科，而课程设置的目的主要包括两个方面的内容，继承人类的文化遗产以及发展人类的文明。体育学科在本质上呈现并传承了体育文化的内在构成要素，汇集了体育文化的精髓，是学生掌握体育知识、继承体育文化的基本途径。大学体育课程思政的开展需要体育知识、优秀体育文化的支撑，因此，体育学科的知识和发展理应成为设计大学体育课程思政目标的基本依据之一。

三、大学体育课程思政目标确定的原则

长期以来，我国的教育实践经验表明，学校课程目标的确定并不是一锤定音的结果，而是需要得到众多学科专家和教师的广泛认可。因此，在确定大学体育课程思政目标时应遵循以下基本原则：适应性、可行性、相融性。

（一）适应性

适应性，即大学体育课程思政目标的确定应综合考虑大学生的心理特征以及知识层次。大学生作为知识层次较高的社会群体，其理解能力、判断能力、接受能力皆得到了明显提高，所以，大学体育课程思政目标的制定应该从大学生这一群体的实际状况出发，力求实现大学体育课程思政目标与大学生的自我发展完善的高度契合。同时，由于所处地区、学校办学特色、以及大学生所处年级等客观差异性的存在，设计者在确定目标时，既要体现国家教育目的的普遍性，也要根据各自地区、学校、年级群体的的实际情况体现其特殊性。

（二）可行性

可行性，即大学体育课程思政目标应该是大学生在体育课程中所能达到的力所能及的目标，是大学体育教师在教育教学实践活动中可以接受的、能够执行的目标。因此，设计者在制定大学体育课程思政目标时，要充分考虑目标实现的有利因素和不利条件，注重目标的可操作性。如果该目标脱离了学校实际情况，忽视了体育学科的特点以及大学生的接受程度，过于理想化，即使其再完美，也无异于空中楼阁，终究是纸上谈兵。

（三）相融性

相融性，即指设计者在确定大学体育课程思政目标时，应注重推进大学生个人目标和课程目标相融合。当前，关于“不忘初心、牢记使命”主题教育活动正在如火如荼地进行，作为大学生，每个人都有自己所要坚守的初心、践行的使命，而这也正是

大学生的个人奋斗征程。在风起云涌的时代洪流下，无论恪守怎样的初心，都始终要和中华民族复兴的伟大梦想有着千丝万缕的联系，都要弘扬社会正能量。学校课程目标的严格落实，在引导大学生树立正确的价值取向和奋斗目标方面，作用不可忽视。

四、大学体育课程思政目标的定位

大学体育课程思政目标决定着大学体育课程思政开展的方向，对于大学体育课程思政内容的选择和教学方法的选取具有重要的影响。

条件目标，是指为实现大学体育课程思政目标所拥有的主观条件以及客观条件，主要包括体育教师的数量和质量、运动场地以及器材设备、体育运动项目类别和体育经费等条件。具体表现为体育教师的数量是否充足、体育教师是否具有强烈的育人意识、学校在运动场所的设置以及器材设备的配置上是否完善、体育课程的开展是否丰富多样、体育经费是否充足等，如表 4-1 所示。

表 4-1　大学体育课程思政条件目标

条件分类	内容	具体表现
主观条件	体育教师的数量和质量	体育教师队伍强大 体育教师有信仰、重师德
客观条件	运动场地以及器材设备体育运动项目类别体育经费	运动场所和器材设备完善体育课程教学内容丰富多样体育经费充足

过程目标，是指在一定的体育教学阶段中，大学体育课程思政目标实施的经过或发展的历程，主要包括对于大学体育课程思政的研究、体育教学、体育教师的学习进修等实施措施、经历。具体表现为大学体育教师是否积极主动研究课程思政并挖掘大学体育课程中所蕴含的思想政治教育资源、是否在体育教学中对大学生进行价值观的渗透、学校是否定期组织大学体育教师进行政治理论学习等。

效果目标，是指大学体育课程思政目标的最终实施效果，主要包括学校体育过程的教育、教养、发展等达到的实际效果，具体表现为心理健康目标、道德品质目标以及社会适应目标（如表 4-2 所示）。

表 4-2　大学体育课程思政效果目标

目标分类	主要表现
心理健康目标	培养积极的自我价值感 提高调控情绪的能力 形成坚强的意志品质 具有预防心理障碍和保持心理健康的能力
道德品质目标	厚植爱国主义情怀 具有敬业精神 懂得尊重他人 具有团队协作意识
社会适应目标	具有和谐的人际关系、良好的合作精神和体育道德 具有积极的社会责任感

第三节　大学体育课程思政建设的内容

一、大学体育课程思政内容选择的指导原则

作为构成课程的基本要素，课程的内容与课程的设计、课程的目的、课程的评价、课程的实施之间有着千丝万缕的联系，课程内容影响着课程设计的组织，课程目的决定着课程内容的选择，课程评价检测着课程内容的效应，课程实施推动着课程内容的实现，从这个意义上讲，课程各个环节的开展都是围绕课程内容这个基本问题展开的。因此，为使课程内容的选择与课程价值观、课程结构观以及课程设计观相符合，在选择大学体育课程思政的内容时，要遵循一定的原则。

此外，大学体育课程思政的开展不是新开了一门课，而是借助体育课程的平台，挖掘体育课程中的思想政治教育因子，使学生在身体机能得到锻炼的同时，潜移默化地提升自己的内在品质。因此，大学体育课程思政内容的选择理应从大学体育课程本身出发，综合考虑大学体育课程的特点和规律。根据学者们对大学体育课程内容选择的相关研究，这里从以下几个方面说明大学体育课程思政在内容选择上应注意的原则。

第一，健身性和价值性相结合的原则。即在选择课程内容时，既要使所选择的体育运动紧扣体育课程的主要目标，坚持健康第一的指导思想，使大学生在体育运动中掌握运动技能，增强体魄，也要重视挖掘蕴含在体育运动中的思想政治教育资源，发挥这些教育资源在引领大学生树立正确的价值观方面的重要作用，使大学生在不知不觉的体育运动中提升自强、自信、自立、坚毅、勇敢、顽强等意志品质和尊重他人、团结友善、遵纪守法等道德品质。

第二，时代性和传承性相结合的原则。即在选择课程内容时，既要使所选择的内容紧跟时代步伐，贴近生活实际，能够反映出当前体育教学内容改革的最新成果，满足大学生在新时代对体育运动的发展需求，又要注重弘扬我国民族优秀传统体育文化，善于将传统的体育运动项目引进校园体育课堂，让学生在丰富多彩的体育运动中感悟中华文化的魅力，进一步增强大学生的文化自信心和自豪感。

第三，科学性和可行性相结合的原则。即在选择和构建大学体育课程思政内容时，既要保持所选择的内容与体育学科发展相适应，与大学体育课程的教学内容具有直接的相关性，尊重各大学体育课程的设置和安排，尊重体育教学的规律与特点，又要考虑学校体育课程的实际情况以及大学生的可接受能力，以确保大学体育课程思政的顺利开展。

第四，预设性和发展性相结合的原则。即在选择和确定课程内容时，既要尽可能选择那些相对成熟的、稳定的、科学的、正确的大学体育课程所蕴含的思想政治教育资源来填充课程内容，从而确保既定目标的实现，又要主动关注社会发展，为课程内容增加新的符合社会发展要求以及大学生健康发展需要的课程资源。

二、大学体育课程思政的主要教育内容

《高等学校课程思政建设指导纲要》中提出，课程思政建设要围绕政治认同、家国情怀、文化素养等内容供给，对学生系统进行中国特色社会主义教育和中国梦教育、社会主义核心价值教育、法制教育等，提升学生的理想信念以及高校育人成效。结合大学体育所蕴含的思想政治教育资源，大学体育课程思政的开展，要在以下几个方面引导大学生在体育运动中树立正确的价值观念、坚定理想信念的基石，激发大学生建设社会主义现代化强国的责任感和使命感。

（一）身心健康教育

新时代，大学生不仅要具备丰富的知识、开拓创新的科学精神，也必须保持健康的身体和心理，这样才能在日益竞争激烈的社会中赢得主动权。体育课程以人体自身运动为中介，在提高学生身体健康的同时也有助于增进学生心理健康。首先，大学生在参与体育运动时，需要视觉、听觉、触觉等感觉器官的配合，从而感知动作要领，形成运动记忆，这一过程有助于促进大学生思维的灵活性，提升其认知能力；其次，大学生在参与体育运动的过程中，使得产生情绪的有关各皮下中枢的调节能力得以改善，不仅对于大学生的情感自控能力具有积极作用，而且能够使大学生在积极健康的情绪中克服体育运动过程中带来的外界以及自身思想上的各种障碍，磨炼大学生的意志品质；最后，在体育运动中，来自各个班级各个专业的大学生广泛接触，扩大了人际交往的范围，容易使大学生在体育运动中消除心理冲突，产生亲近感，有助于提高大学生的社会适应能力。因此，充分发挥大学体育课程的独特优势，在大学体育课程思政开展中对大学生进行身心健康教育，使大学生形成完整的健康观，这不仅是大学体育课程思政在开展过程中不容忽视的主要内容，也是大学在人才培养中的客观要求。2020 年，面对突如其来的新冠肺炎疫情，体育在线教学也随之展开，体育教师在强调技能教学的同时，也积极向学生普及、推广健康知识，对学生进行心理疏导，增强了学生抗疫的信心。后疫情时期，高校要积极完善体育课程的心理健康教育以及健康教育内容的设计，通过体育课程加强对学生的身心健康教育，提升体育课程开展的价值。

（二）理想信念教育

我国体育事业在历史洪流中曲折前行，一部部体育奋进史正在彰显着我国体育健儿用理想信念铸就的体育强国梦。大学体育课程作为向大学生传授体育历史、体育文化、体育知识、体育技能的重要课程，体育教师理应将这些鲜活生动的教育素材通过各种途径展现在体育课堂上，使大学生在体育运动的过程中加深对我国体育事业发展的认识，自觉将个人的发展融入中华民族的伟大复兴的征程中，增强其责任感和使命感。而且，随着我国改革开放向纵深发展，人们在享受着物质充盈带来的幸福感时，也面临着思想上的巨大挑战。尤其是思想比较活跃、对于新生事物有着较强接受能力的大学生，在价值观方面更容易受到外部环境的冲击。因此，借助体育课程感染力强的特点，发挥大学体育课程在加强大学生的理想信念教育方面的作用刻不容缓。

（三）爱国主义教育

爱国主义是每一个中国人最真挚、最朴素的深沉情感，是每一位中华儿女最自然的情感流露。《新时代爱国主义教育实施纲要》是中共中央国务院近期印发的重要文件，该文件旗帜鲜明地指出，“培养社会主义建设者和接班人，首先要培养学生的爱国情怀”，这就需要“充分发挥课堂教学的主渠道作用”。在大学体育课程思政开展过程中，要将爱国主义纳入教学的主要内容，加强对大学生的爱国主义教育。因此，体育教师在组织教学活动时，要从体育课程的学科背景出发，积极引导大学生了解新中国成立以来特别是改革开放以来我国在体育事业中取得的伟大成就，培养大学生的爱国之情，砥砺强国之志；要善于通过各种体育教学活动以及典型事迹激发大学生的爱国热情，为爱国主义教育提供强有力的理论支撑。同时，要鼓励大学生把爱国热情转化为强大的学习动力，用扎实的专业知识武装头脑，用实际行动表达爱国之心。

（四）集体主义教育

在大学体育课程思政中开展集体主义教育，就是要引导大学生正确把握集体利益和个人利益的关系，当两者发生冲突时，能够自觉坚持集体利益高于个人利益的原则。作为一种集体性活动，从教学内容到教学形式，从教学方法到教学要求，体育教学都呈现出鲜明的集体性特征，这就要求学生们在参与体育运动时，既要充分发挥个人的力量，也要懂得彼此间的密切配合的重要性，通过共同合作来完成某一活动。在这一进程中，个人与集体、个人与个人之间的认知、态度以及情感，会通过大学生的实际行动表现出来，体育教师的责任就在于运用这些有利的条件和形式，对大学生进行集体主义教育，让大学生在自身参与中自觉树立起团结协作、服从组织、遵守纪律等优良道德品质和作风。

（五）民主法治和组织纪律教育

个体社会化的过程也就是人的社会化的过程，作为社会中的一员，大学生终究要步入社会，成为一个被社会所接纳和需要的人，这就要求其必须掌握一定的行为规范和价值体系，遵守社会生活准则。大学体育是在体育教师的直接组织下进行的一个具有规范性、约束性的社会活动，在课堂教学活动中，大学生不仅要掌握一定的运动技术，更要具备规范意识，遵守各项运动的基本规则。体育教师可以充分借助这样的优势，将民主法治和组织纪律教育融汇其中，让大学生在真实情景体验中理解、感悟社会主义核心价值观所倡导的“自由”、“平等”、“法治”等要义，进一步强化大学生的道德规范意识。同时，在体育教学中，严格贯彻课堂堂规，加强对课堂纪律的管理，如严格执行考勤制度、引导学生自觉爱护公共体育设施等，也是对大学生进行遵纪守法教育和组织纪律教育的必要内容。

（六）奥林匹克精神教育

奥林匹克运动会起源于希腊雅典，展现了人类的文明与进步。法国历史学家、教育家顾拜旦对奥林匹克运动有着高度评价，指出，奥林匹克运动会“是由青春、美丽和力量三者所结合而成的”，人们聚集在这里“瞻仰过去并寄望未来”。长期以来，奥林匹克精神更是激励着运动员积极参与体育运动，勇于追求进步并不断超越自我。奥林匹克运动会的会徽由蓝、黄、黑、绿、红五色环圈组成，象征着五大洲的团结，以及全世界运动员的平等、友谊；奥林匹克精神是“公平、友谊、进步”；奥林匹克格言是“更快、更高、更强”，强调“重要的不是胜利，而是参与”。将奥林匹克精神教育纳入大学体育课程思政的教育内容，引导大学生以沉着、勇敢、顽强的毅力克服体育运动过程中生理以及心理负荷所引起的困难，并培养大学生善于处理人际关系的能力，养成尊重对方，关心他人、诚实友善的良好作风，以实际行动弘扬和彰显奥林匹克精神，随之逐步成为大学生的日常习行为惯，不仅丰富了大学体育课程思政的内容，而且有利于在实践参与中进一步规范大学生的道德、作风和行为。

三、大学体育课程思政内容组织的基本方式

为了加强大学体育课程的育人作用，推动大学体育课程思政目标的实现，使大学生在增强体魄的同时也能得到心灵的净化，讲规矩、讲道德、讲品行、讲信仰，扬起理想信念的坚定风帆，就需要对大学体育课程中选择出来的思想政治教育资源进行合理组织，强化其教育效果。20 世纪中期，美国著名课程理论专家泰勒就课程内容如何组织的问题，提出了三项基本准则：连续性、顺序性、整合性，对后世课程专著产生了重要影响。

长期以来，我国在课程内容组织方面呈现出了三种常规的方式，即直线式和螺旋式、纵向组织和横向组织、逻辑顺序和心理顺序。但是，由于学科的不同，课程内容组织采取的方式自然也就有所差异。根据体育课程实践性强的特点，在组织大学体育课程思政内容时，应注意以下几个方面。

（一）螺旋式为主、直线式为辅的组织方式

开展大学体育课程思政，不以让大学生掌握理论、概念以及原理等抽象的内容为主要目标，而是让大学生在掌握身体锻炼方法以及增强体魄的同时，通过体育课程中所蕴含的思想政治教育因素的熏陶，提高自身的思想道德素质，加强对主流意识形态的认同，积极投身于社会主义现代化建设事业的洪流中。因此，要结合体育教学过程中，教学环境比较开放、教学空间比较宽阔，而且教师和学生始终处于运动状态等体育课独有的特点，对于具有锻炼价值以及蕴含品格塑造、思想引领的内容，要循环往复的加以练习，采用螺旋式的方式来组织课程内容，以达到良好的教育效果。比如，通过日常的体能训练项目，培养大学生不怕苦、不怕累、勇于坚持等良好的心理品质；通过团体合作项目（如：羽毛球、篮球、体操等），加深大学生对合作精神、集体意识的认识；通过运动实践中角色的分工，使大学生正确认识自己职责，增强其责任感、使命感。而对于体育课程中所涉及到的体育运动项目的历史发展过程等方面的理论知识，体育教师则可以采用直线式的组织方式传递给学生。

（二）横向组织和纵向组织相结合的组织方式

大学体育课程思政是以大学体育课程为载体，以课程中所承载的思想政治教育资源为内容所开展的教育实践活动，这就要采取横向组织的方式，打破学科间的界限，将学校体育活动和思想政治教育联系起来，实现二者之间的融合，倡导大学生强体魄、树理想、讲道德、有文化、守纪律，为大学生关注社会、融入社会提供更多的机会。同时，在安排课程内容时也要注意课程要素的纵向衔接性。大学期间，由于学生们在每个学期都会有不同的体育学习内容，这就要求体育教师要加深对各个体育运动项目的纵向衔接的研究，在课程内容的安排上要注重各学期课程内容中所涉及的思想政治教育资源的相互联系。只有在课程内容的安排上构建一个纵横连接的整体网络系统，大学体育课程思政的开展才能取得预期的效果。譬如，在课程设置上，要注意个人技能类课程与群体技能类课程的衔接，使大学生既能正确认识自己的价值，又能懂得团结协作、尊重他人的重要性。

第四章　田 径 运 动

田径运动（track and field）是径赛、田赛和全能比赛的全称。以高度和距离长度计算成绩的跳跃、投掷项目叫“田赛”；以时间计算成绩的竞走和跑的项目叫“径赛”。田径比赛由田赛、径赛、公路路跑、竞走和越野跑组成，此外，还包括部分田赛和径赛项目组成的“十项全能”。

据记载，最早的田径比赛，是公元前 776 年在希腊奥林匹克村举行的第一届古代奥运会上进行的，项目只有一个——短距离赛跑，跑道为一条直道，长度为 192.27 米。到第十届古代奥运会上，才正式列入跳远、铁饼、标枪等田赛项目。当时只准男子参加，女子不得参加、观看，违者处以死刑。

1894 年，在英国举行了最早的现代田径运动国际比赛，比赛共分 9 个项目。真正的大型国际比赛是 1896 年开始举行的现代奥运会。它沿用古代奥运会每隔 4 年举行一次的制度，每届奥运会上，田径运动都是主要的比赛项目之一。从 1928 年第九届奥运会起，才增设了女子田径项目，此后，女子便参加了田径项目的比赛。

第一节　跑 步 运 动

一、跑步运动的分类

田径运动（走、跑）的分类和项目，见表 4-1。

表 4-1　田径运动（走、跑）的分类和项目

项目	距离					
	成年		少年			
	男子组	女子组	男子甲组	男子乙组	女子甲组	女子乙组
竞走	20 千米 50 千米	5 千米 10 千米				
短距离跑	100 米 200 米 400 米	100 米 200 米 400 米	100 米 200 米 400 米	60 米 100 米 200 米	100 米 200 米 400 米	60 米 100 米 200 米
中距离跑	800 米 1 500 米 3 000 米	800 米 1 500 米	800 米 1 500 米 3 000 米	400 米 800 米	800 米 1 500 米	400 米 800 米
长距离跑	5 000 米 10 000 米	3 000 米 5 000 米 10 000 米			3 000 米	
跨栏跑（栏高）	110 米栏（1.067 米） 400 米栏（0.914 米）	110 米栏（0.84 米） 400 米栏（0.672 米）	110 米栏（0.914 米）	110 米栏（0.914 米）	110 米栏（0.762 米）	110 米栏（0.762 米）

二、短跑

短跑是田径径赛项目中的一类，短跑比赛项目包括 60 米、100 米、200 米和 400 米，是发展速度素质最有效的手段，是许多田径项目以及其他一些运动项目的基础。短跑全程按技术动作的变化可分为起跑、起跑后的加速跑、途中跑和终点跑四个部分。

（一）100 米跑的技术

1. 起跑

起跑的任务是使身体迅速摆脱静止状态，为起跑后加速跑创造条件。在短跑比赛中，运动员必须采用蹲踞式起跑，必须使用起跑器。安装起跑器的目的是使脚有牢固的支撑，形成良好的用力姿态，有利于起跑和起跑后的加速跑。

起跑器的常用安装方式有普通式和拉长式两种。第一种是普通式，前起跑器距起跑线一脚半长，后起跑器距前起跑器一脚半长；第二种是拉长式，前起跑器距起跑线两脚长，后起跑器距前起跑器为一脚长。起跑器与地面的角度是，前起跑器为 45 度左右，后起跑器为 60 度 ~ 70 度。两个起跑器的中轴线间隔约 15 厘米。如图 4-1 所示。

起跑过程包括“各就位”“预备”和鸣枪三个阶段。如图 4-2 所示。

（1）“各就位”：听到“各就位”口令后，身体放松，情绪稳定地走到起跑器前，俯身，两手撑地，两脚依次蹬在前后起跑器的抵足板上，脚尖应触及地面，后腿膝关节跪地，通常将有力腿放在前起跑器上。接着，两臂收回到起跑线内支撑地面，两臂伸直，两手间距离与肩同宽或稍宽，四指并拢或稍微分开与拇指成有弹性的“八”字形支撑，身体重心稍前移，肩约与起跑线齐平，头与躯干保持在一条直线上，颈部放松，身体重心均匀地落在两手、前腿和后膝之间，注意听“预备”口令。

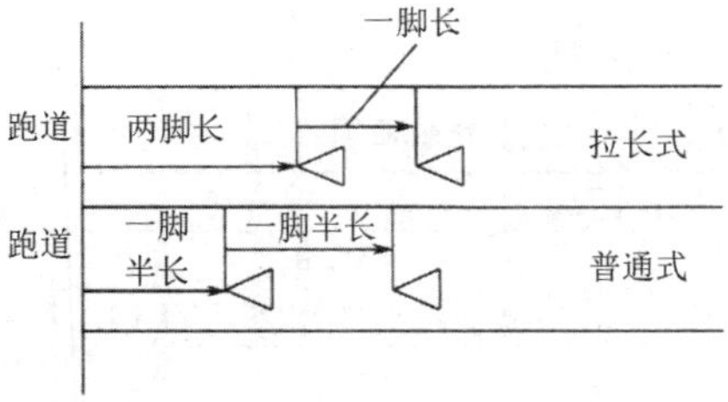

图 4-2　起跑　　　　图 4-1　起跑器的安装方式

（2）“预备”：听到“预备”口令后，臀部平稳抬起，稍高于肩，同时重心前移，双腿膝关节形成适宜的用力角度，两脚紧贴起跑器用力踏紧抵足板，背部肌肉绷紧并略成弓形，深吸一口气做好“预备”姿势，集中注意力听枪声。

（3）鸣枪：听到枪声后，两手迅速推离地面，屈肘做有力的前后摆动，同时两腿快速用力蹬起跑器。后腿快速蹬离起跑器后，迅速屈膝向前上方摆出，摆出时脚不应离地面过高，这有利于摆动腿迅速着地并过渡到下一步，前腿有力地蹬伸，后蹬角约为 42 度 ~ 45 度。

2. 起跑后的加速跑

起跑后的加速跑是从前腿蹬离起跑器到进入途中跑姿势前的一个跑段，有 25 米 ~ 30 米，用13步~15步跑完。其任务是：充分利用起跑获得的初速度，在较短距离内尽快地获得更快的奔跑速度。起跑后，从第一步开始，步长逐渐加大，上体逐渐抬起，步频逐渐加快，两脚的运动轨迹应逐渐接近一条直线转入途中跑，如图 4-3 所示。

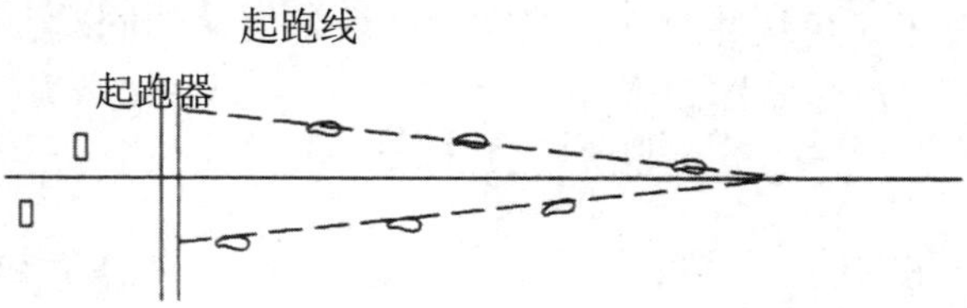

图 4-3　起跑后的加速跑

3．途中跑

途中跑是短跑全程中距离最长、速度最快的一段。其任务是继续发挥和保持高速跑。跑是周期性运动，以 1 个复步（即左右腿各跑一步）为 1 个周期。在 1 个跑的周期中包括 2 个腾空时期和 2 个支撑时期（左支撑与右支撑）。就单腿来说，包括后蹬、后摆、前摆和着地缓冲 4 个动作阶段。现将 1 个周期分为后蹬与前摆阶段、腾空阶段和着地缓冲阶段 3 部分。

（1）后蹬与前摆阶段：当身体重心移过人体支点的额状面时，就进入了支撑腿的后蹬与前摆阶段。摆动腿随着跑动惯性，以髋关节发力，快速向前摆动大腿。这是当代短跑技术的特点。大腿抬的高度与上体倾斜线接近垂直，摆动大腿积极下压，脚前掌积极扒地，脚掌轻快地落在身体重心投影点前适当位置。

支撑腿在摆动腿积极前摆的配合下，快速有力地后蹬。后蹬是前进的主要动力，蹬地动作由伸展髋、膝、踝 3 个关节组成。蹬地动作包括蹬伸速度、蹬伸程度和蹬伸方向，在短跑中蹬伸速度极为重要。

蹬摆协调配合和上下肢动作的协调配合，是途中跑技术的关键，如图 4-4 所示。

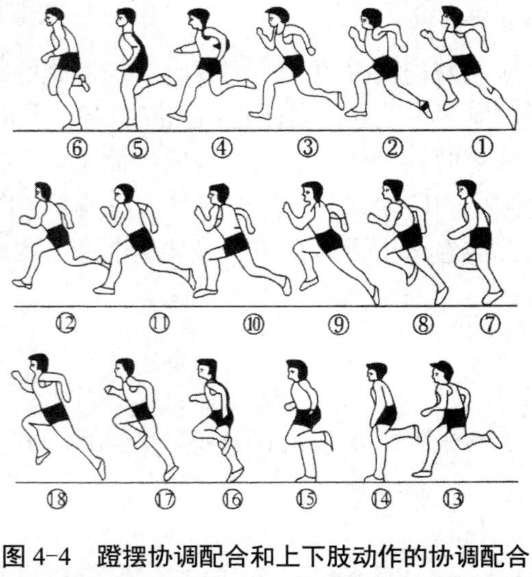

图 4-4　蹬摆协调配合和上下肢动作的协调配合

（2）腾空阶段：从支撑腿蹬离地面到摆动腿着地为腾空阶段。当支撑腿蹬离地面，小腿随着蹬地后的惯性和大腿的摆动，形成大小腿边折叠边前摆，与此同时，摆动腿下压，自然向前下方伸小腿（做鞭打动作）准备着地。

（3）着地缓冲阶段：当摆动腿的前脚着地瞬间，开始了着地缓冲阶段。着地时应用前脚掌积极着地，着地位置约距身体重心投影点一脚至两脚处，应适当靠近身体重心投影点，这有助于缩短缓冲时间。当支撑腿着地缓冲的同时，摆动大小腿应充分折叠，脚跟靠近臀部，以缩短摆动半径。

4. 终点跑

终点跑是全程跑的最后一段，应尽力保持途中跑的高速度跑过终点。终点跑的技术要求运动员在离终点线 15 米 ~ 20 米处时，尽力加快两臂摆动的速度和力量，保持上体前倾角度。当运动员离终点线前一步距离时，上体急速前倾，双手后摆，用胸部或肩部撞终点线。如图 4-5 所示。

（二）200 米和 400 米跑的技术

200 米和 400 米跑，有一半以上的距离是在弯道上进行的。为了适应弯道，技术上有相应的变化。为了便于弯道起跑后能有一段直线距离进行加速跑，应将起跑器安装在弯道跑道的右侧，起跑器对着弯道的切线方向，如图 4-6 所示。

图 4-5 终点跑

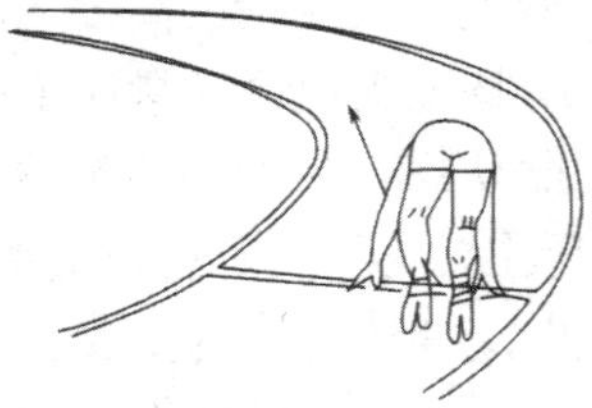

图 4-6 弯道上起跑器的安装

弯道起跑后前几步应沿着内侧分道线的切线跑。加速跑的距离适当缩短，上体抬起较早。在进入弯道时，应尽可能地沿着跑道内侧跑，身体及时向内侧倾斜。

运动员从直道进入弯道时，身体应有意识地向内侧倾斜，加大右侧腿和臂的摆动力量与幅度。弯道跑的蹬地和摆动方向，都应与身体向圆心方向倾斜趋于一致。

从弯道跑进直道时，应在弯道最后几步，身体逐渐减小内倾程度，自然跑几步，然后全力向前跑。

三、跨栏跑技术

跨栏跑项目有男子 110 米栏，女子 100 米栏和男、女 400 米栏。下面按直道栏、弯道栏进行技术分析。

（一）直道栏技术

直道栏全程跑分为起跑至第一栏技术、过栏技术、栏间跑技术和全程跨栏跑技术。

1．起跑至第一栏技术

起跑至第一栏加速跑的任务是快速启动、积极加速，为顺利地过第一栏和全程跑打好基础。

起跑采用蹲踞式起跑。起跑至第一栏跑 8 步时，起跨腿在前，单数则摆动腿在前。

起跑预备时，臀部位置稍高，起跑后加速跑时各步后蹬角度较大，身体重心位置较高。跑到第 6 步以后，身体姿势已接近途中跑的姿势，并准备起跨过栏。起跑后各步步长均匀增大，栏前最后两步积极跑进，最后一步起跨腿积极着地，缩短步长 10 厘米～20 厘米，以加快起跨速度。

2．过栏技术

过栏是从起跨脚踏上起跨点到过栏后摆动腿的脚接触地面。过栏的任务是使身体迅速越过栏架，为栏间跑创造条件。跨栏步技术分为起跨攻栏、腾空过栏、下栏着地三个阶段，如图 4-7 所示。

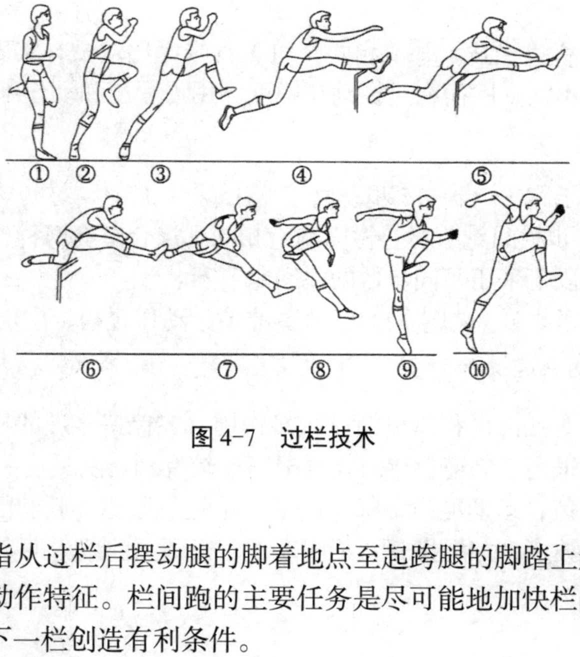

图 4-7　过栏技术

3．栏间跑技术

栏间跑技术是指从过栏后摆动腿的脚着地点至起跨腿的脚踏上起跨点这段距离中所表现出来的技术动作特征。栏间跑的主要任务是尽可能地加快栏间跑的节奏，提高跑速，为顺利跨过下一栏创造有利条件。

4．全程跨栏跑技术

全程跑的任务是合理地将跨栏步技术与快速的栏间跑技术紧密地结合起来。保持正确的节奏和最快的速度跨越全部栏架，到达终点。

将全程跑看成一个整体，但各阶段也有所差异。首先要过好第一栏，这对于速度的发挥和节奏的建立以及运动员树立自信心都有十分重要的意义。全程跑的前三栏属于加速阶段，第四栏至第六栏达到最高速度，第七栏至第九栏由于运动员的体力呈逐渐下降趋势，所以，此时应注意在技术上控制动作不变形，在速度上避免下降过快。

第十栏是最后一个障碍，过此栏时，运动员要加快下栏动作的速度，过栏后把跨栏节奏调整为短跑节奏，注意用力蹬地和摆臂。

（二）弯道栏技术

弯道栏包括男、女 400 米栏。400 米跨栏跑的栏架较低（男 91.4 厘米、女 76.2 厘米），过栏并不十分困难，但是栏间距离和全程距离较长，对步长、节奏、速度、耐力和意志等要求较高。弯道栏全程跑分为起跑至第一栏技术、过栏技术、栏间跑技术以及终点冲刺和全程体力分配。

1．起跑至第一栏技术

起跑在弯道上进行，采用蹲踞式起跑。起跑至第一栏一般男子跑 20 步～23 步，女子跑 23 步～25 步。起跑的步数与全程跑的节奏相适应。起跑至第一栏跑的步数固定，保持步长的准确性对顺利跨过第一栏和跑好全程有着重要意义。

2．过栏技术

男、女 400 米栏过栏技术基本相同，与 110 米栏比较没有实质上的区别。由于栏架高度和栏间距离不同，因而在过栏动作幅度、用力程度和动作细节上稍有差别。

3．栏间跑技术

栏间跑一般男子跑 13 步～15 步，女子跑 15 步～17 步。左、右腿均能起跨攻栏，可采用 14 步或 16 步栏间跑节奏。栏间跑有相同和混合节奏两种，混合节奏是指前半程、后半程或不同段落采用不同步数的栏间跑节奏。

好的栏间跑技术表现为跑速均匀、节奏准确、动作轻松、向前跑的效果好。

4．终点冲刺和全程体力分配

合理分配体力对提高全程跑成绩有直接作用。在保持合理的栏间跑节奏和顺利过栏的前提下，全程采用“匀速”跑对提高成绩比较有利。从最后一栏到终点为 40 米，运动员都会感到疲劳，运动能力下降。此时，正是争取比赛胜利的重要时刻，要特别注意保持正确跑的技术，加强摆臂、抬腿动作，以顽强的毅力冲向终点。

四、中长跑

中长跑包括中距离跑和长距离跑。中跑是对速度耐力要求较高的项目，长跑是以耐力为主的项目。

（一）中长跑技术

中长跑各个项目的完整技术分为起跑、起跑后的加速跑、途中跑和终点跑等主要环节。

1．起跑和起跑后的加速跑

中长跑采用站立式起跑。当听到“各就位”口令后，从集合线轻松地走到起跑线后，两脚前后站立，有力腿在前，紧靠起跑线后沿。两脚前后距离为一脚长，左右间隔为半脚。两臂一前一后（如图 4-8①所示），或是两臂在体前自然下垂（如图 4-8②所示）。颈部放松，整个身体保持稳定姿势。注意听枪声。

听到枪声后，两腿用力蹬地，后腿蹬地后迅速前摆，两臂配合，两腿的蹬摆做快而有力的前后摆动，使身体快速向前冲出（如图 4-9 所示），过渡到起跑后加速跑阶段。加速跑时，两腿应迅速有力地蹬伸和积极地摆臂，在短时间内达到预定速度。无论在直道或弯道上起跑，都应按切线方向跑进，在规则允许的范围内，抢占有利的战术位置，然后进入途中跑。

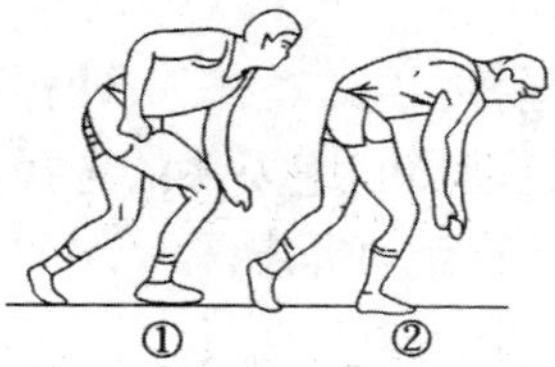

图 4-8　起跑的加速跑

图 4-9　起跑后的加速跑

2. 途中跑

途中跑是决定中长跑运动成绩的主要环节。途中跑应强调轻松、省力、节奏好。途中跑有一半以上的距离是在弯道上进行的。弯道跑技术基本上与短跑的弯道跑技术相同，只是跑速相对较慢，动作速度、幅度和用力程度较小。

中长跑除了因战术需要而改变跑的节奏外，一般多采用匀速跑。匀速跑可为肌肉和内脏器官的活动创造有利的条件，并能推迟疲劳的出现。但长时间用一种节奏跑会使运动员感到单调，也不适应竞争的需要，因此，应掌握多种节奏跑的方法。

3. 终点跑

终点跑的距离要根据项目、训练水平、个人特点、技术需要及比赛具体情况而定。一般情况下，800 米可在最后 300 米 ~ 200 米，1 500 米在最后 400 米 ~ 300 米，3 000 米以上可在最后 400 米到稍长的距离，开始终点冲刺跑。速度好的运动员往往在跟随跑的前提下，在最后一个直道时突然加速；耐力好的运动员多采用更长段落的冲刺跑。不论终点跑距离长短，在冲刺跑之前都必须抢占有利位置，并注意观察对手情况，动员全部力量冲过终点。

（二）中长跑的呼吸

中长跑时，为了改善气体交换与血液循环的条件，应注意呼吸节奏。呼吸节奏取决于个人特点和跑的速度。一般是两步或三步一呼气，跑两步或三步一吸气。随着跑速的提高，呼吸频率也相应加快。呼吸应自然并有一定的深度。随着疲劳的出现，应着重加深呼气，只有充分呼出二氧化碳，才能充分吸进新鲜氧气。在强度大、竞争激烈的情况下，为了提高呼吸效率，仅用鼻呼吸是不够的，应半张口与鼻同时呼吸，最大限度地满足肌体对氧的需要。

五、接力跑

接力跑是田径运动中以集体形式出现的竞赛项目，是田径场上最具吸引力的项目之一。接力跑设置的项目一般为男、女 4×100 米接力跑和男、女 4×400 米接力跑。规则要求必须在 20 米长的接力区内完成传接棒动作。

接力跑的途中跑技术基本上与短跑相同，只是要求各棒队员之间协调配合保证在快速跑进中完成传棒、接棒技术。

（一）起跑

第一棒运动员采用蹲踞式起跑，一般用右手握棒。第二、三、四棒运动员多采用半蹲式或站立式起跑，并且头转向左后方。接棒运动员起跑姿势的选择，主要取决于能否快速起跑，并能清晰地看到传棒选手以及设定的起动标志。

（二）传棒、接棒方法

传接棒在接力跑项目中非常重要，是影响成绩的关键点。传接棒方法一般分上挑式、下压式和混合式三种。

上挑式是接棒人手臂自然后伸，掌心向下，传棒人将棒由下向前上方“挑”送到接棒人手中。下压式是接棒人手臂后伸，但掌心向上，传棒人将棒的前端由上向下“压”送到接棒人手中。混合式是在一次接力跑中综合使用了前面两种方式。

接力跑是由 4 个人密切配合、奋力拼搏完成全程跑的。在安排各棒队员时，特别是 4×100 米比赛，必须考虑发挥每名队员的特长与优势。在 4×100 米项目中，第一棒安排起跑快、跑弯道技术好者；第二棒是直线快速跑、速度耐力好、传接技术好者；第三棒必须善于跑弯道；第四棒是全队实力最强的主力。

第二节　跳跃运动

一、跳远

跳远是在跑进中用单脚起跳，通过腾空，最后双脚落入沙坑的田径项目。有蹲踞式、挺身式和走步式。跳远由助跑、起跳、腾空和落地四个部分组成。决定成绩的好坏主要有三个因素，即助跑的速度、踏跳的腾空高度和脚落地时前伸的远度。

（一）助跑

跳远的助跑速度与起跳腾起初速度有非常密切的关系，对跳远成绩有直接影响。跳远运动员为了获得更高的助跑速度，必须有相应的助跑距离，通常需要 20 米左右，跑 12 步左右。

1. 全程助跑距离和步点标志的测量方法

在跳远助跑道上，以起跳板为起点，向助跑反方向按自己所确定的助跑开始姿势、加速方式和步数反复跑几次后，找出和确定步数相符的脚迹的相对集中点即为初定的助跑起跑点。然后以此点开始，按自己的助跑方式向起跳板方向助跑并起跳，经反复练习、调整，最后确定，用皮尺丈量此距离并记录下来，以便以后使用。为了能准确踏板起跳，助跑通常设两个标志。第一个标志设在助跑的起点上，第二个标志设在起跳板后的 6 步 ~ 8 步起跳脚着地处。

2. 助跑的起动方式

起动的方式一种是从静止状态开始助跑，采用两腿前后分开的“站立式”或两腿微曲、两脚左右分开的“半蹲式”静止姿势。这种开始姿势，有利于提高助跑步点的准确性，初学者多采用这种开始姿势；另一种是行进间开始助跑，采用先走几步或跑几步踏上助跑的起跑点（第一标志），然后再开始加速助跑。这种起动方式比较自然、放松，优秀运动员多采用这种助跑起动方式。

3. 助跑的加速方式

加速的方式一种是积极加速，这种加速方式从助跑一开始就用力跑，步频始终很高，它能使运动员迅速获得较快的速度。另一种是逐渐加速，这种加速方式和一般的加速跑相似，开始步频较低，在逐渐加大步长的同时提高步频。这种加速方式的加速时间相对较长，跑的动作轻松、自然，多数运动员尤其是初学者多采用这种加速方式。

（二）起跳

起跳的任务是充分利用助跑取得水平速度，创造必要的垂直速度，获得更大的腾起初速度。

（三）腾空

跳远腾空阶段的任务是维持身体平衡，为完善的落地动作创造有利条件。起跳腾空后，运动员要保持起跳离地的跨步姿势，向前上方腾起。这一起跳结束时身体姿势在空中的延续，称为“腾空步”。跳远的各种空中姿势，都是在“腾空步”的基础上进行的。因此，做好起跳离地后摆动腿大腿抬平、小腿自然下垂，起跳腿自然伸直放松留于体后这一“腾空步”动作极为重要。“腾空步”以后的空中姿势有三种：蹲踞式、挺身式和走步式。

1. 蹲踞式

蹲踞式空中姿势是在“腾空步”的基础上，摆动腿大腿继续抬高，上体仍保持垂直，两臂向前挥摆，踏跳腿向前上方提举，与摆动腿靠拢，在空中成“蹲踞”姿势飞进。接着两大腿继续折叠上收，上体相继前倾，两臂向外挥摆，借上收大腿的惯性把小腿一齐向前伸出，准备落地。

2. 挺身式

起跳后仍保持腾空步姿势，摆动腿，大腿积极而自然下放，小腿向前、向下、向后做弧形摆动，使髋伸展，两臂向下，向后方摆，这时留在身后的起跳腿与向后摆的摆动腿靠拢，臂前移，胸向外扩展并稍向前挺出，使身体胸部肌肉群处于拉长状态。然后收腹举腿，接着伸小腿，上体前倾，准备落地。如图 4-10 所示。

图 4-10 挺身式

3. 走步式

腾空步后，继续在空中像走步一样，即踏跳腾空完成“腾空式”动作后，摆动腿放下（第一步）并向后摆，同时踏跳腿屈膝，大腿前提，随即伸小腿，形成空中换步动作（第二步）。同时两臂配合做绕环动作，上体稍后仰。随后在身后的摆动腿向前收，与踏跳腿靠拢，这时两臂摆至体前，随着向前甩小腿，准备落地动作。两臂同时下放，向后摆去，上体前倾，两腿前伸落地，形成在空中迈两步半的走步式。如图 4-11 所示。

图 4-11 走步式

（四）落地

正确的落地不仅能获得更好的成绩，而且可以防止受伤。落地前，大腿向前提举，小腿前伸，膝关节伸直，同侧两臂向后摆，脚尖勾起，以脚跟领先接触地面，然后两腿迅速屈膝，髋前移，两臂屈肘积极前摆，使身体迅速移过支撑点。

二、三级跳远

三级跳远是一种连续跳远的项目，是助跑之后直线连续进行 3 次跳跃。动作潇洒、飘逸，可以充分展示运动员的矫健，可以有效地发展人的协调性。三级跳远技术由助跑起跳、单脚跳、跨步跳和第三跳 4 个部分组成。其中，第一跳（单脚跳）须用起跳腿落地；第二跳（跨步跳）须用摆动腿落地；第三跳（跳跃）用双脚落入沙坑。如图 4-12 所示。

三级跳的助跑与急行跳远的助跑基本相同，一般跑 16 步～24 步。与急行跳远助跑的不同点是：第一是助跑倒数第二步重心几乎不下降；第二是最后几步长度没有明显变化。

第一跳（单脚跳）是有力腿起跳，在空中做交换腿动作，有力腿落地。要点是尽量保持水平速度，起跳蹬地角约为 60 度，身体重心轨迹长而平。

第二跳（跨步跳）仍是有力腿起跳，在空中成腾空步姿势落地之前有一个顺势高抬大腿，做扒地式落地动作。

第三跳是无力腿起跳，应尽量利用所余的水平速度，并增加垂直速度，争取远度。蹬地角一般为 60 度～70 度，起跳时两臂积极上摆，空中动作多采用蹲踞式。

图 4-12 三级跳远

三、跳高

至今出现过的主要跳高动作有跨越式、剪式、俯卧式和背越式等。由于技术的合理性，现在俯卧式、剪式已很少见到，人们多采用跨越式、背越式跳高动作，这里主要介绍后两者。

（一）跨越式跳高

跳高技术都由助跑、起跳、过杆和落地 4 个部分组成，如图 4-13 所示是跨越式跳高的技术过程。

图 4-13 跨越式跳高

助跑：在摆动腿一侧助跑，一般要跑 6 步～8 步。助跑路线与横杆的角度为 30 度～45 度，助跑的开始三四步要轻松，富有弹性，随后逐渐加速，上体微前倾，助跑后几步重心稍低。

起跳：起跳点与横杆投影线的距离为 60 厘米 ~ 80 厘米，起跳时脚跟着地并迅速过渡到全脚掌，起跳腿迅速有力地起跳，踝、膝、髋充分蹬直，高抬摆动腿并积极前送小腿，身体重心迅速前移。

过杆：当摆动腿摆过横杆高度时，身体前倾，脚尖内转下压，起跳腿积极高抬，身体纵轴向起跳方向旋转，使上体和臀部迅速过杆。

落地：起跳腿随摆动腿的下压而抬高绕过横杆后，摆动腿缓冲落地。

（二）背越式跳高

背越式跳高的主要步骤有：助跑、起跳、过杆、落垫。

助跑：背越式跳高助跑一般为 8 步 ~ 12 步，其中后 4 步 ~ 6 步助跑为弧线助跑。助跑前几步，步幅要开阔并有弹性。当转入弧线助跑时，整个身体向内倾斜。倒数第二步开始准备起跳，是助跑中最大的一步。最后一步时，起跳腿迅速踏向起跳点，髓部超前于上体；肩轴与髋轴成交叉扭紧姿势。

起跳：起跳脚由脚跟外侧先着地，柔和地过渡到全脚掌着地。此时，身体应向内侧倾斜。起跳时，摆动腿屈膝上摆、起跳腿迅速伸展，两臂上摆，躯干向上伸展。当起跳结束时身体与地面成垂直姿势。

过杆：起跳完成后，身体成伸展姿势向上腾起成背对横杆的姿势。头过杆后，仰头、侧肩、挺髋、屈膝，成拱形依次过杆，髋部过杆后，含胸收腹，上甩小腿过杆。

落垫：起屈髋姿势，用背部落在海绵垫上。

如图 4-14 所示是背越式跳高的技术过程。

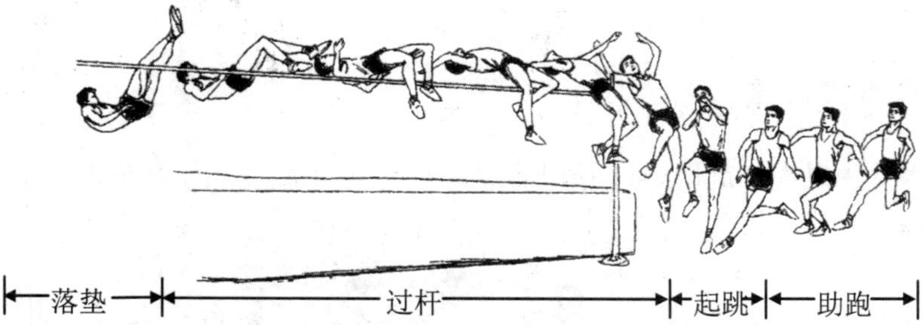

图 4-14　背越式跳高

第三节　投 掷 运 动

一、铅球

推铅球是田径运动的主要项目之一。推铅球的动作技术是单手持球放在肩上锁骨窝处，站在直径为 2.135 米的圆圈内邻近后沿处，经过滑步（或旋转）后，单手从肩上推出，使铅球落在规定的投掷区内。

（一）原地侧向推铅球

1. 动作要领（右手持球）

（1）握球和持球。握球的方法（以右手握球为例），五指分开，把球放在食指、中指和无名指的指根上，大拇指和小指自然地扶在球的两侧，手腕背屈防止球滑动和便于控制出球方向。手指和手腕力量强的人可把球适当地向手指上移一点，这样可以更好地发挥推球的杠杆长度的作用。如图 4-15 所示。

握好球后，把球放在肩上锁骨窝处，贴着颈部，手稍外转，掌心向前，右臂屈肘，这样可以节省力量，加强铅球在滑步时的稳定性，有利于控制出球的方向。如图 4-16 所示。

（2）身体左侧对着投掷方向，两脚左右开立比肩稍宽，左腿自然伸直，以右腿支撑身体，左臂自然上举，上体向右侧扭转，左脚尖与右脚跟几乎在一条直线上，左臂向前下方伸出，使髋和背部肌肉扭紧拉长。

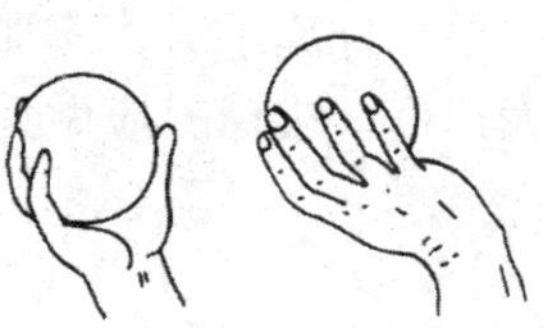

图 4-15　握球

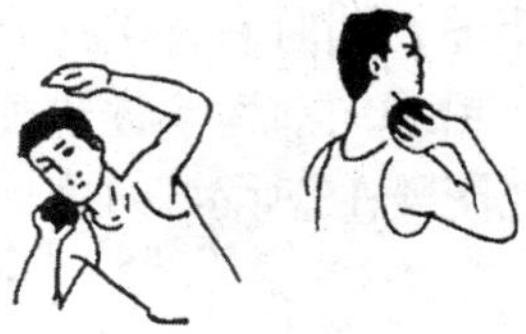

图 4-16　持球

（3）推铅球时，右脚用力蹬地，右膝内转，右髋前送，使上体迅速向投掷方向抬起，朝投掷方向转动，当身体左侧接近与地面垂直的一刹那，右脚迅速伸直，以左肩为轴，身体转向投掷方向，挺胸、抬头，右肩用力向投掷方向送，右臂迅速伸直将铅球向前上方 40 度 ~ 42 度推出。球离手时，手腕要用力，并用手指拨球。球出手后，右腿与左腿交换，左腿后举，降低身体重心。如图 4-17 所示。

图 4-17　投掷铅球

2. 练习方法

（1）原地持球、握球练习。

（2）徒手或利用实心球做各种专门练习。

（3）原地推实心球过横杆。

（4）持铅球做原地侧向推铅球练习。

（二）侧向滑步推铅球

滑步的目的是使铅球获得一定的速度，为最后用力创造良好的条件。

1．动作要领（右手持球）

（1）滑步动作。从侧向预备姿势开始，左腿向投掷方向做 1～2 次轻微的预摆，待身体平稳后，左腿的大腿迅速有力地向投掷方向摆动，同时右脚用力蹬地，并迅速伸直右腿，使身体向投掷方向移动，右脚离地后，很快收回小腿向前滑动到圆圈中心附近，左脚积极落地，以形成牢固支撑，两脚着地后左脚尖和右脚跟成一条直线，为最后用力做好准备。

（2）最后用力。最后用力是在滑步结束后左脚着地的一刹那开始的，左脚迅速着地完成最后用力的保证。在拉收右腿的过程中，右膝和右脚向投掷方向转动，右脚着地后要不停地蹬转，利用右脚的蹬转和右膝的转动推送右髋转向投掷方向。这时髋轴的转动就超过了肩轴，上体出现扭紧状态，腰、背肌肉也被拉长。随着右腿的蹬伸，上体向右倾斜，右肩低于左肩。此时，左臂从胸前向左上方引，把胸前亮出，在右髋的不断前送中很快地向左转体，把胸转向前上方，抬头并稍后仰，左臂摆到身体的左侧并制动两腿积极蹬伸，同时右臂迅速有力地推出，球离手时，应加上腕和手指向外的拨球力量。这时，铅球向前运动逐步加到最大速度。推球时应做到以左侧为轴，左臂不能继续后摆。如图 4-18 所示。

图 4-18　侧向滑步推铅球

2．练习方法

（1）侧向滑步推铅球的模仿练习。

（2）持实心球连续做 3 次～4 次预摆，然后用力向前上方推出实心球。

（3）拉住同伴的手，做滑步练习，体会两腿“摆”“蹬”的配合。

（4）持铅球或实心球在圈内反复做滑步练习。

（5）持铅球在投掷圈内做完整的侧向滑步推铅球。

（三）背向滑步推铅球

实践证明，滑步推铅球比原地推铅球要远 1.50 米～2.50 米。滑步时身体应保持平衡，身体各部位的动作要互相协调配合，使整个动作连贯和加速。

1．动作要领（右手持球）

（1）握球和持球的动作与原地推铅球相同。

（2）滑步前的预备姿势可分为高姿势和低姿势两种。

1）高姿势。持球后，背对投掷方向，站在圈内靠近后沿处。两脚前后开立，相距

20~30 厘米，右脚尖贴近圆圈，脚跟正对投掷方向；左腿稍后，并自然弯曲，以前脚掌着地或脚尖着地，脚跟提起。持球臂的肘略低于肩或与肩齐，左臂自然上举并向内，上体正直放松，体重落在右腿上，两眼看前下方 3 米~5 米处。如图 4-19 所示。这种姿势的优点是较为自然放松，能协调地进入滑步动作，有利提高速度。这种姿势开始进入滑步时由于屈体团身而降低了身体重心，铅球上下移动较大，对身体平衡能力要求较高。

图 4-19 高姿势

2）低姿势。背对投掷方向持球站立，站在圈内靠近后沿处。两脚前后开立，相距 50 厘米~60 厘米，右脚尖贴近圆圈，脚跟正对投掷方向，左脚在后，以前脚掌或脚尖着地。左臂自然下垂并稍向内，两腿弯曲，上体向圈外探出，体重落在右腿上，两眼看前下方 2 米~3 米处，持球臂肘部自然下垂，铅球的投影点在右脚的右侧前方。如图 4-20 所示。这种姿势的优点是当投掷者未进入滑步时铅球已处于较低的位置，铅球的上下移动很小，较容易保持身体平衡。其缺点是全身的肌肉较紧张，右腿负担较大。

图 4-20 低姿势

（3）滑步前可做 1 次~2 次预摆，左腿自然弯曲，大腿用力平稳地向后上方摆动，右腿伸直脚跟提起，上体前俯，左臂微屈前伸，微低头，两眼看前下方。

（4）当左腿第二次回摆到靠近右腿时，右腿弯曲，上体前俯接近水平，紧接着右腿用力蹬伸，左腿向抵趾板中间提起，使身体重心向投掷方向移动。

（5）右腿蹬直后，迅速收小腿，右脚、右膝向左转动，与此同时，左脚积极下放，两脚着地，右脚跟和左脚尖成一条直线，为最后用力做好准备。

（6）由于铅球向前上方用力，球被推出后，身体仍有向前的惯性冲力，这样就会失去平衡。为了防止冲到投掷圈外造成犯规，投掷者应立即将右腿换到前面并屈膝，将左腿后伸，降低重心，改变重心移动的方向，便于维持身体的平衡。背向滑步推铅球完整过程，如图 4-21 所示。

图 4-21 背向滑步推铅球完整过程

2. 练习方法

（1）在教师的统一信号下，做背向滑步推铅球的模仿练习。

（2）徒手或持实心球做连续滑步练习。

（3）在一定高度的横杆前做背向滑步练习。

（4）持实心球做背向滑步推铅球练习。

二、铁饼

掷铁饼是技术较为复杂的项目，其比赛是在直径为 2.5 米的圆圈内采用旋转方法进行的。铁饼投掷的远度取决于器械的出手初速度、投掷时的出手角度、投掷时出手点的高度及空气作用力的影响，其中起主要作用的是器械的出手初速度。

（一）动作要领（右手握饼）

1．铁饼握法

五指自然分开，中指通过铁饼面的中心，拇指和手掌平贴住铁饼，其余四指的最末指节扣住铁饼边沿，手腕微屈，铁饼的上沿微靠前臂，持饼臂自然下垂于体侧。如图 4-22 所示。

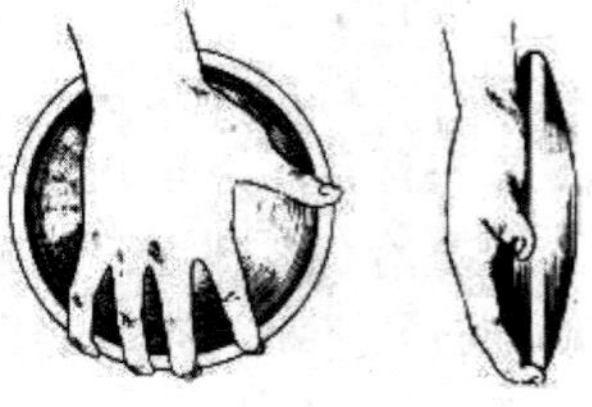

图 4-22　铁饼握法

2．预备姿势

背对投掷方向，两脚站在投掷圈中心线的两侧（左脚略靠近中心线），间隔稍宽于肩，左脚稍靠后，持饼臂自然下垂于体侧。

持饼臂在体侧前后自然摆动 2～3 次，随后重心移向左腿，上体左移，同时躯干带动投掷臂向左摆起。铁饼摆至左侧约与肩同高时，左手托饼，然后重心由左腿向右腿移动，躯干带动投掷臂向身体右后方大幅度回摆。接近极点时，体重在右腿上，铁饼约与右肩同高，身体充分扭转拉紧，投掷臂尽量伸展放松，两眼平视。

3．旋转

双腿支撑旋转：在预摆结束后立即开始做双腿支撑旋转动作。弯屈的右腿蹬地，上体向左转动，重心从右腿向边屈边转的左腿移动，左脚以前脚掌着地，屈膝向投掷方向转动。投掷臂自然地拖在身后，头随肩轴转动，逐渐形成以身体左侧为轴的旋转。

单腿支撑旋转：当已形成身体左侧为轴的旋转时，右腿蹬离地面，以大腿带动，绕身体左侧轴沿弧线大幅度地向投掷圈圆心摆动。在转动过程中，身体左侧轴逐渐向圆心方向倾斜，左肩、左臂同时向圆心方向带动，使身体重心投影线远离支撑点，以配合右腿摆动内转。左腿蹬离地面，使身体在转动过程中向圆心方向加速运动。

腾空：左脚转蹬离地，身体即进入短暂的腾空阶段（腾空时间应力求缩短）。这时，右髋、右腿积极内转下压，使右脚前掌迅速落在圆心附近，左腿积极向右腿靠拢准备下压落地，身体背对投掷方向，铁饼留在身后，形成一个良好的超器械姿势。左臂自然前伸，屈于胸前，重心落在弯屈的右腿上。

4．最后用力

最后用力是决定投掷远度的关键技术环节。右脚着地后，左脚靠拢右脚积极落地，右腿微屈，左膝外转，躯干侧对投掷方向。右髋、右腿继续向投掷方向转动并前移，使髋轴进一步超越肩轴。此时头向投掷方向转动并稍抬起，左肩、臂向投掷方向牵引，右肘下降，稍低于肩，形成左侧转动轴。重心移近左腿时，左腿被迫压紧微屈，左膝跟着向投掷方向转动，同时支撑用力。在右髋、右腿继续转蹬的基础上，身体右倾绕左侧快速向前转动，肩轴迅速超越髋轴，以最快的速度、最大的力量向前挺胸挥臂。左腿积极蹬直，左肩制动，形成良好的左侧支撑用力。当身体重心达到较高部位时，铁饼经食指离手，快速沿顺时针方向自转，出手角度一般为 30 度 ~ 35 度。实践中根据风向和风力的情况来控制出手角度，逆风投掷时角度要小些，顺风时反之。

5．维持身体平衡

铁饼出手后，为了防止由于向前的惯性冲出圈外造成犯规，应迅速交换两腿或顺惯性继续向左转体，同时降低身体重心，缓冲向前的冲力，维持好身体的平衡。如图 4-23 所示。

图 4-23　掷铁饼全过程

（二）练习方法

（1）握饼、摆饼、拨饼和滚饼练习。
（2）原地正面、侧向掷铁饼。
（3）徒手或持器械做旋转练习。
（4）正面旋转掷铁饼。
（5）背向旋转掷铁饼。

三、标枪

掷标枪的完整技术动作分为握持标枪、助跑、最后用力和缓冲 4 个部分。

（一）动作要领（右手握枪）

1．握持标枪

握枪的方法可分为现代式（拇指和中指）握枪法和普通式（拇指和食指）握枪法两种。

（1）现代式握枪法。标枪斜放在掌心上，大拇指和中指环握在枪线把上沿，食指、无名指和小指自然地握住枪把。如图 4-24 所示。

（2）普通式握枪法。即拇指和食指握法。标枪斜放在掌心上，拇指和食指握在标枪线把上沿，其余手指依次握枪。如图 4-25 所示。

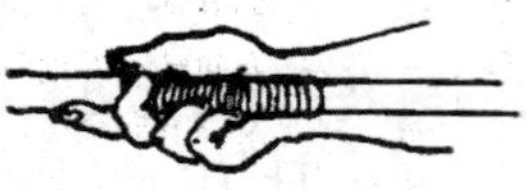

图 4-24　现代式握枪法

图 4-25　普通式握枪法

2. 持枪

合理的持枪方法应做到便于发挥助跑速度，便于引枪，使投掷臂和手腕放松自然。目前，运动员多采用肩上持枪的方法。

3. 助跑

助跑可分为预跑阶段和投掷步阶段两部分。

（1）预跑阶段。运动员从第一标志线跑到第二标志线为预跑阶段，通常为 15 米左右。跑双数步（8 步 ~ 12 步）右脚跑第一步；跑单数步（9 步 ~ 13 步），左脚跑第一步。预跑的动作要自然轻快，富有弹性，用前脚掌着地，逐渐加速。跑时上体略微前倾，持枪臂随着跑的节奏自然地前后摆动，且与下肢动作协调一致。通过不断加速的助跑获得较大的动量，并控制好器械，为进入投掷步完成一系列复杂动作做好准备。有些新手在预跑阶段跑得太快，增加了完成投掷步的难度，甚至破坏投掷步动作，影响最后用力。因此，助跑速度的提高必须与掌握技术的熟练程度相适应。

（2）投掷步阶段。运动员从第二标志线到起掷弧线的动作过程为投掷步阶段。投掷步一般为 5 步，也有采用 6 步的，目的是要在不断加速的情况下控制好器械，做好超越器械动作。

跳跃式投掷步：这种方法像跑跳步，在最后用力前右脚着地这一瞬间，由于右脚是向前跳出，且左脚向前摆动的角度较大时间较长，因此会造成交叉步时人体重心的上下起伏，使左腿落地迟缓，延长了过渡阶段的时间，破坏了交叉步与最后用力的衔接。当左脚最后落地时，必然造成上体过早的抬起，导致整个身体重心过渡的前移，缩短了最后用力的工作距离，影响最后用力时的效果。

跑步式投掷步：在最后用力前左脚着地这一交叉步阶段，左脚是在右脚着地的这一瞬间，积极向前下方摆插，且摆动的角度小，着地的时间较短。由于左腿这一积极的摆插，能使髋部加速向前，超过肩部前移的速度，加大躯干后倾的程度，增加了最后用力时的工作距离，对身体形成正确的加速节奏和超越器械起到重要的作用。因此，在教学和训练中，建议有一定水平的运动员采用跑步式投掷步比较好。

下面以跳跃投掷步（5 步）为例，加以介绍。

第一步：左脚踏上第二标志线，右脚前迈开始第一步。在右脚前迈的同时，右肩向右转并开始引枪，左肩逐渐向标枪靠近，左臂在胸前自然摆动，目视前方，髋部保持预跳的动作，右脚掌落地的部位稍偏右，此时持枪臂尚未伸直。

第二步：右脚落地，左脚前迈开始第二步。左脚前迈的同时，髋轴向右转动，形成侧对投掷方向的姿势，持枪臂继续后引，左肩靠近标枪并稍含胸，以防右臂下降。

左脚掌落地与投掷方向形成较大的角度，左肩摆至身体左侧，目视前方。

第三步：又称交叉步。这一步要加速下肢向前的运动，完成超越器械，并把标枪控制在有利于进入最后用力的部位。左脚一落地，右腿膝关节自然弯曲，大腿带动小腿积极向前迈出，当右腿靠近左腿时，左腿做有力的蹬伸动作，促使右大腿加速前摆。这时髋轴转向投掷方向，与肩轴形成交叉状态，左臂自然摆至胸前，进一步拉长躯干的肌肉。投掷臂充分伸直后引，不低于肩轴水平位，枪尖不高于头部，前臂与标枪的夹角越小越好。右脚跟外侧先着地，过渡到全脚掌，脚尖与投掷方向约成 45 度。右脚落地的一刹那，躯干和右腿成一条直线，整个身体倾斜，与地面的夹角约 55 度 ~ 60 度，身体重心在支撑点的后面，此时左腿已摆过右腿，目视投掷方向。

第四步：这一步是从助跑过渡到最后用力的衔接步，要求在高速中保持良好的超越器械，并按正确的用力顺序，发挥最大的力量，准确地用力于标枪纵轴。因此，它是投掷步中难度较大，又非常重要的一步。当第三步右脚未落地时，左腿已积极前迈开始第四步。右脚落地后，屈右膝，身体重心自然下降，左脚靠近地面，左腿积极前摆。身体重心超过右脚支撑点的一刹那，右腿及时蹬地，加快左脚落地的速度，以便做好落地支撑。这有利于保持已取得的下肢超越上肢的良好姿势，有利于加速上体的向前运动。此时右肩与左腿的连线与地面应约成 45 度，左脚落地位置应在右脚点延长线的左侧约 30 厘米处。

投掷步四步的步长，一般是第一步大些，第二步小些，第三步大些，第四步小些。第一步大有利于从容地进行引枪动作，第三步大有利于加速和超越器械。一般情况下第四步是中等或略小于中等的步长，因为这一步要完成最后用力，如果太大，会由于腿部力量不足和速度不够而产生“下坐”现象。当然，如果步长太小又会影响向前的用力幅度，影响最后用力的效果。

4．最后用力

投掷步的第三步右脚落地后，右腿屈曲压紧支撑，髋部迅速向前运动，当身体重心超越支撑点时（左脚尚未落地）即开始下肢最后用力。右腿及时用力蹬伸，推动右髋迅速向投掷方向运动，同时加速左脚落地的速度。右髋成半打开状态，右腿继续用力蹬地，转送右髋，使髋轴超过肩轴。在肩轴向投掷方向转动的同时，左臂前摆下压，投掷臂在原来的运行路线上，以上臂带动前臂转肩翻肘，当上体转至正对投掷方向时，投掷臂已翻到肩上，形成满弓姿势。这时投掷臂处于身后，与躯干几乎成直角，枪尖与头同高或稍高于头，重心接近左腿，左腿稍屈压紧支撑用力，头稍抬起，胸部肌肉处于充分拉长的有利姿势。形成“满弓”以后，胸部继续向前，肩轴迅速超越髋轴，以胸带臂迅速前挥，在左腿蹬伸的同时，使标枪在右肩上方（或右肩上方偏外）以 30 度 ~ 35 度飞出。出手点最好在左脚支撑点垂直上方或稍前，这有利于加大工作距离。标枪出手的一刹那，手指手腕的积极甩动使标枪沿着纵轴按顺时针方向自转，这有利于保持枪在空中飞行的稳定性，提高其滑翔效果。

5．缓冲

标枪出手后，为了防止犯规，应及时换腿，缓冲，并降低身体重心保持平衡，一般缓冲距离为 2 米～3 米，如图 4-26 所示。

图 4-26　投掷标枪全过程

（二）练习方法

（1）握枪、持枪练习。
（2）正面插枪练习。
（3）原地侧向掷标枪。
（4）徒手练习助跑与投掷步。
（5）持枪做完整动作。

第四节　田径运动规则简介

一、体育竞赛的组织

竞赛组织工作包括确定竞赛主办单位、制定竞赛规程、编排竞赛程序表、召开领队会议、培训裁判、组织竞赛等。

竞赛规程是竞赛组织工作的依据。其内容包括竞赛性质和任务、竞赛时间和地点、参加办法（含分组、各队人数及运动员的资格规定等）、竞赛方法（竞赛规则、确定名次的方法和竞赛使用器材的规定等）、竞赛奖励办法等。

二、田径运动基本规则

1. 短跑项目

（1）在起跑时没有鸣枪而有跑的动作为犯规，第一次警告，第二次取消比赛资格；
（2）在直道跑时，由于串道跌倒或影响他人的动作时，取消成绩；
（3）在弯道跑时，不得踩踏左侧分道线。

2. 中长距离跑项目

（1）起跑犯规与短跑相同；
（2）推、拉、挤和有意阻挡他人或踩别人脚，为犯规；
（3）未到抢道标志处提前切入内道为犯规；
（4）不合理地从左侧超越或者从右侧超越后而故意阻挡别人的，为犯规；
（5）比赛过程中离开跑道后又返回跑道继续比赛的，取消比赛资格；
（6）运动员不得有陪跑和接受场外指导。

3．接力跑

（1）起跑犯规与短跑相同；
（2）4×100 米接力跑，接棒者要在接力区前 10 米内起跑，否则视为犯规；
（3）不在接力区进行交接棒的为犯规；
（4）掉棒后，不是接棒运动员捡起的、徒手跑过终点的为犯规；
（5）用抛、掷等方式传接棒的为犯规；
（6）传棒后由于串道或离道时阻碍他人跑道的为犯规。

4．跨栏项目

（1）起跑犯规与短跑相同；
（2）未跨完所规定全部栏架或跨越邻道栏架的为犯规；
（3）跨栏时影响他人的为犯规；
（4）有意用手推倒栏架或用脚踢倒栏架的为犯规；
（5）腿或者脚未跨过栏架而从栏侧越过的为犯规。

5．竞走

（1） 在出发时裁判员没有鸣枪，运动员即开始出发的，第一次警告，第二次取消比赛资格；
（2）支撑腿在垂直部位时至少有瞬间必须是伸直的动作；
（3）竞走时两脚必须依次着地，不能出现腾空动作；
（4）比赛中不得故意阻挡他人；
（5）在比赛阶段，如有三名裁判员认为某运动员动作不符合竞走定义时，应取消比赛资格，并由主裁判通知运动员停止比赛。

6．预赛项目

（1）跳远、三级跳远时分为预赛和决赛。只有在预赛中（三次试跳取其中最远的一跳成绩）进入前 8 名的运动员才有决赛资格。并再有 3 次试跳机会，取其中最好成绩而决定最终名次。

（2）投掷项目与上述基本相同。如遇成绩相等则看第二好成绩；再相同，看第三好成绩，依次类推。如都相同，则令两位运动员按比赛顺序进行新一轮试投，直到决出名次。

（3）跳高与撑竿跳时，运动员在每一高度有 3 次试跳机会，只有过了这一高度后，才能进行下一高度的比赛。运动员可在任何高度免跳，如在同一高度失败 1 次或 2 次后也可免跳，但在下一高度时只有 2 次或 1 次机会。在取名次时遇成绩相等时，最后高度上试跳次数少的运动员名次列前。如按上述办法不能分出名次时，则应将比赛中试跳次数（不包括最后高度上的共同失败次数）最少的运动员名次列前。如涉及第一名时，则令成绩相等的运动员在其造成成绩相等的失败高度中的最低高度上，每人可以再试跳 1 次。如仍不能判定，则横杆应提升或降低，跳高为 2 厘米，撑竿跳为 5 厘米。他们需要在每个高度上试 1 次，直到决出名次。

第五章　足 球 运 动

第一节　足球运动发展概况

一、足球运动简介

扫码立领
掌握体育技能
塑造健康体魄
★足球

足球是以脚为主支配球的一项球类运动。两个队攻守对抗，争夺激烈，是富于战斗性的一项体育项目。现代足球是世界上开展最广泛、影响最大的运动项目之一，被誉为“世界第一运动”“运动之王”。

1863 年 10 月 26 日，英国 11 家足球俱乐部的代表在伦敦举行会议，成立了第一个足球运动组织——英格兰足球协会。当天也被世界公认为现代足球运动的诞生日。1904 年 5 月 21 日，法国、比利时、西班牙、荷兰、丹麦、瑞典、瑞士 7 国的足球协会的代表在巴黎举行会议，成立了国际性的足球组织——国际足球协会联合会，简称国际足联（FIFA）。

二、现代足球运动的三个流派

历史、文化等多种因素的共同作用，产生了不同的足球运动流派。目前国际足联公认的有：欧洲派，代表国家有德国、英格兰；南美派，代表国家有巴西、阿根廷；欧洲拉丁派，代表国家有法国、意大利。

三、现代足球运动的发展趋势

足球的攻守矛盾促使足球竞技水平不断提高。全攻全守型打法是现代足球发展的必然趋势。各种流派相互学习、取长补短，不断完善自己。速度越来越快，对抗越来越激烈。

四、国际重要赛事

国际足联组织的世界性比赛有世界杯足球赛、奥运会足球赛、世界青年足球锦标赛、世界青年（17 岁以下）足球锦标赛、世界女子足球锦标赛、世界室内 5 人制足球锦标赛、世界俱乐部足球锦标赛。

第二节　足球运动基本技术

足球技术是指运动员在足球竞赛规则条件下，运用身体有效部位合理完成各种动作方法的总称。足球技术是运动员进行比赛活动的基本手段和能力，是完成战术配合、决定战术质量的前提和保证。

足球技术可从多层次和不同角度进行分类。根据比赛的攻防转换及运动员职能变换，可将技术分为进攻技术和防守技术；根据运动员的位置分工，可分为守门员技术和锋卫队员技术；根据运动员的技术动作结构，可分为单元技术和多元组合技术；根据运动员的技术方式，又可分为有球技术和无球技术。为了便于认知和有利于足球技术教学，这里按位置技术进行分类。

一、颠球

颠球是指运动员用身体的各个有效部位连续地触击球，并加以控制尽量使球不落地的技术动作。颠球是运动员熟悉球性的一种练习手段，以增强对球的弹性、质量、旋转及触球部位、击球时用力轻重的感觉。

双脚脚背颠球技术动作要领：脚向前上方摆动，用脚背正面击球，击球时踝关节固定，击球的下部。两脚可交替击球，也可一只脚支撑，另一只脚连续击球。击球时用力均匀，使球始终控制在身体周围。

二、踢球

踢球指运动员有目的地用脚把球击向预定目标的技术。踢球是足球技术中最重要的技术，主要用于传球和射门。

（一）踢球技术动作结构分析

踢球的方法很多，动作要领也有所不同，但是每种踢法都是由助跑、支撑脚站位、踢球腿的摆动、脚触球和踢球后的随前动作 5 个环节组成。

（1）助跑：助跑的作用在于调整人与球的方向、距离，以便在踢球时使支撑脚能够处于所需要的正确位置，从而增加击球的力量。助跑的方向和出球的方向相同叫直线助跑，助跑的方向和击球的方向成交叉叫斜线助跑。

（2）支撑脚站位：支撑脚的位置要以踢球腿的摆动能达到最大的摆幅、发挥最大的速度和有利于踢球脚准确地接触球的合适部位为原则。支撑脚的位置一般是由所使用的踢球方法（脚法）来决定的。

（3）踢球腿的摆动：击球力量的大小由多方面的因素决定，而主要取决于踢球腿的摆动。它是踢球力量的主要来源。摆幅大，摆速快，踢出去的球力量大，球的运行速度就快，运行距离就远。踢球腿的摆动是在支撑脚跨步时（助跑最后一步）顺势向后摆起的。在支撑脚着地的同时以髋关节为轴，大腿带动小腿由后向前摆，当膝关节摆到接近球的垂直上方的刹那间，小腿加速前摆击球。

（4）脚触球：包括踢球脚的部位和击球的部位。一般来说，用脚的某一部位击球的后中部，作用力通过球心，出球平直。当踢各种活动来球时，应准确判断来球的速度、方向，根据出球目标，合理选择踢球脚以及脚与球的部位。弧线球（香蕉球）踢法主要运用脚背内侧或外侧击球，击球的作用力不通过球心，使球产生旋转，并沿着一定弧线运行。这种球具有一定的隐蔽性。

（5）踢球后的随前动作：踢球后随着腿的前摆和送髋，使身体重心向前移动，这样既易于控制出球方向和加大踢球力量，又能缓和因踢球腿急速前摆而产生的前冲惯性，以维持身体的平衡，踢球后的随前动作还便于与下一个动作衔接。

在上述 5 个环节中，支撑脚站位、踢球腿的摆动、脚触球是主要的因素。

（二）踢球动作方法

踢球的方法很多，但主要有脚内侧踢球、脚背正面踢球、脚背内侧踢球、脚背外侧踢球以及脚尖踢球和脚跟踢球，如图 5-1 所示。下面具体介绍脚内侧踢球、脚背正面踢球和脚背内侧踢球。

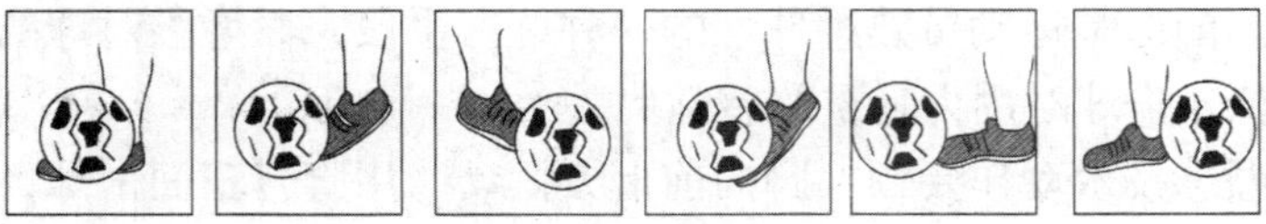

图 5-1 踢球方法

（1）脚内侧踢球（脚弓踢球）。特点：它是脚内侧部位踢球的一种方法，脚与球接触面积大，出球准确平稳，且易于掌握。但由于踢球时要求大腿前摆到一定程度时需要外展且屈膝，故大腿与小腿的摆动都受到限制，因此出球力量相对较小。

动作方法：脚内侧踢定位球时，直线助跑，支撑前的最后一步稍大些，支撑脚站在球的侧面约 15 厘米处，脚尖正对出球方向，支撑腿膝关节微屈。在支撑脚着地时，踢球腿大腿带动小腿由后向前摆动，在前摆的过程中大腿外展，当膝关节的摆动接近球的正上方时小腿做爆发式摆动，在触球前将脚跟送出使脚内侧部位所形成的平面与出球方向垂直，踢球脚脚底与地面平行，脚尖微微翘起，踝关节功能性地紧张使脚型固定，触（击）球后身体跟随移动，髋关节向前送。如图 5-2 所示。

踢地滚球时，要根据来球的速度、方向以及摆腿的时间，确定支撑脚的选位，保证踢球腿能充分地摆腿发力。

进行蹭踢球时，小腿略呈现弧线摆动，用脚内侧蹭踢球的侧面，使球侧旋运行。

踢空中球时，根据来球速度和运行轨迹及时移动到位，踢球腿大腿抬起（屈）并外展，小腿应拖后，利用小腿加速前摆击球，抬腿的高度要与来球高度相适应，摆腿的时间应与来球速度相对应，并根据出球的目标调整击球部位。

图 5-2 脚内侧踢球

易犯错误与纠正方法如下。

1）踢球腿膝、踝关节外展不充分，脚趾没勾翘，击球脚型不正确，影响击球效果。纠正方法：膝、踝关节充分外展保证脚内侧部正对来球，脚趾勾翘保证脚掌与地面平行。

2）踢球腿直腿摆击球，出球乏力。纠正方法：要求踢球腿屈膝外转前摆击球，确保摆击的速度和力量。

3）击球刹那，脚型不固定，出球不顺畅。纠正方法：要在整个击球过程中始终保持前摆结束时的正确脚型。

（2）脚背正面踢球（正脚背踢球）。特点：脚背正面踢球由于其解剖特点，摆幅相对较大，加之用脚背踢球接触面（与球）相对较大，因而踢球力量大，准确性也较强。但受以上的因素影响，出球的方向及性质相对变化较小。在比赛中经常使用脚背正面踢定位球、地滚球、空中球、反弹球及倒勾球。

球的性质多为不旋转的直线球，但也可用来踢抽击性前旋球。

动作方法：踢定位球时，直线助跑，支撑脚踏在球侧约 15 厘米处，脚趾指向出球方向，膝微屈，眼睛注视球。在支撑脚前跨的同时，踢球腿大腿顺势后摆，小腿后屈。前摆时，大腿以髋关节为轴带动小腿前摆，当膝关节摆近球体上方时，小腿加速前摆，脚背绷直，脚趾扣紧，以脚背正面击球的后中部。击球后，踢球腿顺势前摆落地。如图 5-3 所示。

图 5-3　脚背正面踢球

踢反弹球时，要准确判断球的落点、反弹时间和角度，选好支撑脚的位置，在球落地的刹那，踢球腿小腿加速前摆击球，在球反弹离地时击球的后中部。

踢地滚球时，支撑脚应正确选位，踢两侧地滚来球时，脚趾应对准出球方向，击球部位应准确，以保证击球能发上力。对速度较快的来球，要通过加大摆踢力量和调整出球方向，消除其初速度对出球方向的影响。

踢空中球时，支撑脚的选位要稍远，以踢球腿顺利摆踢发力为原则，并可根据来球角度或击球的部位选用抽击、弹击或摆击等方法。

易犯错误与纠正方法如下。

1）支撑脚的选位不当，影响摆踢发力和击球效果。纠正方法：要根据来球的情况和出球的目的，合理确定支撑脚的位置。

2）击球刹那，脚型不稳，趾尖上挑，影响出球力量和方向。纠正方法：整个击球过程要保持脚背绷紧、脚跟提起、脚尖下指的脚型。

3）踢球腿摆踢路线不直，出球方向不正。纠正方法：前摆击球时，要求膝关节向目标方向顶送，以保证作用力的目标方向。

（3）脚背内侧踢球。特点：踢摆动作顺畅，幅度大，脚触球面积大，出球平稳有力，且性能和路线富于变化，是中远距离射门和传球的重要方法。

动作方法：斜线助跑，助跑方向与出球方向约成 45 度，最后一步稍大，支撑脚底积极着地，脚尖指向出球方向，距球内侧后方约 25 厘米处，膝关节微屈，重心倾向支撑脚一侧。

在支撑的同时，踢球腿已完成后摆，并开始以髋关节为轴大腿带动小腿由后向前摆动，当大腿摆至与支撑腿接近同一平面时，小腿做爆发式摆动，脚尖外转，脚背绷直，以脚背内侧部位触击球。击球后踢球腿及身体继续随球向前。如图 5-4 所示。

1　2　3　4　5

图 5-4　脚背内侧踢球

踢地滚球时，要注意调整身体与出球方向的角度关系，以便踢球腿摆踢发力。

踢过顶球时，踢球脚背略平，插入球的底部做切踢动作，击球后脚不随球前摆。

易犯错误与纠正方法如下。

1）支撑脚选位不当，脚趾没对准出球方向，影响摆踢动作的完成。纠正方法：要求助跑的最后一步支撑脚趾要转对出球方向。

2）击球刹那，膝不向前顶送，而是顺势内拐，导致出球内旋。纠正方法：踢球前摆时，膝关节要向出球方向自然顶送，以保证作用力的目标方向。

3）踢球腿后摆动作紧张，影响前摆速度，击球发力不足。纠正方法：要求后摆动作自然放松，确保动作能加力加速。

4）支撑脚落位偏后，上体放松后仰，出球偏高乏力。纠正方法：上体保持适度的向前倾压，可防止出球偏高和加大球的作用力。

三、接球

接球是指运动员有目的地用身体的合理部位把运行中的球接下来，控制在所需要的范围内，以便更好地衔接下一个技术动作。接球是为下一个动作服务的，接球质量的好坏直接影响下一个动作的顺利完成。接球的方法有多种，常用的有脚内侧、脚背正面、脚背外侧、脚底、大腿、腹部、胸部、头部等部位的接球。

（一）脚内侧接球

特点：这是用脚内侧部作接球的一种技术。由于脚触球面积大，动作简单，较易掌握。比赛中经常使用这种技术接各种地滚球、平球、反弹球、空中球。

动作方法：支撑脚脚尖上对来球，膝关节微屈，同侧肩正对来球。接球腿提膝大腿外展，脚尖微翘，脚底基本与地面平行，脚内侧正对来球并前迎，当脚内侧与球接触的一刹那迅速后撤，把球接在脚下。若须将球接在侧面时，支撑脚脚尖应向同侧斜指，脚内侧与来球方向成一定角度触球，同时支撑脚提踵，以前脚掌为轴做适当转动，身体移动。如图 5-5 所示。

易犯错误与纠正方法如下。

（1）接球腿膝关节、踝关节外展不够，影响触球角度，控球不稳。纠正方法：接球腿膝关节、踝关节要充分外展，保证脚内侧部位能正对来球。

（2）接球引撤的时机和速度控制不好，缓冲效果差。纠正方法：引撤时机和速度要与来球速度相适应，保证引撤过程中脚内侧与球有较长的接触时间。

（3）压推或拨转接球后，重心跟进慢，接控动作脱节。纠正方法：在改变接球的方向时，既要控制加力动作的力量和角度，又要保证身体重心及时跟进。

（4）接球腿动作僵硬，直腿接球，难以控制。纠正方法：接球腿做到屈膝提起，方可避免直腿接球。

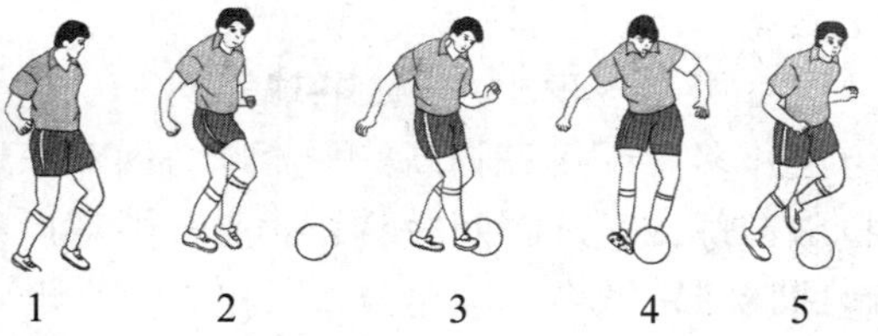

图 5-5　脚内侧接球

（二）脚背正面接球

动作方法：这种方法多用于接有较大抛物线的来球。根据球的落点，及时移动到位，脚背正面上迎下落的球，当球与脚面接触的一瞬间，接球脚与球下落的速度同步下撤，此时大腿膝关节、踝关节、脚趾均保持适度的紧张，脚尖微翘将球接到需要的地方，如图 5-6 所示。

图 5-6　脚背正面接球

易犯错误与纠正方法如下。

（1）接球腿膝关节、踝关节紧张，动作僵硬，缓冲效果差。纠正方法：接球腿膝关节、踝关节应保持功能性的紧张，以保证对球的有效控制，过度紧张或松弛都会影响缓冲效果。

（2）对球的判断不准，接球部位没有对准来球，将球碰跑。纠正方法：要保证脚面部位接触球。

（三）胸部接球

特点：由于胸部接球部位较高，加之胸部面积大、肌肉较丰满等特点，易于掌握，所以是接高球的一种好方法。胸部接球包括挺胸式、收胸式两种方法。

挺胸式接球动作方法：面对来球站立（两脚左右或前后开立），两膝微屈，重心置于支撑面内，上体后仰，下颌微收，两臂自然张开，维持身体平衡。接触球瞬间，两脚蹬地，膝关节伸直用胸部轻托球的下部使球微微弹起于胸前上方。如图 5-7 所示。

1 2 3 4

图 5-7 胸部接球

收胸式接球动作方法：多用于接齐胸高的平直球。面对来球，两脚左右或前后开立，两臂自然张开，挺胸迎球，触球瞬间收胸、收腹，臀部后移将球接在体前。若需将球接在体侧时，则触球瞬间转体将球接在转体后相应的一侧。如图 5-8 所示。

1 2 3 4

图 5-8 收胸式接球

易犯错误与纠正方法如下：

（1）触球刹那，躲闪转体，接球动作不稳定。纠正方法：接球刹那，挺胸应正对来球，应保证稳定和合理的接球部位。

（2）收挺时机掌握不好，缓冲效果差。纠正方法：收挺动作应与来球的速度相适应。

（3）落脚点偏左或偏右，导致球飞出或被对方拦截。纠正方法：接球之前做好准备动作，调整好脚步。

四、运球

运球技术从狭义上讲，仅是指运球的方法，即指用身体的某一部分触球，使球能随运球者一起运动；从广义上讲，则不仅让球随人运动，还必须越过对方的防守。如何使用这些运球方法达到越过对方防守的目的，这里就包含了运球方法的运用问题。常用的运球技术有脚内侧、脚背正面、脚背外侧、脚背内侧运球。

（一）脚内侧运球

动作方法：运球前进时支撑脚始终领先于球，位于球的侧前方，肩部指向运球方向，支撑腿膝关节微屈，重心放在支撑腿上，另一条腿提起屈膝，用脚内侧推球前进，然后运球脚着地。如图 5-9 所示。

易犯错误与纠正方法如下。

（1）支撑脚选位不当，挡住球路或影响运球脚动作。纠正方法：支撑脚的脚趾方向要与运球方向保持一致。

(2) 运球腿膝关节、踝关节僵硬，直腿推拨球，动作紧张。纠正方法：强调运球腿自然屈膝提起，膝踝外转，推拨球后自然落步，交替进行。

图 5-9 脚内侧运球

(二) 脚背正面运球

动作方法：自然跑动，步幅稍小，上体稍前倾，两臂协调摆动，运球腿屈膝提起前摆，脚背绷紧，脚跟提起，脚趾下指，用脚背正面推拨球后自然落步。如图 5-10 所示。

图 5-10 脚背正面运球

易犯错误与纠正方法如下。

(1) 运球脚推拨部位及方法不当，难以控制运球的力量和方向。纠正方法：强调运球脚脚跟提起，脚趾下指，以脚背正面推拨球。

(2) 膝关节、踝关节僵硬，变推拨为捅击动作，控制不住球。纠正方法：运球腿膝关节、踝关节要张弛交替、放松协调，要以推拨方式控制运球的力量和方向。

(3) 支撑脚偏后，推拨球重心滞后，导致人球分离。纠正方法：要求支撑脚尽可能地接近球，使球始终处于身体的有效控制范围内。

(三) 脚背外侧运球

动作方法：直线运球时，自然跑动，步幅偏小，上体稍前倾，两臂协调摆动。运球脚屈膝提起前摆，脚趾稍内传斜下指，摆至球体上方时，用脚背外侧推拨球的后中部，重心随球跟进。曲线运球时，触球作用力方向应偏离球心，使球呈弧线运行。如图 5-11 所示。

易犯错误与纠正方法如下。

(1) 运球脚直腿前摆，难以控制推拨力量。纠正方法：强调运球脚屈膝提起后自然下放推拨球，反复交替进行。

(2) 膝关节、踝关节僵硬，影响控制球效果。纠正方法：要求膝关节、踝关节的适度紧张和自然放松有机结合。

（3）身体重心偏高或坐后，影响重心跟进。纠正方法：运球过程中要保持躯体稍前倾，重心略下沉的状态。

图 5-11　脚背外侧运球

（四）脚背内侧运球

动作方法：跑动时身体自然放松，上体稍前倾并稍向运球方向转动，两臂自然摆动，步幅要小些。运球脚提起时，膝关节弯曲，脚跟提起，脚尖稍外转，在迈步前伸脚着地前，用脚背内侧向前侧推拨球，球向前侧曲线或弧线运行。

五、运球过人

运球过人是指在运控球地基础上，根据临场需要，准确判断和把握对手的防守站位和重心变化情况，利用速度、方向和动作变化，获得时间和空间优势，从而突破防守的一种技术手段。运球过人的手段一般包括利用速度强行过人、利用身体的掩护强行过人、运球假动作过人、利用穿裆球过人、人球分路过人、利用变速运球过人和恰当地组合推、拨、挑、扣、拉、颠等动作过人。

比赛中运球过人的方法有很多，只有熟练地掌握上述各种运球方法和动作，并注意掌握下列各种因素，才能在比赛中较有把握地完成运球过人。

注意观察对手所处的位置，然后再决定自己采取的过人方法。运球者应根据临场防守者所处的位置及状态来决定自己应采取的过人方法。例如，当运球者高速运球接近对手时，若对手快速迎上来抢球，就可以利用速度强行过人。

（1）掌握好过人时机。过人的时机要根据临场防守者的情况而定。如运球行进速度快时，则应离对手距离移近些再实施过人动作，否则对手将有时间转身起动将球追上。用假动作过人时，应善于利用对手因判断错误而造成重心移动的时机实施过人动作，这样，对手再调整重心时已为时过晚。

（2）掌握好过人时的距离。除利用速度过人外，其他方法都应是在距离对手一大步的地方并应大于运球者与球的距离，对手勉强可以触到球，但不会先于运球者触及球。

六、抢截球

抢截球技术是指运动员在规则允许的范围内，使用身体的合理部位将对手的控球权夺过来或破坏。

技术动作结构分析：抢截球技术的动作结构是由选位、抓住时机实施抢截动作、实施抢截动作后与下一动作紧密衔接三个环节组成：①选位；②抓住时机，果断实施动作；③在实施抢截动作后，应迅速使身体恢复到下一个动作所需要的状态和位置。

七、头顶球

头顶球技术分前额正面头顶球与前额侧面头顶球。

（一）前额正面头顶球

原地顶球时，身体正对来球方向，眼睛注视球，两腿自然开立，膝关节微屈，重心置于两脚间的支撑面上（或后脚上），两臂自然张开，当球运行到将垂直于地面的垂线时，两腿用力蹬地，迅速向前摆体，微收下颌，在触球瞬间颈部做爆发式振摆，用前额正面击球中部，上体随球前摆。如图 5-12 所示。

（二）前额侧面头顶球

前额侧面头项球技术的特点是动作快捷，变向突然，出球线路难以预测，对球门的威胁性极大。但动作难度较大，侧摆发力不足，出球方向较难控制，适用于应急时破坏球和接传中球顶射。

易犯错误与纠正方法如下。

（1）上体与下肢发力动作脱节，不协调，影响发力效果。纠正方法：要求身体整体性地自下而上发力顶击。

（2）击球时机掌握不好，使头在被动位顶球，影响顶球效果。纠正方法：前额要在身体重心的垂直部位顶击球。

（3）击球刹那，闭眼缩颈，影响顶球力量和准确性。纠正方法：眼睛要睁大，迎来送往球。

（4）跳起顶球时，起跳点、起跳时机和击球掌握不好，影响顶球动作质量和出球效果。

纠正方法：可通过助跑路线、起跳速度和摆击动作的调整，合理控制起跳点、起跳时机和击球效果。

图 5-12　前额正面头顶球

八、假动作

在足球比赛中，运动员为了争取时间、空间的优势，取得控球权或控制好球以达到射门的目的，常采用一些虚假动作掩饰自己的真实意图。虚假动作使对手产生错误的判断，造成重心错误的偏移，形成对自己有利的形势以实现自己的目的。

其技术动作要领如下。

（1）传球前的假踢：如传球前为了使堵住传球路线的对手闪开空当，可先向一方做假踢动作，当对手去堵假踢的传球路线时，突然改变踢球脚法将球从另一方向传出。

（2）接球前的假接：如对手在体侧紧逼的情况下，可先向一侧做假接球动作，当对手重心发生不适当的偏移时，突然改变向另一侧接球。

（3）接球前的假顶：接高度在胸或头部的空中来球，对手迎面上来准备在自己接球后立即抢截，接球者可做出假顶的动作，迫使对手减速或停下，远离自己准备截获顶出之球，此时突然用头或胸将球接在自己控制范围内。

（4）顶球前的假接：面对高空来球，做出胸部接球的假动作，诱使对手逼近准备抢球，等对手逼近时，突然用头将球传出，使对手来不及去防守接球的队员。

第三节　足球运动基本战术

足球战术是指在足球比赛中，为了战胜对手，根据主客观情况所采取的个人行动和集体配合的方法。根据攻防的基本特点，足球战术可分为进攻战术、防守战术、比赛阵型三大部分。在进攻和防守战术中，又分别包括个人、集体与全队的攻防战术。

一、比赛阵型

（一）阵型的发展和演变

为了适应攻守战术的需要，全队队员在场上的位置排列和职责分工，称为比赛阵型。各阵型的名称是按队员排列的形状而定。自 19 世纪中期世界上有了第一个足球比赛阵型至今日的“四三三”“三五二”“四二四”等，以及某些国家所采用的“水泥式”“锁链式”等，都是沿着这客观规律演变和发展的。

（二）各个位置的职责

（1）边后卫的职责：边后卫主要是要防守对方的边锋以及其他进攻队员在边路的活动，破坏对方由边路发动的进攻。同时还可利用插上助攻式运球来直接威胁对方球门。

（2）中后卫的职责：中后位有突前中后卫和拖后中后卫之分。前者主要任务是盯守对方突前的最有威胁的中锋，因而又被称之为盯人中后卫；后者则主要担负整个防线的指挥任务，其站位经常处于其他防守队员后面，一般称之为自由中后卫。

（3）前卫的重要职责：前卫通常称之为中场队员。中场是一个非常重要的区域，控制了中场也就是得到了比赛的主动权，因此比赛各队往往都在中场投入较大力量。

二、进攻战术

（一）局部进攻战术

局部进攻战术是指进攻中两个或几个队员之间的配合方法，它是集体配合的基础，基本配合形式有二过一配合、传切配合和交叉掩护配合。下面主要介绍二过一配合。二过一配合是指在局部地区两名进攻队员通过两次连续传球配合，越过一名防守队员的配合方法。二过一配合形式根据传球和跑位的路线有：斜传直插二过一、直传斜插二过一、踢墙式二过一和回传反切二过一，分别如图 5-13（a），（b），（c），（d）所示。

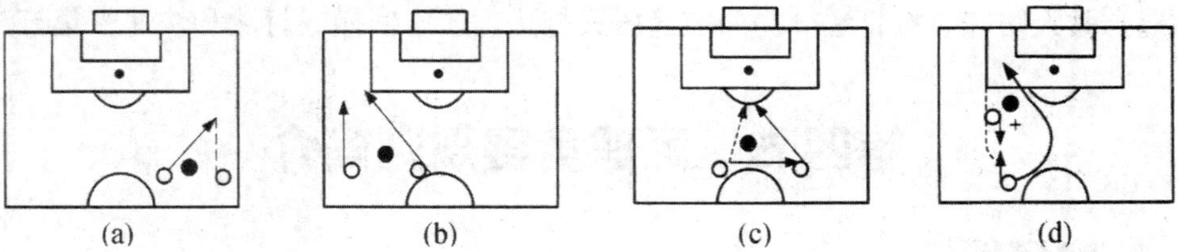

图 5-13　二过一

（二）整体进攻战术

（1）边路进攻。利用球场两侧地区发起进攻的方法叫边路进攻。边路进攻是全队进攻战术的主要形式之一，其主要特点是有利于发挥进攻速度，打破对方防线，制造缺口。

（2）中路进攻。中路进攻是利用球场中间区域组织的进攻，这种进攻虽能直接射门，但难度最大，因中路防守最为严密，对进攻队员的配合默契度和个人能力要求很高。

（3）转移进攻。当一侧进攻受阻，另一侧进攻有利时要及时、快速地转移进攻方向。此方法多采用中长距离传球来实现的，以拉开对方的防守，达到声东击西的进攻目的。

（4）快速反击进攻。比赛中当攻方进攻时，后卫线往往压至中场附近，防守人数也由于插上进攻和助攻而相对减少，此时如能抓住对方防区空隙较大和回防较慢的机会，乘其失球发动快速反击，往往能取得良好的效果。

快速反击是最有威胁的进攻手段，有效的进攻在于突然快速地反击，但其难度较大，即要冒险，又要有准确、快速的传切配合技能。快速反击要有组织，配合得要极为默契，必须进行专门性的训练，否则很难在比赛中实施。

（三）防守战术

1. 局部防守战术

局部防守战术是指两个或两个以上防守队员之间的配合方法。它是集体防守战术的基础。基本配合形式有保护、补位和围抢。

（1）保护。保护是指在逼抢持球对手的同伴身后，选择适当位置协防并阻止对方突破的战术配合行动。

（2）补位。补位是指防守队员弥补同伴在防守中出现漏洞时所采取的相互协助的战术配合。在比赛中，通过同伴的相互补位，可以有效地遏制和破坏对方的进攻行动，变被动为主动。

（3）围抢。围抢是指在特定场区，两个以上的防守队员突然、快速、有效地夹击对方控球队员，把球抢夺回来或破坏的战术配合。

2．整体防守战术

整体防守战术是指全队所采取的防守战术。基本形式有区域盯人防守、人盯人防守和混合盯人防守。按打法分为向前逼压式打法、层次回撤式打法和快速密集打法。

第四节　足球竞赛规则简介

一、比赛场地

（1）比赛场地必须是长方形。两条较长的线叫边线，较短的线叫端线，当球的整体从地面或空中越过边线或端线时，即为死球。

（2）比赛场地长度 90 ~ 120 米，宽度 45 ~ 90 米，如图 5-14 所示。国际比赛场地长度 100 ~ 110 米，宽度 64 ~ 75 米。世界杯决赛阶段比赛场地长 105 米，宽 68 米。所有线宽都是 12 厘米。

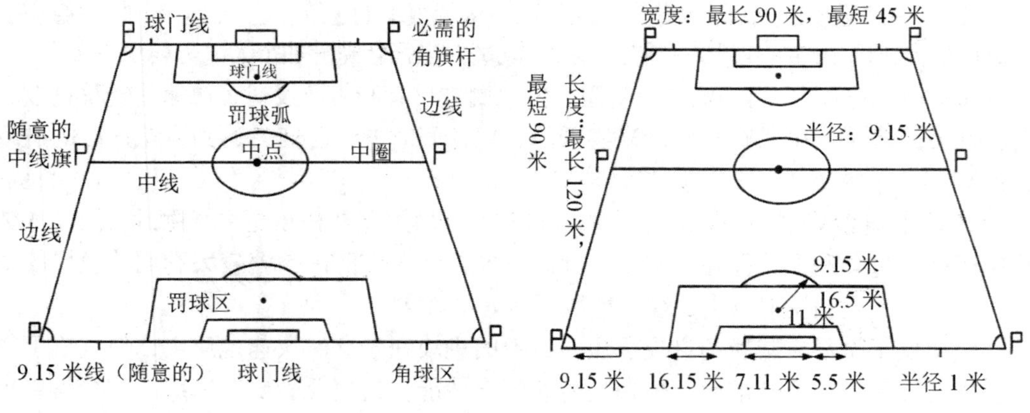

图 5-14　足球比赛场地

（3）比赛场地被中线划分为两个半场，在场地中线的中点做一个中心标记叫中点，以距中心标记 9.15 米为半径画一圆圈叫中圈。

（4）从距每个球门柱内侧 5.5 米处，画两条垂直于端线的线。这些线伸向比赛场地内 5.5 米，与一条平行于端线的线相连接，此区域范围是球门区。

（5）从距每个球门柱内侧 16.5 米处，画两条垂直于端线的线。这些线伸向比赛场地内 16.5 米，与一条平行于端线的线相连接，此区域范围是罚球区。在罚球区内距球门柱之间等距离的中点 11 米处，设置一个罚球点，在罚球区外，距罚球点 9.15 米为半径画一段弧。

（6）球门的宽度是 5.32 米，高度是 2.44 米。球门柱和横梁的宽度与厚度相同，均不超过 12 厘米。球门柱和横梁必须是白色的。

二、比赛用球

（1）球为圆形，用皮革或其他适当材料。

（2）球的周长 68 ~ 70 厘米。重量在比赛开始时 410 ~ 450 克。压力等于 0.6 ~ 1.1 个大气压力。

三、比赛规则

（一）越位

（1）越位位置：队员在对方半场并较球更接近于对方的球门线，且在他与对方端线之间，对方队员不足两人；队员处于越位位置并不构成越位。

（2）判越位：处于越位位置的队员，在同队队员踢或触及球的一瞬间，裁判员认为他正在干扰比赛、干扰对方队员或利用越位位置获得利益时才被判为越位。

（3）不越位：如果进攻队员从球门球、掷界外球、角球情况下接球，则没有越位。

（二）犯规与不正当行为

（1）队员故意违反以下规则的任何一种，将判给对方踢直接任意球：踢或企图踢对方队员；绊摔或企图绊摔对方队员：跳向对方队员；冲撞对方队员；打或企图打对方队员；推对方队员；拉扯对方队员；争抢球时，在触球前触及对方队员；向对方队员吐口水；故意手球。

（2）队员在出现下列情况时，将被判给间接任意球：动作具有危险性；阻挡对方队员；阻挡对方守门员发球。

（三）掷界外球

当球的整体从地面或空中越过边线时，由最后触及球队员的对方，从球越出边线掷界外球；掷球队员必须面向场地，站在边线上或边线外，使用双手将球从头后经头上掷出。掷球队员的掷球违反规则，由对方掷界外球；掷界外球不能直接得分。

第六章　篮 球 运 动

第一节　篮球运动概述

一、篮球运动的起源与发展

篮球是用球向悬在高处的目标进行投篮比赛的一项球类运动。由于最初是用装水果的篮筐作投掷目标，因而名“篮球”。

篮球运动是1891年由美国马萨诸塞州斯普林菲尔德市基督教青年会训练学校体育教师詹姆士·奈史密斯（James Naismith）博士创造的。篮球运动经过100多年的发展，从最初的“游戏”逐步发展成一项雅俗共赏、老少皆宜的体育运动项目，并形成了一套独特的包含专项身体素质、专项技术、战术和规则、裁判法等内容的完整体系。1932年6月18日，国际业余篮球联合会在瑞士日内瓦成立，篮球运动进入推广时期，并出版了第一本国际比赛规则。1949年以后，篮球运动在世界各地广泛普及，世界篮球运动开始形成以美国队为代表的高度与技巧结合的美洲型打法，以苏联队为代表的高度和力量结合的欧洲型打法和以中国队、韩国队为代表的快、灵、准结合的亚洲型打法。1960年以后，世界篮球运动进入全面发展与提高的新时期，篮球运动技术、战术朝着高度、高技巧、高速度、高强度、多变化、高比分的方向发展，特别是高空技术的进一步发展，显示出当代篮球运动发展的新趋势和新特点。通过对进攻时间、规则罚则、增加三分球等条款的调整促使攻守平衡，使篮球运动向既重进攻又重防守、既重高度又重速度、既重力量又重速度的方向发展。目前，篮球运动进入融竞技化、智谋化，正朝着“高、快、全、准、变”和技战术运用技艺化的方向发展。

篮球运动于1896年前后传入我国。1901年以后，国内一些大城市的教会学校把篮球活动作为课外活动的锻炼手段，1913年被列为国内比赛项目。中华人民共和国成立后，我国的篮球运动又有了很大的发展。篮球运动广泛普及，水平稳步提高。1959—1966年，我国男女篮曾接近世界先进水平。1984年获得第23届奥运会女篮比赛铜牌，1993年获得世界大学生运动会女篮比赛冠军。2001年，我国男篮队员王治郅成为中国进入美国职业男篮第一人。2003年，我国篮球运动员姚明和巴特尔相继加入美国职业篮球联赛。

二、篮球运动的特点和作用

1．篮球运动的特点

篮球运动激烈、对抗、复杂、多变的特点决定了比赛瞬息万变。在比赛中队员要根据场上不断变化的情况采取正确、果断的行动，才能取得“攻必克、守必固”的效果。如果缺乏战术意识，就只会蛮干、硬攻，既消耗体力，又往往事倍功半。同时，篮球运动作为集体运动项目，不仅要使队员融入整个队伍当中，而且要使每个队员成为有独特个性的个体。篮球的特点如图 6-1 所示。

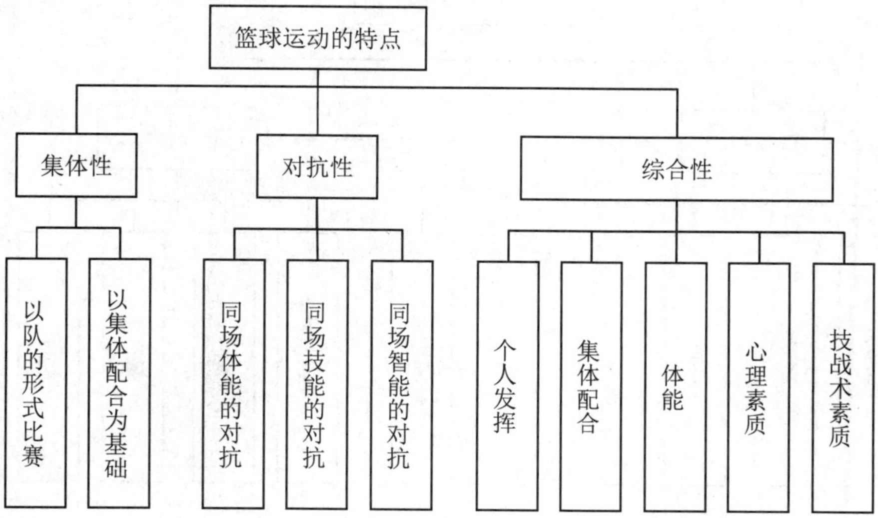

图 6-1　篮球运动的特点

2．篮球运动的作用

（1）篮球运动的集体性，能培养团队精神和集体荣誉感，增强球员的组织纪律性，这种团队精神无论对个人的发展或社会的进步都具有积极的意义。

（2）增进身心健康。篮球运动对力量、速度、耐力、灵敏等素质的全面发展，分配和集中注意能力的提高，神经系统中枢的灵活性、协调支配各器官能力的提高，内脏器官的生理机能的改善，良好的心理素质的塑造、坚强的意志品质的形成以及团队精神的建立具有十分积极的作用。

（3）促进人际关系。通过篮球运动，不仅可以相互切磋技艺，也可以为广大青少年之间相互了解、增进友谊、友好交往提供有效的途径，对青少年正确认识和处理人与人之间的关系、更好地融入社会、促进青少年健康人格的发展具有积极的作用。

第二节　篮球运动基本技术

篮球技术就是在篮球比赛中所运用的各种专门动作方法的总称，它是篮球比赛的基础，分为进攻与防守两大部分，如图 6-2 所示。

一、投篮

投篮是在篮球比赛中，持球队员将球从篮圈上面投进球篮所采用的专门技术动作方法的总称。篮球比赛的胜负是由得分多少来决定的，而投篮是唯一的得分手段。篮球比赛双方一切技战术的目的都是投篮和防守投篮，所以投篮是篮球运动的核心技术。

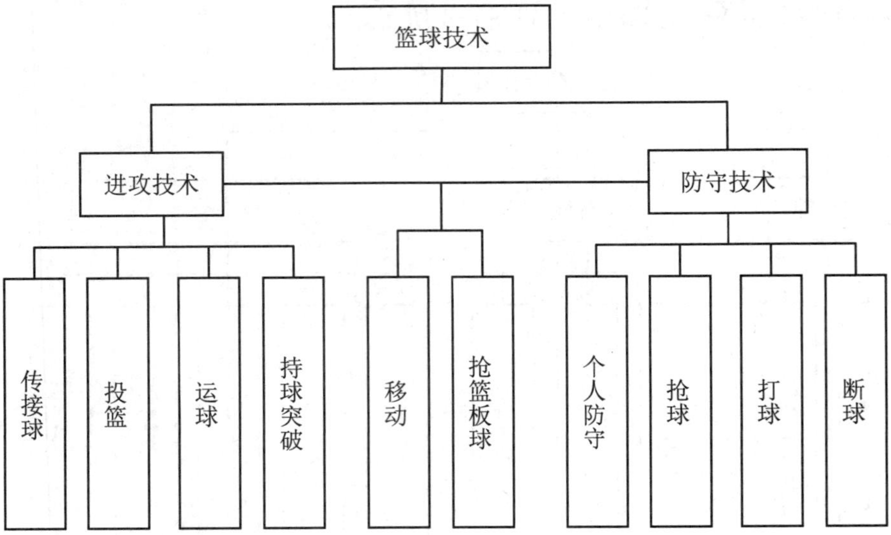

图 6-2 篮球技术

1. 投篮的基本技术分类

投篮技术较多，按照投篮手法分为单手投篮和双手投篮两大类，可以在原地、行进间和跳起在空中完成。

2. 投篮技术分析

一个完整的投篮过程应由投篮的准备动作、投篮动作和结束动作三个阶段构成。这三个阶段包括持球、瞄准、出手、球的空中飞行和旋转几个基本要素。如图 6-3 所示。

图 6-3 投篮过程

（1）投篮的持球方法。持球是投篮前的准备工作，是完成投篮的前提。正确的持球方法有利于投篮动作的完成。持球分单手和双手两种，都要求五指自然分开，增加触球面积，指根以上部位触球，掌心空出。

（2）投篮的瞄准点。瞄准点是投篮注视的目标。根据目标测定投篮出手角度、用力大小等因素。在球场任何地方空心投篮，一般要瞄准篮圈前沿正中点；碰板投篮则根据入射角等于反射角的基本原理，以篮板某一点为瞄准点。

（3）投篮的出手方法。投篮的出手方法是投篮时球最后离开手的动作，是投篮技术的关键。出手动作包括出手手法和全身协调用力，其发力顺序为下肢蹬地、身体伸展、手臂伸出、手腕前屈和手指拨球。

（4）投篮的抛物线。抛物线是球出手后在空中飞行的路线，其意义主要是相对于投篮的球的入射角和有效面积。应根据不同的投篮距离选用高、中、低不同的弧度。一般来说，中弧线是较适宜的投篮弧线。

（5）球的旋转。球的旋转会影响投篮的准确性，适宜的旋转可排除空气阻力的干扰，使球平稳飞行。一般的投篮，球应沿横轴向后旋转；低手投篮时，球向前旋转；侧面碰板投篮时，应使球适当侧旋。

二、运球

持球队员在原地或移动中，用手连续按拍使球借助地面反弹起来的动作叫运球。运球是篮球运动的基本技能，是控制球、支配球、组织战术配合及突破防守的基础。

1．运球的基本技术分类

运球包括原地运球和行进间运球两类。原地运球包括高运球、低运球。行进间运球包括高低运球、运球急停急起、体前变向换手运球和体前变向不换手运球等。

2．运球技术分析

运球技术动作由身体姿势、手按拍球的动作、脚步动作的合理运用三个环节组成。运球技术的关键就是运球队员对球的控制能力、支配能力、脚步动作的熟练程度以及手、脚、躯干的协调配合。运球主要靠手指、手腕对球进行控制与支配。运球时，五指自然张开，掌心空出，用手指和指根以上部位控制球，以肩为轴，上臂带动小臂，最后作用于手腕，手指用力向下按拍球，并随球有迎送球动作。运球方向和速度的不同，要求按拍球的部位和力量也不同。运球时球的落点要有利于自己控制球和保护球。另外，要注意控制身体重心，保持运球手臂和脚步动作的协调。如图 6-4 所示。

图 6-4　运球

三、传接球

传接球是篮球比赛中进攻队员有目的地转移球的方法，是进攻队员之间相互联系和组织进攻的纽带，是实现战术配合的桥梁。传接球技术质量的好坏，决定着战术配合的效果和进攻质量。

1．传接球基本技术分类

传球技术分双手传球和单手传球两类。双手传球包括胸前传球、头上传球、低手传球和反手传球。单手传球包括肩上传球、胸前传球、体侧传球、低手传球、勾手传球和反弹传球等。接球技术也分为单手接和双手接两类。

2. 传接球技术分析

（1）传球技术分析。传球前的技术动作和传球时的手法是传球技术的关键。持球分单手持球和双手持球两种。单手持球时，五指分开，翻腕，指根以上部位接触球。双手持球时，双手手指自然分开，拇指相对呈“八”字形，用指根以上部位持球侧后方，掌心空出。如图 6-5 所示。

图 6-5　双手传球

传球时，根据球飞行的方向、速度和落点要求，确定手腕抖动和手指用力大小，以及作用于球的部位。

（2）接球技术分析。接球时，应根据来球的路线、力量、速度和落点，肩背放松，手指分开，积极伸臂迎球；触球的瞬间，手臂向后引球，缓冲来球力量；双手握球，身体护球。

四、个人防守

个人防守技术是防守队员为阻挠和破坏对手的进攻，合理运用脚步移动、手臂动作和身体姿势，积极抢占有利位置以达到控球目的而采用的各种专门动作。个人防守技术包括防守无球队员和防守有球队员两类。防守无球队员包括防原地摆脱、防横切、防纵切和防溜底线。防守有球队员包括防投篮、防突破、防运球和防传球。

防守技术主要由脚步动作和手臂动作等构成。脚步动作是个人防守技术的基础，一般情况下，多采用滑步配合其他脚步移动法。手臂动作主要表现在抢、打、断、封、拦截等动作。快速的脚步移动和合理的手臂动作是运用防守技术的关键。

五、其他技术

1. 持球突破

持球突破是持球队员合理运用脚步动作和运球技术快速超越防守队员的一项攻击性技术。根据其动作结构，持球突破又分为交叉步突破和顺步突破两种。

2. 移动

移动是各种攻防技术的基础，包括走、跑、跳、急停、转身、跨步和滑步等各种脚步动作。

3. 抢篮板球

抢篮板球是攻守双方争抢投篮未中的球，分为进攻篮板球和防守篮板球两种。其技术环节包含观察判断、抢占位置、起跳和空中抢球四个技术环节。

第三节 篮球运动基本战术

一、篮球战术

篮球战术是在篮球比赛中进攻或防守时集体配合与协调行动的组织形式。其目的是使全队形成有机联系的整体，充分发挥个人技术和特长，以便在激烈对抗中争取主动，获得胜利。篮球战术可分为进攻战术和防守战术。下面就几种具体战术进行说明。

1. 战术基础配合

战术基础配合指作为全队战术基础的 2 ~ 3 人参加的简单配合。进攻的基础配合，有发动及接应快攻的配合、结束快攻的配合和阵地进攻中的传切配合、掩护配合、策应配合、突破分球配合等。防守的基础配合有防快攻结束时的以少防多的配合，人盯人防守时的关门、挤过、穿过、换人、协防、夹击和补位配合。

2. 快攻与防快攻

快攻是以最快的速度发动进攻，创造以多打少的投篮机会的战术。发动快攻有 4 个时机，即抢得篮板球时、抢断球时、掷界外球时和跳球得球时。快攻的组织形式有长传快攻和短传快攻。现在快攻战术已经从 2 ~ 3 人参加发展为 5 人全体参加。

防守快攻的战术原则应是提高进攻成功率，拼抢进攻篮板球，减少对方可能发动快攻的次数；堵截发动快攻的第 1 传和接应第 1 传；防堵进攻队快下的队员；提高 1 防 2、2 防 3、以少防多的能力。

3. 半场人盯人防守与进攻半场人盯人防守

半场人盯人防守包括半场紧逼和半场松动人盯人防守。战术原则是固定防守对象，以 1 防 1 为主，同时注意“以球为主，球、人、区域兼顾”的具体盯人和联防两种优点的综合性防守。

进攻半场人盯人防守以落位阵形的不同，分为 2-3，2-1-2，2-2-1 的落位单中锋进攻法；1-6-1，1-2-2 的落位双中锋进攻法；1-2-2（马蹄形）的落位机动中锋策应进攻法。

无论采用哪种阵形，发动配合后一般都是由传切、掩护、策应、突破分球等基础配合贯穿于全队配合之中，或以某一种基础配合为主，组成全队战术配合。以采用哪种基础配合为主，既要根据本队内外线队员身高和技术特点等具体条件，又要针对对方防守情况而定。如对方扩大防守区域，可多用策应、传切、突破分球配合；对方缩小防守区域，可多用掩护配合，创造中距离投篮机会等。

4．区域联防与进攻区域联防

区域联防是在半场按一定阵形落位，每人有明确分工防守一个区域，同时又进行联合防守。采用的联防阵形有 2-1-2，2-3，6-2，1-6-1 和 1-2-2 等，如图 6-6 ~ 图 6-10 所示。

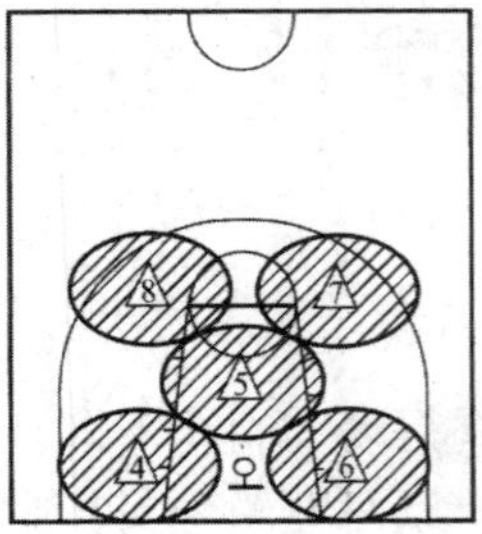

图 6-6　2-1-2 联防

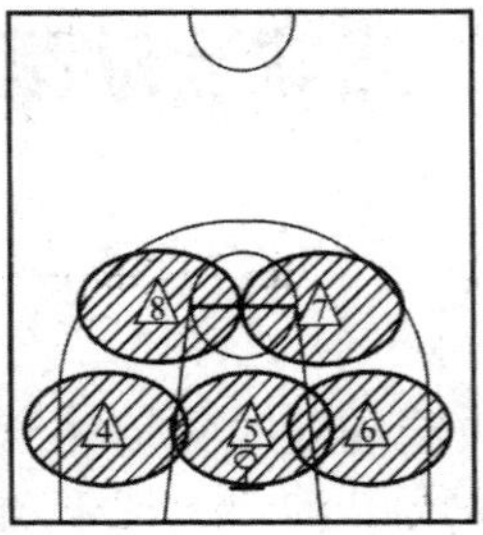

图 6-7　2-3 联防

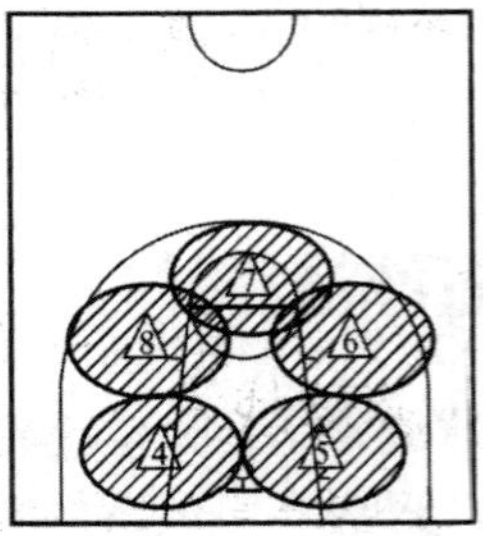

图 6-8　6-2 联防

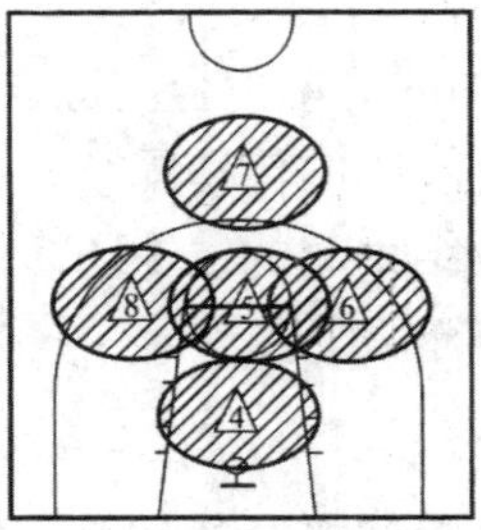

图 6-9　1-6-1 联防

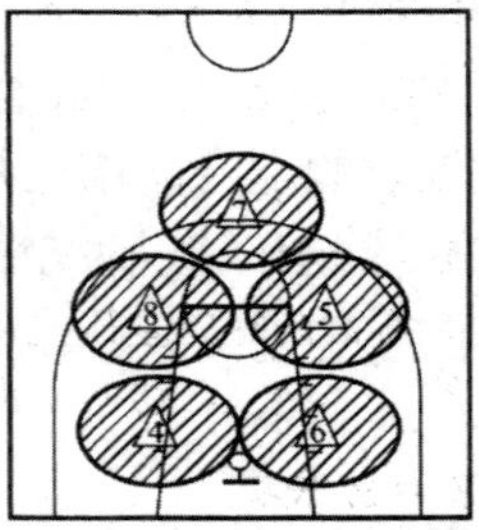

图 6-10　1-2-2 联防

现代区域联防战术，已改变了单纯分区、集中防守篮下周围地带的陈旧防守方法，区域联防形式下增强了人盯人防守内容，形成新型的以胁迫球为主的对位联防。进攻区域联防应首先采用快攻突击，对方联防布阵之后，则要针对防守阵形的薄弱地区决定进攻落位阵形，例如，用 1-6-1 进攻 2-1-2 和 2-3 联防；用 2-1-2 进攻 1-6-1 联防。进攻联防时的配合，采用快速而有节奏的传球，破坏防守阵形，利用出现漏洞的机会进行投篮；运用插角、溜底线空切，形成局部防守队员负担过重，形成以多打少；中锋策应、掩护和突破分球配合，打乱对方的防守阵形，进行攻击。

二、战术位置与职责要求

篮球比赛中按进攻队员在前场落位的区域和职责，将队员分为中锋、前锋和后卫。按一般规律无论攻守，高大队员均应占据近篮区，较矮小队员布置在远篮区，合理运用战术才能充分发挥运动员的个人能力。

1．中锋

在攻防过程中，中锋处于内线，是战术组织的中枢，担任内线攻防重任。所以要求中锋队员身材高大、反应灵活、技术全面，有较好的攻防能力和战术意识，具备拼抢前后场篮板球的意识和能力。由于防守时处在最后的防守位置，要求中锋具有较强的补防、封盖意识和能力。

2. 前锋

前锋位于攻防第一线，是快攻的突击手和主要投篮手。在阵地进攻中，除了个人的攻击，还要与同伴组成各种进攻战术配合。防守时前锋处于前沿位置，在完成个人防守任务的基础上，还应与同伴进行各种防守战术的配合。因此，前锋队员不仅具有较高的身材，还应具有机智灵活、熟练运用攻防技术的能力，能投善抢及较强的战术意识和进攻能力。

3. 后卫

后卫是指进攻时处于全队战术阵形后方，活动在外围广大区域的队员，是组织指挥全队战术实施的核心队员。要求后卫队员具有良好的身体素质、全面的技术技能、良好的战术意识，能投善突，善于妙传助攻。同时，还应具有良好的心理素质，沉着善变，善于领会和传达教练员意图，根据场上情况变化，有组织地指挥全队进行攻防的能力。

第四节 篮球运动竞赛规则简介

一、篮球运动竞赛规则的含义

篮球竞赛规则是篮球竞赛的“法”。在竞赛规则约束下的“公正”“公平”和“公开”竞争是组织和进行篮球竞赛活动的基本保证。篮球竞赛规则是促进篮球技战术不断创新的“指挥棒”，对正确、合理地运用篮球技战术，保持、控制篮球竞赛的攻守平衡，使篮球竞赛更加精彩起着重要的保证和促进作用。

高等学校的群众性篮球竞赛可根据参加竞赛的不同对象、不同水平和不同形式，采用被参赛各方所接受的简约规则、特殊规则等，使比赛更符合学生实际，更为精彩有趣，具有吸引力。

二、篮球运动竞赛的基本规则

（一）违例部分

违例是违犯规则。罚则是将球判给对方队员在最靠近违例的地点从界外掷球入界。

1. 队员出界和球出界

（1）队员出界。当队员身体的任何部分接触界线上或界线外的地面，或接触界线上、界线上方或界线外的除队员以外的任何物体时，即是队员出界。

（2）球出界。当球触及在界外的队员或任何其他人员，界线上、界线外的地面或界线上、界线上方或界线外的任何物体，如球触及篮架、篮板背面或篮板上方和篮板后面的任何物体，即为球出界。

2. 带球走

当持活球的队员用同一脚向任何方向踏出一次或数次，另一脚保持着与地面的接触点旋转，这一脚称为中枢脚。带球走是持球队员的中枢脚不合法地移动而出现的持球移动违例。

3. 非法运球

队员控制球后将球掷、拍或滚在地面上，在球触及另一队员之前再触及球为运球开始。队员用双手同时触及球或使球在单手或双手中停留的瞬间运球即结束，运球结束后不得再次运球。

4. 拳击球和脚踢球违例

凡是用拳击球或故意用膝、膝以下的任何部位去击球或拦截球为违例。球偶然接触到脚或腿，或脚或腿偶然触及球都不是违例。故意踢或用腿的任何部分阻挡球，或用拳击球是违例。

5. 球回后场违例

中线之后属于后场。一方队员在前场控制活球，该队的队员不得使球回后场。下列情况属于球进入某队的后场：球触及后场；球触及有部分身体接触后场的队员或裁判员。

6. 掷界外球违例

掷界外球时，队员发生下列情况时为违例：球离手后球触及场内其他队员之前，在场内再次触及球；球离手前或离手时步入场地；球未离手的持球时间超过 5 秒；在端线掷界外球时，越过篮板掷球进场；从前场掷球给位于后场的同队队员；掷界外球球离手后，在球接触场上队员前，球触及界外，停留在篮圈、篮架上或进入球篮；掷界外球队员在球离手前从裁判员指定的地点横向移动超过 1 米，并向不止一个方向移动。

7. 罚球违例

罚球队员不得做假动作罚球或在球触及篮圈前进入限制区，其他任何队员在球触及篮圈之前均不得进入限制区。发生违例后，如是罚球队员违例，罚中无效，其他任何队员违例则罚中有效。罚不中时，如对方队员违例，重罚 1 次；如本方队员违例，即失去一次机会，由对方掷界外球继续比赛。

8. 有关时间规则的违例

（1）3 秒违例。某队在场上控制活球并且比赛计时钟正在运行时，该队队员不得在对方的限制区内停留超过持续的 3 秒钟。

（2）5 秒违例。在比赛过程当中，一名被严密防守的队员必须在 5 秒内传球、投球或运球。

（3）8 秒违例。每当一名队员在他的后场获得控制活球时，他所在的队伍必须在 8 秒钟内使球进入自己的前场。

（4）24 秒违例。每当一名队员在场上获得控制活球时，其所在球队必须在 24 秒钟内尝试投篮。

（二）犯规部分

犯规是在比赛过程这种违反篮球运动到的规则，此外还包含与对方队员的身体接触或违反体育道德的举止。在篮球比赛这种，对犯规的队员要进行登记并按规则进行处罚。

1．技术犯规

技术犯规是指所有（不包括与对方队员接触）的队员犯规。队员不得漠视裁判员的劝告或运用不正当的行为。当有队员犯规后，裁判会作出一个手掌与另一个手掌交叉成 T 形，并举过头顶的动作来示意。

2．侵人犯规

在一场篮球比赛中，10 名队员快速移动在一个有限的空间内，身体接触不可避免。队员不应通过伸展其手、臂、肘、肩、髋、腿、膝、脚或将其身体弯曲成“反常”的姿势（超出其圆柱体）来拉、挡、推、撞、绊对方队员以阻碍其进行，也不准做出任何粗野或猛烈的动作。发生侵人犯规后，如被侵犯队员未做投篮动作，应由其本人或同队队员掷界外球继续比赛（犯规的队处于全队犯规处罚状态时，则判给两次罚球）。如果被侵犯的队员正在做投篮动作，如投中，得分有效，再判给一次罚球；如未中，则视其投篮地点判给 2 次或 3 次罚球。

3．违反体育道德的犯规

队员不是在规则的精神和意图的范围内合法地试图去直接抢球，发生的侵人犯规是违反体育道德的犯规。罚则是判给对方队 2 次或 3 次罚球以及随后中场的球权。

4．取消比赛资格的犯规

队员、替补队员、教练员、助理教练员或随队人员的任何恶劣的违反体育道德的行为是取消比赛资格的犯规。罚则是与违反体育道德的犯规判罚相同并判犯规者回到休息室或离开体育馆。

5．队员 5 次犯规

队员五次犯规，篮球运动比赛规则之一。在每场分四节、每节为 10 分钟的比赛中，当队员犯规（含侵人犯规和技术犯规）总次数达五次时，必须退出比赛，由同队其他队员替补出场比赛。

6．全队犯规

全队犯规是指该队队员被判罚的侵人犯规、技术犯规、违反体育道德的犯规或取消比赛资格的犯规。在一节中某队全队犯规已发生了 4 次时，该队处于全队犯规处罚状态。

（三）半场 3 人篮球赛基本规则

半场 3 人篮球比赛除遵守国际篮球规则的精神外，还应按照以下规则和裁判法操作。

（1）每队由 4 名队员组成，上场比赛队员 3 名，替补队员和教练各 1 名。

（2）每场比赛分上下半时，每半时 10 分钟，两半时中间休息 5 分钟，最后得分多者获胜或先达到规定得分的队获胜（规定得分可在 22 ~ 30 分）。

（3）在 2×10 分钟的比赛中，上下半时可各暂停 1 次（在规定得分的比赛中，每队只可以暂停 1 次）。

（4）比赛开始在罚球线两侧跳球，获球的队必须将球传（运）出三分投篮线以外再进攻。比赛中出现的所有跳球均在罚球线两侧进行。

（5）比赛中防守队员抢得篮板球或抢断球成功都必须将球传（运）出三分线外再进攻。

（6）投篮得分（含罚球得分）后，由原来进攻队的队员继续在中场圆弧线内掷球比赛，也可以交给对方队员掷球。

（7）球从端线出界，必须在限制区的端线两侧以外掷界外球。

（8）当比赛终了，双方最后得分相等时，采用足球罚点球的形式，谁先罚球应由两队抛硬币决定。

（9）队员全场犯规累计达 4 次者，裁判员应该取消其本场比赛资格。

（10）因为两队是在同一半场比赛，裁判员的判罚结果必须用口语表达清楚，如"白队 3 秒违例，红队掷球"。

（11）一般情况下，比赛可由一名裁判员担任，重要的比赛也可采用两名裁判员执法。这时，裁判员的观察应做到全面、准确，裁判员的位置选择应以球为主，随球移动。

（12），裁判员的分工配合基本同正式的篮球比赛。

三、篮球裁判员的基本要求

（一）篮球裁判工作的意义

篮球裁判员是篮球竞赛场上的"执法官"。裁判员通过公正、公平地执行竞赛规则保护双方的合法权益，保护篮球运动倡导的合理的技术和战术，反对并处罚不合理的、不符合篮球运动发展方向的技术、战术和行为，以保证篮球运动向健康的方向发展。

（二）篮球裁判员的基本要求

1. 了解篮球运动

篮球运动是游戏，是竞赛，又是一种锻炼身体的方法。了解篮球运动的起源、发展、特点、作用、现状和发展趋势以及篮球运动与篮球竞赛规则之间的关系，不仅能帮助裁判员对这项运动有一个全面的认识和理解，也能使裁判员真正理解裁判工作的意义。

2. 了解规则精神

篮球竞赛规则随着篮球运动的发展而发展，已形成较完整的规则体系。其文字精练详细，了解每一条规则的理论内容并与赛场上的实际结合起来非常重要。

篮球竞赛规则的演变与篮球运动发展的发展阶段有关，裁判员应了解篮球规则对篮球运动发展的影响。篮球裁判员不仅要熟悉规则，更要理解规则，研究和掌握规则的精神和意图。

3．掌握裁判的原则和方法

（1）篮球裁判工作的基本原则。

1）贯彻规则精神和意图。如宣判队员 8 秒违例是倡导和要求一种较快的进攻速度。

2）运用有利或无利原则。有时不宣判某防守队员的犯规反而有利于被侵犯队员进攻或得分。

3）保证控制比赛和比赛流畅。在保证控制比赛的基础上，应使比赛流畅进行，不至于因为宣判过多而干扰比赛。

4）保证尺度的一致性。不管比赛进行到什么阶段，或者外界压力有多大，努力以相同的尺度宣判同一场比赛。

（2）篮球裁判方法。掌握一定的篮球竞赛裁判方法是裁判员临场执法的必备条件。篮球裁判方法根据其竞赛特点可将其按时间分为比赛前、比赛中和比赛结束等几部分工作；按工作内容分为对投篮情况、球出界情况、违例、犯规情况、罚球情况、暂停和替换情况等进行处理等工作；按裁判员的分工与协作又分为裁判员的责任与移动、手势与宣判程序等。

一个初学者要想比较快地获得裁判工作的基本能力，首先，应对裁判员的责任、分工、移动有明确的认识。其次，对比赛中常见的违例和犯规有一定的鉴别能力并敢于做出宣判。最后，具有协作精神并能虚心地向同伴学习。

具有一定水平的篮球裁判员（如等级裁判）应该具备一定的职业化风度，这体现在以下几方面：对规则比较全面和深刻的认识；裁判方法娴熟；了解并能处理好各个工作细节；协作能力强；对工作严肃、认真、公正、准确；具备控制各种局面的能力。

4．其他要求

（1）品德。“公正与公平”是对篮球裁判员最基本的要求，对此，裁判员必须是坚定、明确和不动摇的。

（2）心理状态与调节能力。裁判员的心理状态应该比较稳定并具有在各种复杂局面下的心理调节能力，以准备应付各种不测事件和控制比赛。

（3）身体。具有良好的身体状态，以保证裁判员在工作中较快地抢占到有利位置，进行准确的宣判。

第七章　排 球 运 动

排球运动于 1895 年起源于美国，于 1900 年传入亚洲。百余年来，排球经历了 16 人、12 人、9 人、6 人制比赛的发展演变过程。1947 年在巴黎成立了国际排球联合会并统一了 6 人制排球规则。1964 年第 18 届东京奥运会将排球列为正式比赛项目。多年的改革推动了排球运动向全面、快速、多变、高度、纵深、立体方向发展。近年沙滩排球、软式排球的盛行为排球运动带来了新的发展空间。

早在 1905 年，排球就已经传入我国个别沿海城市。但是直到 20 世纪 50 年代初，我国才开始学习、推广 6 人制排球。1954 年加入国际排球联合会后，技战术水平得到快速提高，创造了“快板球”“平拉开”等打法，逐渐成为世界强队，为世界排球运动作出了贡献。

中国女排的骄傲：中国女排继 1981 年在日本举行的第 3 届世界杯赛上首次获得冠军后，于 1982 年、1984 年、1985 年、1986 年在世界锦标赛、奥运会、世界杯赛上连续五次蝉联冠军，振奋和鼓励了国民的精神。

排球运动具有广泛的群众性、技术的全面性、高度的技巧性、激烈的对抗性、严密的集体性、攻防的两重性的特点。它能使经常从事排球运动的人提高力量、速度、灵敏性、弹跳力等身体素质，可改善身体各器官、系统的机能，培养个性和良好的心理素质和意志品质。因此，排球得到广大群众及大中小学生的喜爱。

第一节　排球运动基本技术

排球技术是在排球规则允许的条件下，所采用的各种合理的击球动作和为完成击球动作所采取的必不可少的配合动作的总称。合理的技术动作既要符合人体解剖学、运动生物力学原理，又要符合个人特点和比赛的要求。完成动作时应能协调、轻松、正确、有力地充分发挥个人的体能、技能和特长，并能充分运用时间和空间的变化。

排球基本技术可分为六大类：准备姿势及移动、传球、垫球、发球、扣球、拦网。在各项技术中还可根据不同技术特点和运用方法等细分出许多技术动作。

一、准备姿势和移动

准备姿势和移动是排球运动中各项技术的前提和基础，任何一项排球技术在比赛中运用的效果很大程度上取决于准备姿势和移动技术。二者既互相联系、密不可分，又在一定条件下互相制约。准备姿势是为了迅速打破身体的平衡状态，快速起动，为击球创造良好的条件，而要迅速移动，保持好人与球的位置关系，有利于各项攻防技术的合理有效地运用和集体战术有效地配合，就必须做好正确的准备姿势。

（一）准备姿势

准备姿势按身体重心的高低分为半蹲、稍蹲和低蹲三种准备姿势，如图 7-1 所示。

图 7-1　准备姿势

1. 半蹲准备姿势

动作要领：多用于接发球、拦网和各种传球之前。两脚左右开立略比肩宽，一脚在前，两脚尖适当内收，脚跟稍稍提起，两膝弯曲成半蹲。上体前倾，重心靠前。两臂自然放松置于腹前，身体适当放松，眼睛注视来球，两脚保持微动状态。

2. 稍蹲准备姿势

动作要领：一般多用于扣球之前。稍蹲准备姿势的身体重心稍前，比半蹲准备姿势稍高，技术方法相同。

3. 低蹲准备姿势

动作要领：主要用于防守和各种保护动作之前。低蹲准备姿势的身体重心比半蹲准备姿势更低、更靠前，双脚的前后左右距离和膝的弯曲程度更大，形成肩的垂线过膝，膝的垂线过脚尖，手臂置于胸、腹之间的姿势。

（二）移动

移动可分为起动、移动和制动。基本步伐有并步与滑步、跨步、交叉步、跑步和综合步。

1. 并步与滑步

动作要领：当来球距身体一步左右时采用。如向前移动，前脚向前跨出一步，后脚迅速并上，做好击球前的准备姿势。若来球稍远，并步不能接近球时，可用快速的连续并步。快速的连续并步称为滑步。并步的特点是容易保持平衡，便于做击球动作。滑步虽然便于移动，但移动速度慢，只宜于短距离移动中运用。如图 7-2 所示。

图 7-2　滑步

2. 交叉步

动作要领：当来球在体侧 3 米左右时采用。如向右侧移动，上体稍向右转，左脚从右脚前面向右交叉迈出一步，然后右脚再向右跨出一大步，同时身体转向来球方向，保持击球前姿势。交叉步的特点是动作快、步子大、便于制动，主要用于二传、拦网和防守。

重点：屈膝提踵，含胸收腹，微动。

难点：判断、取位及移动步法。

易犯错误与纠正方法如下。

（1）臀部后坐。纠正方法：含胸收腹，上体前倾，足跟提起。

（2）弯腰、直膝。纠正方法：屈膝移动。

（3）启动慢，移动步子过大或过小。纠正方法：移动前重心前移，身体保持微动状态。

（4）移动时身体起伏过大。纠正方法：身体重心不能起伏过大。

二、传球技术

传球是组织战术的基础。主要用于各种二传技术，用来衔接防守和进攻。它的主要特点是准确性高、隐蔽性强、善变。传球技术种类有正面传球、背传球、侧传球。下面主要讲述正面传球和背传球。

（一）正面传球

1. 准备姿势

动作要领：采用稍蹲准备姿势。看清来球后，迅速移动到球的落点处，正对来球，身体保持平稳，上体适当挺起，双手自然抬起，放松置于脸前。

2. 手型

动作要领：击球手型采用“一”字型或“八”字型。手触球时，两肘适当分开，两手应自然张开成半球状，使手指与球吻合。两拇指相对成“一”字型或“八”字型。两手间有一定的距离，以便扩大控制球的面积，但又不能过大而漏球。手腕稍后仰，手指手腕保持适当的紧张，以承受球的压力。主要以拇指内侧、食指的全部、中指的前二指节触球，无名指和小指在球的两侧辅助控制传球方向。如图 7-3 所示。

3. 击球

动作要领：击球点在额前上方约一球距离处。这样便于观察来球的同时也能看清传球的目标，有利于对准球和控制传球方向。同时，在手触球时，肘关节尚未伸直，也便于继续伸臂用力。如击球点太高，肘部已伸直，就减少了对球的作用力，也影响手型的正确性。

4. 击球用力

动作要领：全身各部位都要协调用力，主要靠蹬地、伸臂配合的力量和球压在手上使手指手腕所产生的反弹力将球传出。如图 7-4 所示。

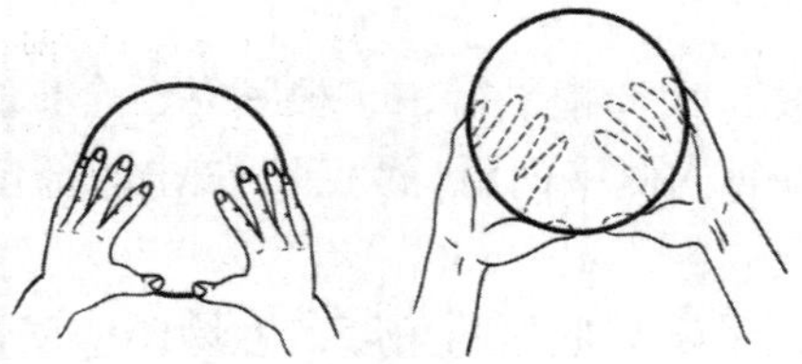

图 7-3 手型

图 7-4 击球

（二）背传球

向头的后上方传球，称为背传球。背传球时上体比正传球稍后仰，身体重心稳定在两脚之间，双手自然上抬置于脸前。击球点在额上方，比正传球偏后。触球时，手腕后仰，手心向上以便托住球的底部。两拇指适当前突，更多地承受球的压力。背传球主要靠抬臂、伸肘动作通过手指手腕的弹力加上适当向后翻腕的力量将球传出，同时注意运用蹬腿和体后屈的动作配合传球。如图 7-5 所示。

图 7-5 背传球

重点：体会传球前的准备姿势，身体协调用力的动作和传球的手型。
难点：蹬地伸臂对正球，额前上方迎击球；触球手型呈半球，指腕缓冲反弹球。
易犯错误与纠正方法如下。
（1）手型不是半球状，触球部位离身体远。纠正方法：固定传球手型，向上自传。
（2）击球点过低或过高。纠正方法：自抛球后，对墙传球，体会手指触球。
（3）用力不协调，过早或过晚。纠正方法：自抛自传，体会蹬地伸臂力量将球传出。
（4）手指弹力差或用不上手指弹力。纠正方法：利用足球或实心球做传球练习。
（5）身体未转向传球方向。纠正方法：传球时右脚必须指向传球方向，转身传球。
（6）取位不合适与球关系保持不好。纠正方法：结合移动练习，保证正面传球。

三、垫球技术

垫球主要用于接发球、接扣球、接拦回球等，是主要的防守技术，它是组织进攻的基础。垫球技术有正面双手垫球、跨步垫球、低姿垫球、体侧垫球、让垫球、背垫球、单手垫球、前扑垫球、侧卧垫球、滚动垫球、鱼跃垫球、挡球、脚击球，下面介绍几种主要的垫球技术。

（一）正面垫球

（1）准备姿势：半蹲准备姿势。

（2）手臂型。①击球手型：两手手指重叠，大拇指平行，掌根紧靠，合掌互握。②前臂触球部位：以腕关节上 10 厘米左右、桡骨内侧平面触球为宜。如击球部位过高或过低，易造成持球或难以将球垫稳。

（3）击球点：保持在腹前击球，便于控制手臂与地面的角度，容易调整反弹面，控制击球方向和落点，提高垫球的准确性。

（4）击球用力：两臂靠拢前伸，插到球下，击球时压腕挺小臂，靠手臂上抬力量增加球的反弹力，同时配合蹬地跟腰动作，全身协调用力将球垫出。垫击用力的大小与来球力量成反比，与垫击的距离成正比。如来球力量小或垫击的距离远，垫出必须加上抬臂动作，给球以反击力量；如来球力量大或要求垫出球的距离近，则只需轻轻一垫，主要依靠球体本身的反弹力将球垫起，有时为了缓冲来球力量，手臂非但不能主动迎击来球，还需采用收腹含胸，帮助手臂后撤并适当放松，缓冲来球力量。如图 7-6 所示。

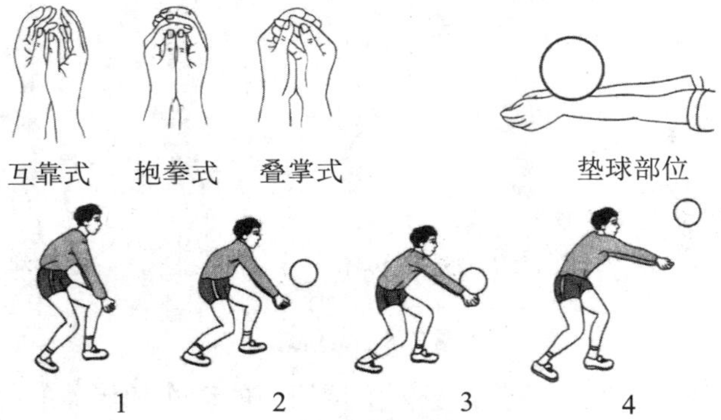

图 7-6　正面垫球

（二）体侧垫球

动作要领：左侧垫球时，先以右脚掌内侧蹬地，左脚向左跨出一步，身体重心移至左脚，并保持两膝弯曲。两臂向左侧伸出，使左臂高于右臂，右肩微向下倾斜。击球时，用向右转体和收腹的动作，配合提肩抬臂在身体左侧稍前的位置截住球，两臂垫击球的后下部。来球在右侧时，以相反方向的动作击球。如图 7-7 所示。

图 6-7　体侧垫球

重点：保持正确的击球点、手型，全身协调用力。

难点：判断、移动、卡位对正来球方向，同时运用腰腹协调力量带动手臂控制击球力量、方向、落点。确保垫球击球部位，加强判断取位的训练，提高预判能力。

（三）背垫球

动作要领：背垫球一般在接发球或防守起球后，球飞出较远而无法进行正面垫球时采用。背垫球时，要判断好球飞行方向，迅速移动到球的落点上，背对出球方向，两臂靠拢伸直，击球点高于肩，蹬腿、挺胸，展腹后仰，直臂向后上方抬送。如图 7-8 所示。

图 7-8　背垫球

（四）挡球

1．双手挡球

动作要领：可采用并掌式，两肘弯曲，两虎口交叉，两掌外侧朝前，合并成勺形。挡球时小臂放松，两肘朝前，手腕后仰，以掌根和掌外侧组成平面，挡击球的后下部。击球点在额前或两侧肩上。挡球触球瞬间手腕要紧张，小臂伸展用一定力量把球向上挡起。如图 7-9 所示。

2．单手挡球

动作要领：适用于挡头部以上或侧上方的高球。单手挡球的手法采用半握拳式，击球瞬间手腕要突然后仰并保持紧张，用拳心部位击球的后下部。对飞到身后的高球，也可跳起用单手挡球。如图 7-10 所示。

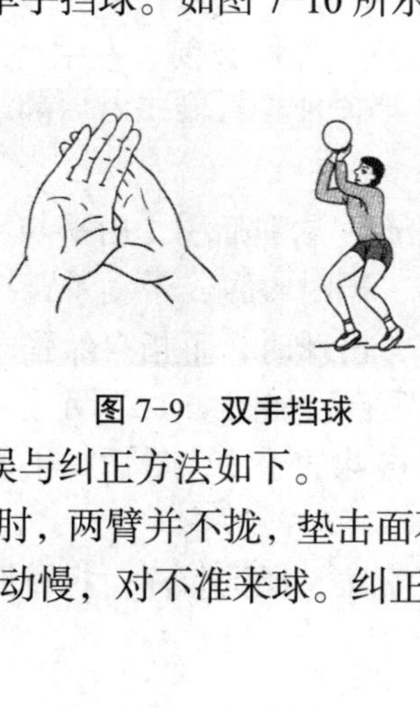

图 7-9　双手挡球

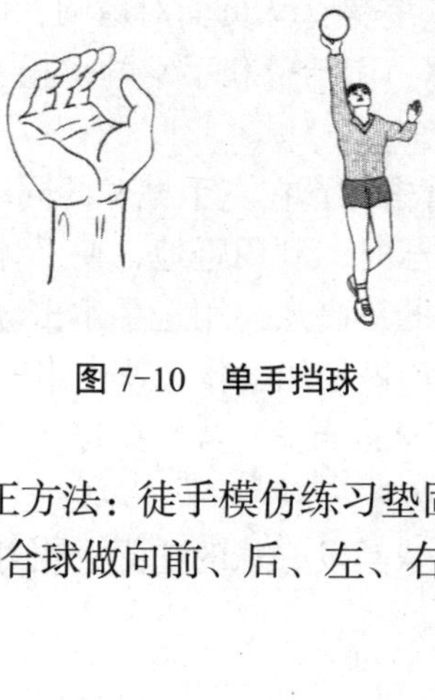

图 7-10　单手挡球

易犯错误与纠正方法如下。

（1）屈肘，两臂并不拢，垫击面不平。纠正方法：徒手模仿练习垫固定球、近垫。

（2）移动慢，对不准来球。纠正方法：结合球做向前、后、左、右移动练习。

（3）击球时动作不协调。纠正方法：垫固定球，体会用力和协调发力。

四、发球技术

发球是比赛的开始，可以直接得分，或破坏对方战术的组成，有利于本方防守反击。发球既应有攻击性，更应有准确性。发球技术种类有正面下手发球、侧面下手发球、高吊发球、正面上手发球、跳发球、正面上手发飘球、勾手大力发球等。下面主要介绍正面下手发球和正面上手发球。

（一）正面下手发球

动作要领：正面下手发球动作简单易学，容易掌握，但球速慢、力量小、攻击性差，适用于初学者。

（1）准备姿势：队员面对球网，两脚前后开立，左脚在前，右脚在后，两膝微屈，上体稍前倾，重心偏右脚，左手持球于腹前。

（2）抛球：左手将球抛起在体前右侧，离手约一球多的高度。

（3）挥臂击球：在左手抛球的同时，右臂向后摆动。击球时，右脚蹬地，身体重心随着右手向前摆动击球而移至前脚上。在腹前以全手掌击球的后下方。手触球时，手指、手腕紧张，手成勺形吻合球，击球后，随击球动作，重心前移，迅速进场比赛。如图 7-11 所示。

图 7-11　正面下手发球

（二）正面上手发球

动作要领：

（1）准备姿势：队员面对球网，两脚自然开立，左脚在前，左手持球于身前。

（2）抛球：用抬臂和手掌的平托上送，将球平稳地垂直抛于右肩的前上方，高度适中。

（3）挥臂击球：在左手抛球的同时，右臂抬起，屈肘后引，肘平与肩，上体稍向右侧转动，击球时，利用蹬地，使上体向左转动，同时收腹，带动手臂挥动，在右肩上方伸直手臂的最高点，用全手掌击球的中下部，击球时，手指自然张开与球吻合，手腕要迅速主动做推压动作，使击出的球呈上旋飞行。如图 7-12 所示。

重点：发球的准备姿势与抛球方法及挥臂与击球的手法，最后提出下肢与腰腹协调配合用力的方法。

难点：抛球是发好球的前提，击球是关键，手法是保证。注意挥臂路线、击球手法、击球部位。

图 7-12　正面上手发球

易犯错误与纠正方法如下。

（1）抛球不准，太前、太后或离身体太近。纠正方法：熟悉动作要领，固定目标抛球。

（2）击球不准，无手腕推压动作。纠正方法：对墙发球，体会手触击球的包球动作。

（3）用不上全身协调力量。纠正方法：对墙平发或掷球练习。

（4）挥臂方向不正。纠正方法：徒手练习，击固定球练习。

（5）手击球部位不准。纠正方法：击打固定吊球。

五、扣球技术

强有力的扣球，可使对方难以防守和组织反击。因此，扣球是进攻的主要手段，在比赛中占有重要地位，扣球的成败体现一个队的战术质量和效果，对比赛获胜有直接的关系。扣球的种类有正面扣球、小抡臂扣球、单脚起跳扣球、勾手扣球、快球（近体快球、短平快球、背快球、平拉开快球）、自我掩护扣球（位置差、空间差、时间差）。这里主要介绍正面扣球。

动作要领：

（1）准备姿势：扣球助跑前，采用稍蹲姿势，两臂自然下垂，站在距网 3 米左右处，观察二传来球，做好向各个方向助跑起跳的准备。

（2）助跑：助跑的目的是接近球，选择起跳点，保持好人与球的关系，同时也有助于提高弹跳高度。助跑的时机、方向、步法、速度要根据来球情况而定。助跑的步法有一步、二步、三步、多步助跑。无论几步助跑，最后一步是关键。以右手扣球的两步助跑为例，助跑时，左脚先向来球方向迈出一步，紧接着右脚再迅速跨出一大步，左脚及时并上，踏在右脚之前，助跑的速度由慢到快。最后一步要以脚跟先着地过渡到全脚掌着地，这样有助于制动身体向前的冲力，使身体获得的水平速度转换为向上的垂直速度，提高弹跳高度。

（3）起跳：起跳的目的不仅要获得弹跳高度，而且要掌握好扣球的时机和选好击球点。在助跑跨出最后一步的同时，两臂经体侧后引，左脚在并上制动过程中，两臂自后积极向前摆动，随着双脚蹬地向上起跳而有力地向上摆动。手臂的摆动可根据扣球的需要和个人的习惯，采用小划弧、大划弧或前后摆臂助跑和起跳，要求协调、连贯，具有爆发速度。如图 7-13 所示。

（4）空中击球：这是扣球的关键，其动作的好坏与扣球的质量密切相关。扣球起跳腾空后，挺胸展腹，上体向右转，右臂向后上方抬起，身体成反弓形。挥臂时，以迅速转体、收腹动作发力，依次带动肩、肘、腕各关节成鞭打动作向前上方挥动，使全身的用力依次传递叠加于手上，使手获得巨大的动量和速度，以加大击球力量。

击球时，五指张开呈勺形，保持一定紧张度，全手掌包满球，击球的后中上部，手腕有前推下甩动作，使扣出的球加速上旋。

击球点应保持在起跳后手臂伸直的最高点的前上方，如图 7-14 所示。

（5）落地：为了避免腿部负担过重，力争双脚尽快同时屈膝落地，以缓冲下落力量，并立即做好下一个动作的准备。如图 7-15 所示。

图 7-13 起跳

图 7-14 空中击球

图 7-15 落地

重点：扣球时，力量要适当，动作要轻松，效果好。

难点：观察技术动作的结构、挥臂动作的发力、击球的手法、球飞行的路线、弧度与旋转等。

易犯错误与纠正方法如下。

（1）助跑起跳前冲，击球点保持不好。纠正方法：徒手助跑起跳，限制起跳点和落地点，防止前冲。

（2）上部起跳时间较早，起跳早。纠正方法：听口令、信号，助跑起跳扣抛固定球练习。

（3）挥臂动作不正确。纠正方法：起跳挥臂打树叶、扣固定球。

（4）击球手法不正确，手为包满球不旋转。纠正方法：低网自抛自扣，做鞭甩击球练习。

六、拦网技术

拦网是防守的第一道防线，是反攻的重要环节。拦网可以将对方有力的扣球拦起，减轻后排防守的压力。拦网可分为双人拦网、单人拦网或集体拦网（3 人）。

动作要领：

（1）准备姿势：面对球网，两脚平行开立约与肩宽，两手自然置于胸前。

（2）移动：可采用并步、跨步、滑步、交叉步、跑步等，将身体重心移动到拦网位置，准备起跳。

（3）起跳：移动后立即制定，使身体正对球网后起跳，或在起跳过程中在空中使身体转向球网。起跳时，膝关节弯曲，两脚用力蹬地，两臂在体侧划小弧用力上摆，带动身体向上垂直起跳。

（4）空中击球：起跳后稍收腹，控制平衡。两手从额前贴近并平行向网上沿前上方伸出，两臂伸直，两肩尽量上提。拦击时，两手尽量伸向对方上空，接近球，两手自然张开，屈指屈腕呈勺形。当手触时，两手要突然拦腕，用力捂盖。

（5）落地：拦网后自然落回地面，落地时屈膝缓冲，如图 7-16 所示。

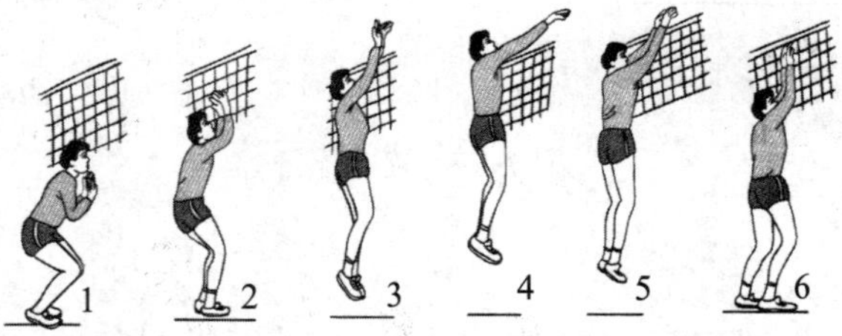

图 7-16 拦网

重点：拦网时的判断能力。

易犯错误与纠正方法如下。

（1）起跳过早。纠正方法：掌握起跳时机的判断。

（2）双手前部触网。纠正方法：徒手模仿提屈腕拦球动作，拦固定球防止手触网练习。

（3）过中线，身体碰网。纠正方法：徒手原地起跳含胸、收腹向左右移动起跳拦网练习。

（4）手距网远，中间漏球；盲目起跳，不看扣球动作。纠正方法：近网起跳，眼睛盯住扣球人挥臂动作，两手伸向对方拦击球练习。

第二节 排球运动基本战术

排球运动战术是指在比赛中，以规则和排球运动规律为基础，合理运用技术所采用的有意识、有目的、有组织的个人和集体配合行动。

排球运动基本战术可分为个人战术和集体战术。个人战术是指个人根据临场情况有目的地运用技术的过程。集体战术是指两个或两个以上队员之间有组织、有目的的集体协同配合。集体战术又分为进攻战术（“中一二”进攻形式、“边一二”进攻形式、插上进攻形式）、防守战术（接发球站位阵形、接扣球防守阵形、接拦回球保护阵形、接传和垫球防守阵形）。

一、阵容配备

阵容配备就是把全队的力量组织起来，最大限度地发挥每个队员的技战术特点和作用。阵容配备主要有“四二”配备和“五一”配备，如图 7-17 所示。

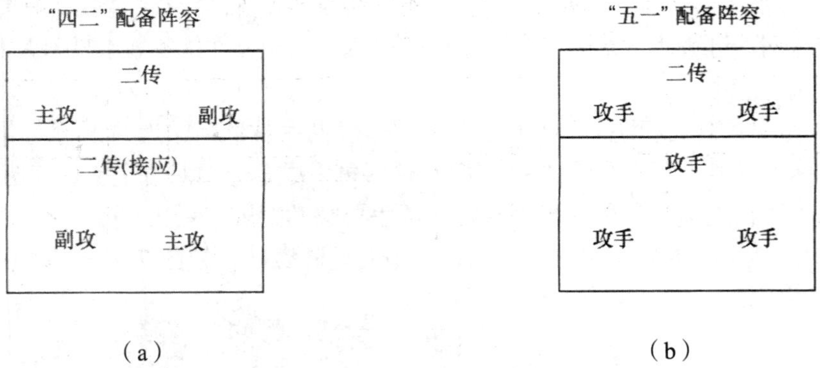

图 7-17　阵容配备

二、进攻战术

（1）“中一二”进攻阵形：由3号位队员做二传，将球传给4号位，2号位或后排队员进攻的组织形式。这种阵形是排球战术中最简单、最基础的一种进攻阵型。优点是二传队员居中站位，场上移动距离以及传球距离短；一传目标明确、容易，利于组成进攻；战术配合简单，适合初学者采用。缺点是战术配合方法少，对方容易识破进攻意图。这种阵行在技术水平较低的球队中多被采用，在某些特定条件下，高水平的球队为稳定战局或在来不及组织复杂战术进攻的情况下，也经常采用。

（2）“边一二”进攻阵形：由前排2号位队员做二传，将球传给3号位，4号位或后排队员进攻的组织形式。优点是右手扣球者在3号位、4号位扣球比较顺手，战术变化也较“中一二”进攻阵形多。缺点是5号位接一传时离2号位距离较远，控球难度大。

（3）插上进攻阵形：为了发挥个人特长，后排队员各自换到自己熟练的防守区进行专位防守。如主攻队员换到5号位，副攻队员换到6号位，二传队员换到1号位，以缩短插上时的距离。根据临场情况，把防守能力强的队员换到防守任务较重的区域，把防守能力弱的队员换到防守任务较轻的区域。后排的二传队员插上时，可从1、6、5号位插上到2、3号位之间的位置，准备做二传，前排的2、3、4号位队员则后退，准备接球或进攻。

三、防守战术（以5人接发球防守阵形为主）

（1）接发球站位阵形：在对方发球时，本方为了接好发球而事先摆好的阵形称接发球站位阵形。它是接发球的基础，对接发球的效果和组织进攻的效果有很大影响。

接发球阵形通常采用5人接发球阵形。

W形站位：适合初学者打比赛采用。优点为分工明确，职责分明。缺点是队员之间的交界点增多，队员配合不够默契时，会出现互抢或互让现象，如图7-18所示。

M形站位：适合初学者之用。优点为队员分布更加均衡，分工明确，职责清楚，接落点散、速度慢的发球及下沉飘球、高吊球较为有利。缺点是不利于接对方发的落点在中后场的大力球、平冲飘球等。如图7-19所示。

（2）接扣球防守阵形：接扣球防守阵形通常采用无人拦网下的防守阵形、双人和单人拦网下的防守阵形。

不拦网的防守阵形：当对方进攻力较差，没有必要拦网时采用。其阵形与 5 人接发球阵形相似。

单人拦网下的防守阵形：当对方进攻力量不强，扣球线路变化少，吊球多的情况下，可采用单人拦网下的防守阵形。不拦网的队员后撤参加防守。

双人拦网下的防守阵形：高水平的队多采用这种防守阵形，又分为边跟进和心跟进两种阵形，如图 7-20（a）和图 7-20（b）所示。

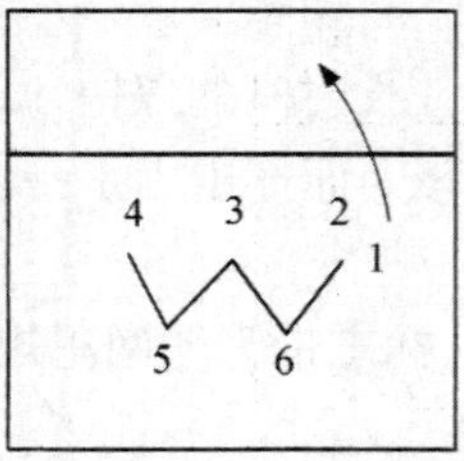

图 7-18　W 行站位

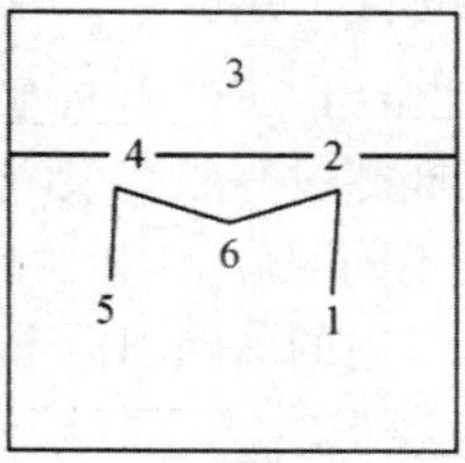

图 7-19　M 行站位

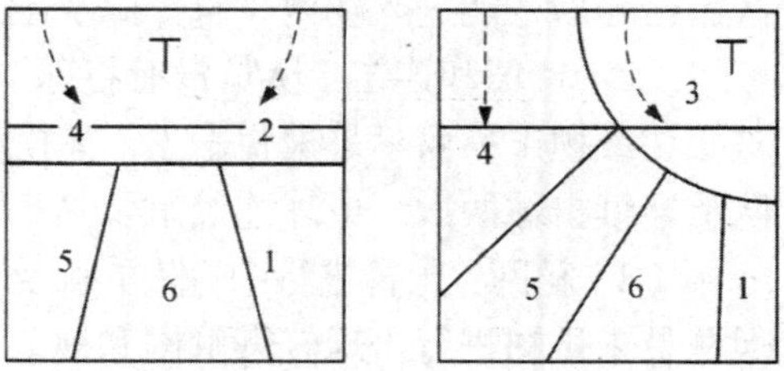

(a)　(b)

图 7-20　双人拦网防守阵型

边跟进阵形：在对方进攻力量强、吊球少时采用。优点是加强了拦网，但边上队员既要防直线，又要防吊跟进，比较困难。如对方 4 号位进攻，本方 2 号、3 号位队员组成双人拦网，4 号位队员后撤与后排 3 名队员形成半圆弧形防守。若对方吊前区，1 号位队员上前跟进。如图 7-21 所示。

心跟进防守阵形：当本方拦网力量强，对方采用打吊结合时采用。优点是加强前区防守，缺点是后防的空当较大。如图 7-22 所示。

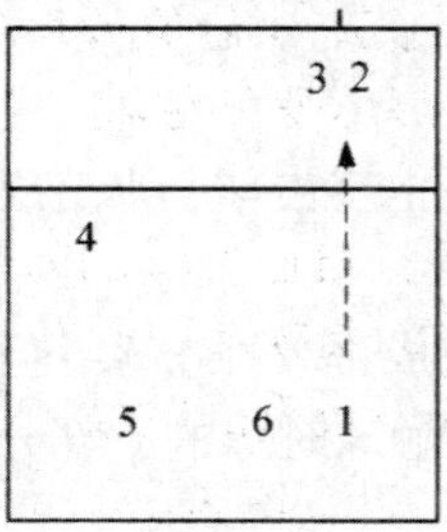

图 7-21　边跟进阵形

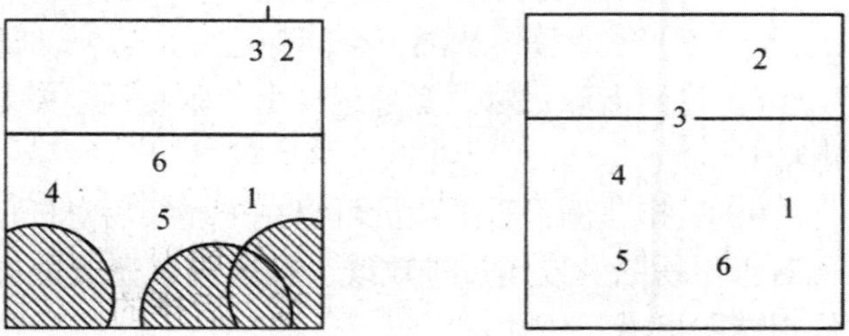

(a)　(b)

图 7-22　心跟进缺点

第三节　排球竞赛规则简介

一、球场概况

球场面积：18 米 × 9 米的长方形。其四周至少有 3 米 ~ 5 米宽的无障碍区，比赛场区上空的无障碍空间从地面量起至少高 7 米 ~ 12 米，其间不得有任何障碍物。排球场线宽 5 厘米。

球场界线：中线、进攻线、边线、端线（底线）。

球网高度：男子 2.43 米，女子 2.24 米。

比赛方法：采用五局三胜制（每球得分制）。

二、比赛规则

（1）发球：发球队员必须在裁判员鸣哨后 8 秒之内，在发球区内将球抛起后，在球落地前用一只手或手臂的任何部位将球击出，击球时不能踏及端线或踏出指定发球区，击球后才能进入场内（身体腾空越过例外）。

（2）持球和连击：队员没有将球清晰地击出，或与球接触有较长时间的停留，球被接住或抛出，而不是被弹击出（如捞捧、推掷、携带），则为持球。而连击则是一名队员连续击球两次，或球连续触及其身体的不同部位。

（3）触网：比赛进行中，队员触及 9 米以内的球网和标志杆、标志带为触网犯规。但队员未试图进行击球轻微触网和被动触网除外。

（4）打手出界：是指球触及拦网队员的手后，飞出拦网一方的界外。

（5）过中线：比赛进行中队员的一只（两只）手、脚部分超过中线触及对方场区，身体的任何部位越过中线接触对方场区，影响到对方队员击球为过中线犯规。

（6）界内球：球触及比赛场区的地面包括界线为界内球。

（7）界外球：

1）球接触地面的部分完全在界线以外。

2）球触及场外物体、天花板或非场上比赛队员。

3）球触及标志杆、网绳、网柱或球网标志带以外部分。

4）球的整体或部分从过网区以外过网，规则除外。

5）球的整体从网下空间穿过。

（8）过网击球：球没有超过网上的垂直面，如果在对方场区上空击球，则造成过网击球。

（9）后排违例：后排队员可以在进攻线后对任何高度的球完成进攻性击球，但是起跳时脚不得踏及或超过进攻线。在前场区完成进攻性击球时，触球时球的一部分必须低于球网上沿。

三、防守队员

1. 后排自由防守队员的服装

各队可以在确定的 12 名队员中，确定 1 名队员为后排自由防守队员。比赛前，必须将后排自由防守队员登记在记分表的专栏中。后排自由防守队员不能担任队长和场上队长。

后排自由防守队员必须穿着有区别其他同队队员颜色的上衣（或后排自由防守队员的专门服装），样式可以不同，但必须有与全队一样的号码。

2．后排自由防守队员的比赛行为

（1）可以替换在后排的任何一名队员。

（2）作为特殊的后排队员，不可在任何的位置上（包括场区和无障碍区）对整个球体高于球网的球完成进攻性击球。

（3）不可以发球、拦网和有拦网试图。

（4）如果在本队的前场区（或延长区）运用了上手传球，则不允许其同伴在高于球网处完成对该球的进攻性击球，但在其他区的传球无碍。

3．自由防守队员的替换

（1）后排自由防守队员的替换不记在该队的换人次数之内，而且没有次数限制。但两次替换之间必须经过比赛过程。替换自由防守队员的队员必须是由其替换出场的队员。

（2）替换必须在比赛成死球后，第一裁判员鸣哨允许发球前进行。比赛开始前，第二裁判员核查完位置后，允许后排自由防守队员进行替换。

（3）裁判员鸣哨发球后，发球队员击球前，替换不被拒绝，但死球后必须给予口头告诫。如果再次发生应按延误犯规判处。

（4）替换只能在进攻线与端线之间球队席前的边线处进行。

四、国际和国内排球比赛规则

1．奥运会排球赛

奥运会排球赛男女项目始于 1964 年第 18 届奥运会，是世界最高水平比赛，每 4 年举行 1 次。

（1）参赛队伍：男女各 12 个队。

（2）参赛资格。

1）主办国 1 个队。

2）上届世界杯赛前三名，3 个队。

3）五大洲奥运会预选赛产生的 5 个冠军队。

4）由国际排联在奥运会前直辖举办的奥运落选赛中产生的 3 个队。

（3）竞赛方法：先分组循环，获得前两名的队，进行交叉赛。但竞赛方法也根据场地、时间等情况而有所变动，每次比赛事先由国际排联研究决定。

2．世界锦标赛

世界锦标赛是由世界排球联合会主办的国际排球比赛，是排球最早的、规模最大的世界性比赛，每 4 年举行一届，受到各国普遍重视。原与奥运会同年举行，1962 年起改奥运会后第 2 年举行（女子第 5 届除外）。冠军获得者可直接参加下届奥运会。

第一届世界锦标赛始于 1949 年，最初只有男子比赛，女子比赛始于 1952 年。最开始比赛并不受洲际人数的限制，即提出参赛申请的队，都可获得参赛资格；但从 1986 年（男第 11 届，女第 10 届）开始国际排联规定只允许 16 个队参加世锦赛，因为排球运动已逐渐成为一项世界性的热门运动，希望获得参赛资格的国家越来越多。具体参赛资格为上一届比赛获得第 1 名到第 7 名的 7 支球队、举办国 1 个队、五大洲锦标赛 5 个冠军队、最后资格预选赛（巡回优胜杯）的前 3 名共 16 支参赛队伍。

1994 年，国际排联对世锦赛的参赛资格作了修改。对国际排联直辖举办的最后资格预选赛，从取原来的前 3 名增加至前 9 名有资格参加比赛，取消世锦赛上届比赛 2 ~ 7 名有当然参赛资格的规定。

竞赛方法：比赛分预赛、复赛、决赛三个阶段进行。预赛分四个组进行循环赛，每个组第一名参加决赛，每个组第二名在复赛中再抽签决定对每组的第三名，胜者四个队参加决赛，负者四个队经淘汰决出 9 ~ 12 名。预赛中各组的第四名抽签进行循环赛决出 13 ~ 16 名。决赛阶段，分组第一名的四个队再抽签分两组赛一场以排定座位，再与复赛中的两个队（也抽签排位）进行四场对抗，胜者采用淘汰制决出前四名，负者采用淘汰制决出 5 ~ 8 名。

这种新的竞赛方法，使竞赛更加激烈。

3．世界杯

世界杯是由全球高水平的男女球队参加的国际性的排球比赛，每 4 年举办 1 次。自从 1991 年世界杯赛被改为在奥运会的前一年举行，相当于是奥运会的资格赛。获得前三名的队伍则有资格进入奥运会。

世界杯的历史并不久远。1965 年华沙，世界杯第一次举行，但当时只允许男队参加。这个赛事被规定每 4 年举办 1 次（除了 1973 年没有举行）。女子世界杯赛从 1973 年开始。1991 年，日本世界杯的举办日期被重新改版，改为奥运会的前一年举行。

（1）参赛队伍：男女各 12 个队。

（2）参赛资格。

1）举办国一个队。

2）五大洲锦标赛冠军队，5 个队。

3）五大洲锦标赛亚军队，5 个队。

4）锦标赛紧接着的奥运会主办国 1 个队。

（3）竞赛方法：采取单循环制。

4．国内排球联赛

2018—2019 赛季中国排球超级联赛，赛制规定男女排各 14 支队伍先进行第一阶段精英赛的较量。第一阶段精英赛 14 支队伍将分成两个小组，每组 7 支队伍大循环，前四晋级第二阶段。第二阶段的八强球队主客场循环，经过半决赛后角逐最终的冠军宝座。

第八章　乒乓球运动

第一节　乒乓球运动概述

乒乓球运动是一项以室内为主的球类运动。它不仅动脚、动手，而且更重要的是动脑、乒乓球运动既能锻炼身体，又能锻炼意志品质，既有乐趣，又能广交朋友。乒乓球运动自 19 世纪末起源于英国，最初是一种游戏，一种家庭娱乐活动。由于当时普遍使用的羔羊皮纸球拍击球时和球碰台发出“乒乓”的声音，所以人们模拟其声音把这项运动叫作“乒乓球”。

一、乒乓球运动的起源

乒乓球运动的起源有很多说法，而最为流行的说法是，乒乓球运动于 19 世纪末起源于英国，是由网球运动派生而来的。乒乓球英文也叫“桌上网球”。19 世纪中期包括网球在内的球类运动，向两个方向发展，一是向室外露天场地发展，另一个是向室内场馆发展。于是就出现了“室内网球”。可以说“室内网球”是乒乓球运动的前身。至于从室内网球过渡到乒乓球，也就是从地板上打球转到在桌子上打球，则是在 19 世纪末开始出现的。根据资料证实，从 1884 年所使用的球拍看，球拍全长 49.5 厘米，类似小的网球拍，初期使用的球是硬而轻的实心球。1900 年左右出现有用赛璐珞制的球。随着球的变化，球拍也改为木拍，因为木拍击赛璐珞球时发出“乒”的声音，当球落在桌子上时又发出“乓”的声音，所以“乒乓”的名字也就由此产生了。由于长把球拍在桌上打球使用不便，也就改成短把球拍。1902 年英国人发明了胶皮拍，1950 年奥地利人发明了海绵拍，在此间又出现了正胶海绵拍和反胶海绵拍。此后，随着技术的不断发展，各种不同性能的球拍也应运而生。因此，球拍的改革又促进了乒乓球技术的发展。

二、乒乓球运动发展概况

1900 年左右，由于轻工业的发展，球才改成用赛璐珞制成的空心球。此后乒乓球运动便逐步发展起来。竞赛活动也就相应地发展起来，许多国家相继成立了乒乓球协会。第一次大型乒乓球比赛于 1900 年 12 月在英国伦敦举行，参加比赛的有 300 多人。1926 年国际乒乓球联合会正式成立，并决定举行第一届世界乒乓球锦标赛。1926 年 12 月 12 日在英国伦敦举行了第一次具有历史性的国际乒乓球联合会代表大会，在会议上，正式通过了国际乒联章程和竞赛规则，并选举了国际乒联领导机构。

第一届欧洲乒乓球锦标赛后因为印度参加而改为世界锦标赛。第二届世界锦标赛于1928年1月在斯德哥尔摩举行，此后每年一次。1940—1946年因第二次世界大战中断比赛，1947年在法国巴黎继续举行第14届世界锦标赛，到1957年后改为每两年举行一次。为促进地区间高水平的交流与提高，国际乒联从1980年决定举办“世界杯”赛。1988年在第24届奥运会上乒乓球终于被列为正式比赛项目。至此，国际乒联已发展成为一个拥有 100 多个协会的国际体育组织，在世界体坛中享有很高的声誉。1926年至1951年，国际乒联共举行了18届世界锦标赛，除第13届在埃及举行外，其余17届均在欧洲国家举行。在18届锦标赛117项冠军中，欧洲选手共取得109项冠军，是欧洲的全盛时期。

1952—1959年日本称雄乒坛。1952年日本选手在第19届世界锦标赛中，利用海绵拍，采用远台长抽的进攻型打法，一举夺得四项世界冠军。这一时期日本选手成功地运用海绵拍，创造了“长抽攻击型”打法，冲破了欧洲保持20多年传统的削球防线，使乒乓球运动的优势从欧洲转到亚洲。

1961—1966年，中国乒乓球运动崛起。我国运动员容国团以其独特的直拍近台快攻打法，在第25届世界乒乓球锦标赛男子单打比赛中一举夺冠，为我国夺得有史以来的第一个世界冠军，不仅动摇了日本雄踞乒坛的地位，而且出现了从欧亚两洲横直拍争霸的形势，转到亚洲直拍近台快攻和远台长抽之间相互争雄的新局面。中国队的成功，把这项运动在快速和技术的全面发展方面推向一个新阶段。

2000年2月23日，国际乒联特别大会和代表大会在吉隆坡通过了40毫米大球改革方案，决定从2000年10月1日起，也就是在悉尼奥运会之后，乒乓球比赛将使用直径40毫米、重量2.7克的大球，以取代38毫米小球。

乒乓球运动在20世纪初传入我国，新中国成立前长期得不到发展。新中国成立后，在党和人民政府的关怀下，迅速得到了普及和提高。我国于1952年加入国际乒联，1953年第一次参加第20届世界乒乓球锦标赛，从第25届世界乒乓球锦标赛容国团打开了中国乒乓球运动员通向世界冠军的大门之后，中国运动员就成了世界乒乓球锦标赛冠军的主要得主。在第44届和第45届世乒赛以及2000年的悉尼奥运会上，中国队成绩辉煌，为长盛不衰40年的中国乒乓球在“小球时代”画上了圆满的句号。2000年10月在扬州举行的第21届世界杯男子乒乓球比赛上，马琳决赛3∶0击败金泽洙，拿到了改大球后的第一个世界冠军。

2001年，改为七局四胜制或五局三胜制（每局11分）。

2017年6月9日，国际乒联官网宣布，乒乓球混双将成为东京奥运会正式比赛项目，而之前国际奥委会主席巴赫就透露，国际奥委会将在洛桑举行执行委员会将召开会议决定是否在2020年东京奥运会乒乓球比赛中增设混双项目。

2023年，国际残奥委会在官方网站宣布，经过各国际单项体育联合会的申请与此后的审核流程，国际残奥委会理事会已通过乒乓球进入2028年洛杉矶残奥会。

2023年5月，2023年南非德班世界乒乓球锦标赛中国乒乓球队包揽了全部比赛冠军，成为本届世乒赛最大的赢家！如今的中国已经站在了世界之巅！

我国自1952年加入国际乒联以来，有过领先于世界的荣耀，也有过失去领先的痛楚，但是长期形成的“乒乓球精神”激励着一代又一代运动员不屈不挠、为国争光。

第二节　乒乓球运动基本技术

一、握拍法

握拍法分为直拍握法和横拍握法两种。

（一）直拍握法

1．快攻型握拍法

拍柄握于虎口，贴于拇指的第二关节和食指的第三关节之间。拇指的第一指节和食指的第二指节自然压住拍肩，食指的第一指节向内自然弯曲，其他三指自然弯曲斜叠于拍后，由中指的第一指节或第一关节顶于拍后，顶点靠近拍柄的延长线。如图 8-1 所示。

2．弧圈球握法

拇指的第一指节和食指的第二关节压扣拍肩，食指的第一、第二指节成环状紧扣拍柄，其他二指在拍背面自然叠伸，由中指的第一指节顶于拍柄的延长线上，顶点较远，正手拉弧圈时，拇指、中指和无名指协调用力。如图 8-2 所示。

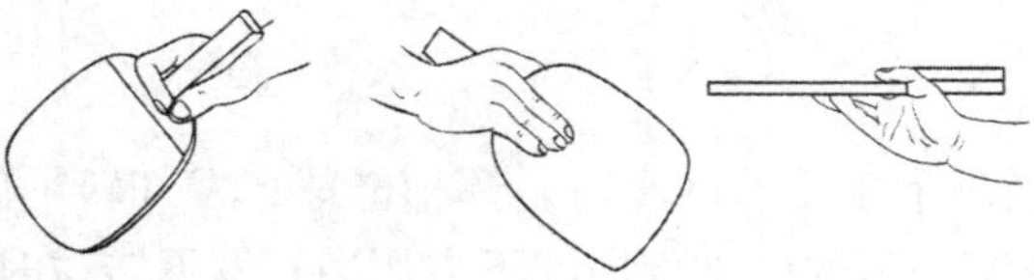

图 8-1　快攻型握拍法

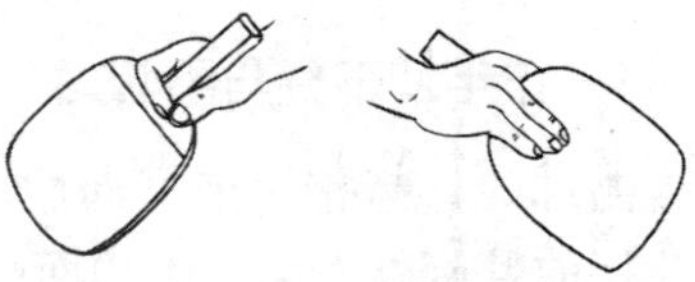

图 8-2　弧圈球握法

（二）横拍握法

形同握刀，拇指在前，食指在后，其他三指自然握住拍柄。如图 8-3 所示。

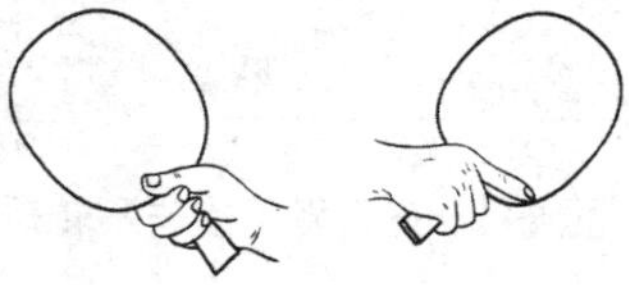

图 8-3　横拍握法

1．削攻型握拍法

拇指弯曲自然贴于拍柄，食指在拍后斜伸并自然贴于拍面，拍肩轻靠于虎口和中指的第二关节，其他三指自然握住拍柄。

2．攻击型握拍法

拇指自然斜伸，贴于拍面，食指伸于拍后，第一指关节顶住球拍，顶点略偏上。

这种握拍法为快攻和弧圈型打法所采用，握法稳定，与削攻型握拍法相比，动作的发力较为有利。

二、基本姿势与站立

（一）基本姿势

两脚平行开立，略比肩宽，微提踵，脚前内侧用力着地，两膝稍屈，上体略前倾，略收腹，含胸，头颈部平稳自然，两眼注视来球，两肩放松，上臂自然下垂，执拍手的前臂自然弯曲置于身体右侧，肘稍内收，腕自然放松。

（二）基本站立

（1）直拍攻击型打法的基本站位在近台中线偏左的位置，左脚稍前。
（2）两面攻打法的基本站位在近台中间。
（3）削攻结合打法的基本站位在中间靠中台附近。

三、发球与接球

发球是乒乓球技术中的重要技术，它是运动员按照自己的意图不受对方限制地把球击到对方球台的唯一技术。按球性发球可分为速度型、旋转型和落点型。

（一）正手发球

1. 正手发下旋与不转球

抛球时，持拍手前臂向后上引拍，当球下落接近网高时，挥拍击球；发加转下旋球时，前臂旋外发力，用拍面的左侧下部摩擦球的中下部向前下方用力；发不转球时，腕、指和前臂固定拍形成一体，用球拍的右侧上部向前撞击球的中下部，球出手后，球拍顺势向前下挥动后还原。如图 8-4 所示。

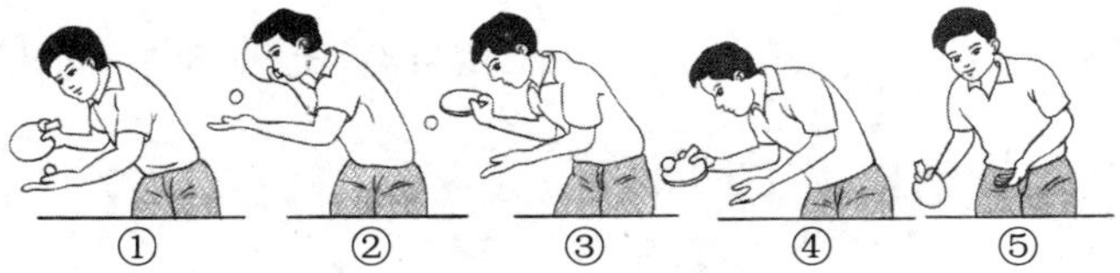

图 8-4　正手发下旋与不转球

2. 正手侧旋发球

抛球时，持拍手随腰后转向后上引拍，当球下落至网高时，收腹转腰，上臂带动前臂向前下弧。

3. 正手高抛发球

抛球手应尽量靠近身体，借助膝关节的屈伸和前臂上摆将球向上用力垂直抛起，使球在身体的右侧前方下落，球开始下落时，持拍手随转腰向后上引拍，当球落到接近网高时，收腹转腰，上臂带动前臂挥拍击球；做出发下旋球或不转球的动作则可以发出正手加转与不转球。如图 8-5 所示。

图 8-5 正手高抛发球

（二）反手发球

1．反手发轻短球

站位近台，两脚开立，右脚偏前，身体略向左转，发球时，将球向上轻轻抛起，持拍手在持球手下向后引拍，上臂自然靠近身体，当球下降到接近网高时，持拍手前臂向前下挥摆，拍面稍后仰，轻微用力，将球送出。

2．反手发侧旋球

发球动作与发反手轻短球相似，引拍时拍面稍后仰，手腕适当内屈，拍头上抬，当球下落到接近网高时，持拍手在前臂带动下成弧形挥摆；发侧下旋时，持拍手由后上向前下，球拍触球的右中下部向前下摩擦；发侧上旋球时，球拍触球的右中下部向前上摩擦。如图 8-6 所示。

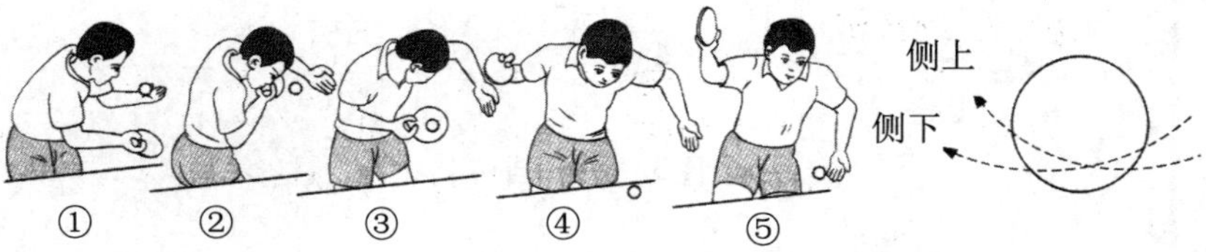

图 8-6 反手发侧旋球

（三）接发球

1．接发球站位的选择

通常是根据对方发球时位置来决定自己的位置。如果对方站在球台的右角发球，自己的站位就应该中间偏右些，因为来球到右方的角度比较大，到左方的角度比较小。同样，如果对方站在球台的左角发球，则自己的站位应该中间偏左一些。

2．接发球的判断

一般情况下，判断来球路线的变化，应该注意对方挥臂的方向。对方发斜线球时，手臂常会向斜前方用力；对方发直线球时，手臂多由后向前方用力；对方发急球时，手臂动作幅度大；对方发轻短球时，手臂动作幅度小。

判断来球落点的变化，可以从对方击球的力量轻重来判断：撞击力大，落点较远。也可以根据对方发球时摆臂振幅的大小和手腕用力的不同程度判断来球落点的远近和旋转的强弱。

3. 接发球方法

接发球能力的强弱，往往取决于基本技术水平的高低。只有掌握较全面的击球技术，如点、拨、拉、推、搓、削、摆短、侧旋等，才能回击各种不同性能的来球。技术不全面，就可能使接发球出现漏洞。所以，接发球要建立在全面熟练掌握技术的基础之上，才能适应比赛的需要。

四、推挡

推挡是直拍快攻打法的基本技术之一，在左推右攻打法中占有极其重要的位置。推挡技术的特点是站位近、动作小、摆速快、变化多。

（一）推挡技术

站位近台偏左，上臂和肘部自然下垂靠近身体，前臂与上臂角度约为 100 度，肩部放松。握拍的食指稍用力，拇指放松，球拍成半横状，拍面与台面近似垂直。如图 8-7 所示。

图 8-7　推挡

1. 挡球

（1）前臂稍前迎，在上升期击球的中部。

（2）以借助对方来球的反弹力为主将球挡回。

2. 快推

（1）击球前，上臂或前臂适当后撤引拍（动作要小）。

（2）击球前手臂迅速迎前，击球上升期。

（3）拍触球时，前臂稍旋外，手腕外展，拍面稍前倾，触球中上部，手臂向前，同时稍向上用力。

3. 加力推

（1）击球前，前臂必须提起，上臂后收，肘部贴近身体。

（2）在上升后期或高点期击球。

（3）击球时适当运用伸髋和转腰动作加大手腕发力，并用中指顶住拍背面向前用力。

4. 减力推

（1）击球前不用撤臂引拍，稍屈前臂使球拍略微提高，拍面稍前倾。

（2）当球在台面弹起时手臂轻轻前移，同时身体重心略升高，在上升期触球。

（3）球拍触球瞬间，手臂和手腕稍向后收。

（二）推挡易犯错误和纠正方法

（1）推挡时，手腕下垂，使球拍与小臂成垂直。纠正时，手腕向外展，使球拍拍柄向左些。

（2）推挡时，拍形角度掌握不好。纠正时，加强手腕的灵活性和调节拍角度的能力。

（3）推挡时，拍形前倾过大，击球时间过早。纠正时，迎球时期稍晚一些。

（4）快推前，肘关节离开身体。纠正时，击球前上臂和肘关节靠近身体。

（5）加力推，腰部配合不够。纠正时，击球时上臂和肘关节前送，并配合上体向左转动。

五、攻球

攻球是乒乓球技术中的一个重要组成部分。攻球往往由于具有进攻的主动权及直接得分的可能，因而决定着比赛的胜负。攻球技术可以充分运用乒乓球速度、力量、落点、旋转等击球要素的特性，可分为正手攻球、反手攻球和侧身攻球三大部分。

（一）攻球技术

1．正手攻球技术（以右手为例）

击球前，腰稍右转，前臂向后下引拍，直握拍成半横状（横握拍前臂与手腕成直线）。当球从台面弹起，重心由右脚移至左脚，手臂向左前上方挥动，以前臂发力为主。击球时，直握拍食指放松，拇指压拍，横握拍前臂带动手腕略旋内，使拍面前倾，击球中上部。如图 8-8 所示。

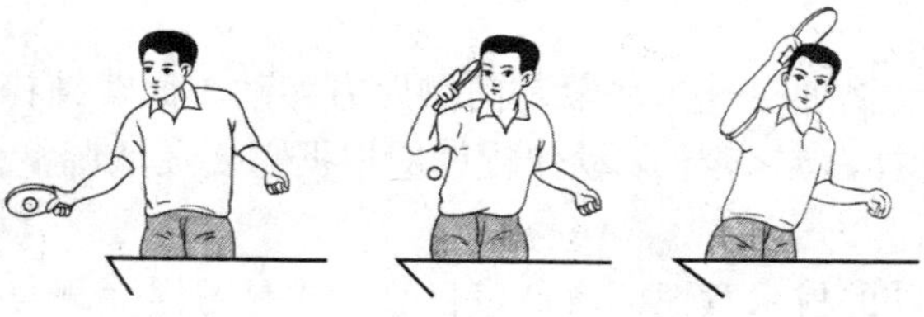

图 8-8 正手攻球

（1）正手快攻。

1）前臂与台面略平行，以前臂发力为主，击球上升期。

2）前臂挥动要快，根据来球长短、高度调节发力。

3）要依靠调节拍面方向，改变击球部位和挥拍方向来变化击球线路。

（2）正手扣杀。

1）根据来球长短，确定站位。来球短站位近，反之站位远。整个手臂随腰转动向后引拍，借以拉大拍与来球的距离，增大挥拍的加速度。

2）要在来球的上升期或高点期击球，并向前下挥拍击球中上部。

3）要充分利用腰和下肢协调用力，增大扣杀力量。

（3）正手中远台攻。

1）站在中远台，右脚偏后，转腰引拍时前臂与地面平行，手臂放松，拉大上臂与身体的距离。

2）击球时，上臂带动前臂向前上方挥拍，触球中上部。

3）要适当运用腰和下肢的力量，协调发力。

2．反手攻球技术

击球前，拍引至腹前左侧，肘关节略前出，上臂与前臂约成 100 读。击球时上臂贴近身体，前臂旋外向右上方挥动，配合转腕，拍面稍前倾，击球中上部。

（1）反手快攻。

1）击球上升期，手腕控制拍面角度。

2）以前发力为主并力求放松，球拍与来球要拉开距离，以加大攻球力量。

3）反手攻球突然性要强，攻斜线球时击球中左部，攻直线球时击球后部。

（2）反手快拨（横拍）。

1）引拍时，上臂贴近身体，前臂前伸迎击来球。

2）击球上升前期，拍触球中上部。

3）击球时手腕控制拍面略前倾，以向前用力为主。

4）拍触球时稍用力即可。

3．侧身攻球

侧身攻球的技术内容和动作要领与正手攻球相似，只是在站位、引拍方向和挥臂方向上视来球需要而有所调整，这里不再赘述，仅就需要注意的问题作些提示。

1）掌握好侧身移步的时间。起动过早，易被对方觉察而突变我方正手空当；起动过晚，又会错过最佳的击球时间。通常来说，最好在对手球拍触球的瞬间判断清楚来球后即侧身。

2）侧身的步法要高效迅速。一般是向侧后方移动（而非纯粹向后），并要具备连续进攻的能力（包括扑右方空当）。动作幅度应根据需要灵活调整，切忌统统拉后手发死力。

3）明确侧身攻球的战术意识，避免盲目侧身或是习惯性侧身。

4）侧身时应大胆果断，攻球必须有较大杀伤力。

（二）攻球技术易犯错误和纠正方法

（1）正手攻球时，手腕下垂，使球拍与小臂成垂直。纠正时，球拍拍柄向左些，做徒手模仿练习。

（2）正手攻球时，手腕太挺直，使球拍与小臂成一直线。纠正时，握拍手腕放松些。

（3）正手攻球时，大臂和肘关节抬得高。纠正时，手臂放松，肘关节下垂做近台快攻练习。

（4）反手攻球时，拍面前倾过早。纠正时，使拍面稍后仰，徒手做引拍动作练习。

（5）反手攻球时，拍面前倾不够。纠正时，手腕和前臂要配合外旋。

六、搓球

搓球是近台还击下旋球的一种技术。搓球技术的主要特点是站位近、动作小，多在台内进行。搓球技术主要是通过旋转、落点的变化制约对方的进攻，作为一种过渡性技术，可以给进攻制造机会。

（一）搓球技术

正手搓球时，击球前，右手向右上方引拍，拍面稍后仰，击球时，前臂和手腕向左前下挥动，摩擦球的中下部，如图 8-9（a）所示。

反手搓球时，击球前，手臂自然弯曲向左上方引拍，击球时，前臂旋内配合转腕动作，向前下方用力，拍面稍后仰，摩擦球的中下部，如图 8-9（b）所示。

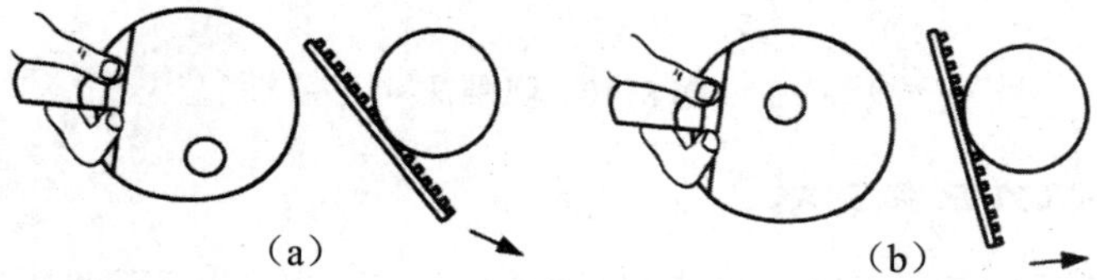

图 8-9　搓球

1. 快搓

（1）站位近台，击球上升前期。

（2）击球时，手臂要迅速前伸。

（3）根据来球的旋转调节拍面角度和用力方向：来球下旋强，拍触球的底部，向前用力要大一些：来球下旋弱，触球的中下部，向前下用力要大些。

2. 慢搓

（1）站位近台，身体仰前，击球上升前期。

（2）有明显的腰部动作，提臂引拍向前下方用力。

3. 快摆

（1）站位近台，身体仰前，击球上升前期。

（2）拍面后仰，触球中下部或底部。

（3）击球时，前臂前伸的动作和快搓相似，只是持拍触球时手臂和腕用力很小。

（二）搓球易犯错误和纠正方法

（1）球拍没有上引，击球时前臂由上向下动作不明显。纠正时，持拍练习前臂和手腕向上再下切的模仿练习。

（2）击球时，拍面后仰不够。纠正时，练习慢搓接对方发来的下旋球，体会拍面后仰前送的动作。

（3）击球时，球触拍的部位不准。纠正时，做对搓练习，体会摩擦球的动作。

（4）击球后，前臂前送力量不够。纠正时，二人做慢搓练习，体会击球后前臂前送的动作。

七、弧圈球

弧圈球又称加转上旋球，是反胶海绵球拍在拉球技术上的发展，是现代乒乓球运动中的一项重要技术。弧圈球的重要特点是上旋强、稳健性高、攻击威力大。如图 8-10 所示。

图 8-10 弧圈球

（一）正手拉高吊弧圈球

（1）左脚在前，右脚在后，身体向正手扭转，右肩略低，略收腹。

（2）手臂自然下垂，球拍后引的幅度较小。

（3）击球下降期，拍面稍前倾，摩擦球的中部或中部偏上，以向上发力为主，略带向前。

（4）击球时，后脚掌内侧蹬地，以转腰带动肩、上臂、前臂和手腕发力。如击球点离网近，能借力，可以前臂和手腕发力为主；如击球点离网远，不能借力，则应以上臂发力为主。

（二）正手拉前冲弧圈球

（1）准备动作与拉加转相似，手臂后引略高，持拍手稍下沉，拍与腰同高。

（2）击球高点期或下降前期，拍面前倾的角度比拉加转大，摩擦球的中上部，以向前发力为主，略带向上。

（3）击球时，直握拍可在拍后顶一下，以加强对拍的支撑力。

（三）弧圈球易犯错误和纠正方法

（1）在引拍过程中，前臂和上臂在肘关节处的夹角没有打开，而是靠拉肘向后引拍，影响拉球能力。在训练中有意识地把前臂放下来，配合脚部的转动和重心移动，引拍效果会好些。

（2）击球前，腰部向后转动过大，形成掷铁饼式的准备姿势，影响向前发力。在实践中只要感到身体的重心，能够移至击球的一侧脚时即可。

（3）击球时，球拍过于前倾，摩擦球过薄，使拉球的力量减弱，准确性降低，容易打在拍边，出现人们常说的“飞碟”现象。击球时球拍不要过于前倾，同时注意手腕向内向前的转动，这样方可拉出高质量的弧圈球。

（4）拉球过程中，手臂由后直接向前挥动，成近似于直线形，难以制造拉球的弧线。正确的挥动方法是手臂由右后下方，以肘关节为轴，向左前上方挥动，其挥动轨迹近似于小弧形，这也部分地体现了弧圈球技术术语的内涵。

（5）肩部过于紧张，动作僵硬。由于弧圈球的动作比一般攻球动作稍大些，因此要做到拉后手臂，尤其是肩部要迅速放松还原，以易于连续拉和提高拉后扣杀的命中率。

八、削球

削球技术的特点，概括起来有两点：一是稳健性，二是积极性。它通过旋转和落点的变化，调动对方，伺机反攻得分。

（一）削球技术

1. 远削

（1）向上引拍，是为了增大削击球的用力距离。

（2）在下降期击球，但不能过于低于台面。

（3）要保持足够的撞击力，否则球不会过。如图 8-11 所示。

图 8-11　远削

2. 近削

（1）向上引拍，比肩略高。

（2）根据来球的情况调节拍面后仰角度。

（3）以前臂发力为主，手腕配合下压，击球后没有前送的动作。

3. 削弧圈球

（1）应在来球的下降后期触球，此时球的旋转已减弱。

（2）击球点一般选在右腹前为宜，并适当放低些，这样可利用来球部分向上的反弹力形成自然的回球弧线，有利于提高削球的准确性。

（3）球拍触球时，拍面不能过分后仰，应触球的中下部。如果来球旋转较强，可使拍面竖直些，并适当加大手臂向下压球的力量。

（4）触球时，手腕应相对固定，以免回球过高。

（二）削球技术易犯错误和纠正方法

（1）引拍上提不够，削击路线短。纠正时，按动作要领徒手反复做引拍练习。

（2）拍面过于后仰。纠正时，拍面稍竖，多练削对方平击发球。

（3）向下挥拍削球球拍向前用力过大。纠正时，多球练习，体会接重板球时前臂下压动作。

（4）击球后上臂前送不够，使球下网。纠正时，多练远削球，体会上臂前送动作。

第三节　乒乓球运动基本战术

一、基本战术

所谓乒乓球运动的战术，即乒乓球运动员在比赛中为战胜对手所采取的计谋和行动。技术是战术的基础，只有掌握了全面和实用的技术，才有可能运用多变的战术。同样，在比赛中，只有合理地运用战术，才能使技术得以充分发挥。在训练中，只有带着战术意识去练技术，才能练就真正实用的技术。

（一）发球抢攻战术

通过发球旋转、落点和速度的变化，直接为进攻制造机会，这种战术就是发球抢攻战术。发球的质量和发球的变化是基础，因为如果发不出使对方感到为难、不适应或使对方判断错误的球，就不可能出现适合自己进攻的机会。同样，如果球发出去后，自己没有应有的准备，缺少主动进攻的意识指导下的行动，不是去“抢”，而是在等，那么，许多机会就会白白错过。

1．发旋转球的抢攻战术

（1）正、反手发下旋球伺机抢攻。

（2）正、反手发上旋球伺机抢攻。

（3）正、反手发不转球伺机抢攻。

2．发球变化线路和落点后的抢攻战术

（1）正手发急长球至对方底线配合近网短球，伺机抢攻。

（2）反手发急下旋球至对方底线配合近网短球，伺机抢攻。

（3）正、反手发侧旋球至对方反手位配合正手近网球，伺机抢攻。

（4）正、反手发侧上旋球到对方反手，伺机抢攻。

（5）正、反手发不转球到对方正手、反手或中路，伺机抢攻。

（6）正、反手发侧旋球至对方台内，伺机抢攻。

（二）相持球战术

1．抢攻战术

（1）推（拨）压对方反手或中路，伺机抢攻。

（2）推（拨）压对方两角，伺机抢攻。
（3）搓压对方反手或中路，伺机抢攻。
（4）搓压变化，伺机抢攻。

2．变化（点）战术

（1）连续推（拨）压对方反手然后变正手。
（2）连续推（拨）压对方正手或中路然后变反手。
（3）连续搓对方反手然后变正手底线。
（4）连续搓对方反手然后变正手短球。
（5）连续搓对方正手然后变反手。
（6）连续攻对方反手和中路然后变正手。
（7）连续攻对方正手和中路然后变反手。

（三）接发球技术

1．接发球控制

接发球控制包括两个方面：一是适应来球的性能，保证回球的命中率；二是要对来球有制约力，运用自己已掌握的战术，在速度、力量、弧线、旋转、线路和落点的变化方面，有效地控制对方。

（1）接上旋发球时，主要是防止接球出界或出高球。此时，要运用自己掌握的技术，尽可能压低回球弧线，配合落点的变化，达到控制的目的。

（2）接下旋发球时，主要是防止接球下网。此时，主要是运用搓球技术，配合旋转、落点的变化，调动对方。

2．接发球抢攻

根据对方发球的落点和质量，及时抢位，进行抢攻。接发球抢攻对方正手；接发球抢攻对方反手；接发球抢攻对方中路。

二、双打

（一）双打配对

（1）一个左手和一个右手握拍的攻球手相配。这种配对有利于减少走动范围，并充分发挥正手攻球的威力。

（2）一个两面攻和一个左推右攻打法相配。这种配对有利于减少走动范围，并充分发挥正手攻球的威力。

（3）两个两面攻（拉）打法相配。这种配对能够发挥全台进攻的威力。

（4）一个使用两面不同性能球拍和一个快攻打法相配。这种配对由于不断改变回球旋转性能与击球节奏，使对方较难适应。

（5）两个削球打法相配。这种配对有利于发挥削球的威力。

（二）双打的基本走位

双打走位的要求：让位快，抢球及时，既有利于自己的发挥，又不阻挡同伴回击。

（1）对方回球在右方，击球后应向左后斜退，如图 8-12 所示。

（2）对方回球是右方大角度，击球后应向右闪开，如图 8-13 所示。

（3）对方回球在中线靠右处，击球后应向左闪开，如图 8-14 所示。

（4）一左一右的运动可做“八”字走位，如图 8-15 所示。

（5）对方连续攻击右方一点，就需要轮流向右后方移动，如图 8-16 所示。

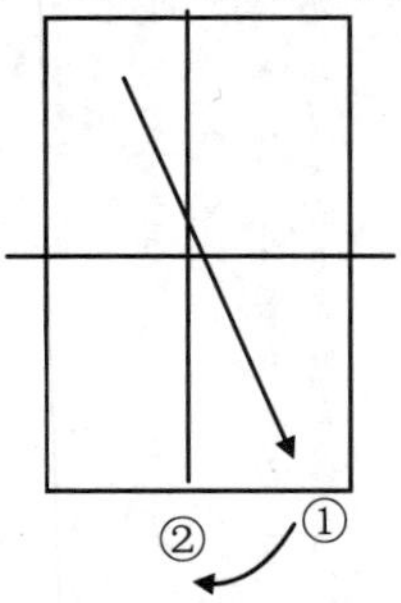

图 8-12　双打走位一

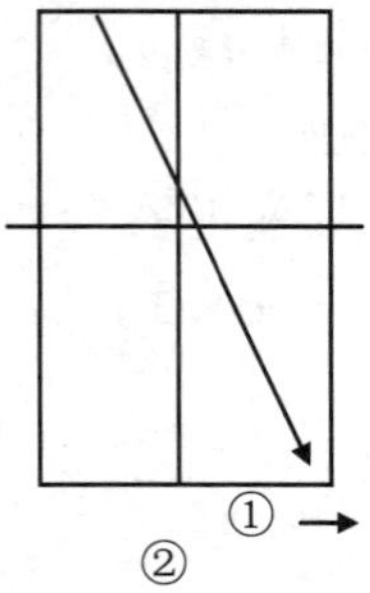

图 8-13　双打走位二

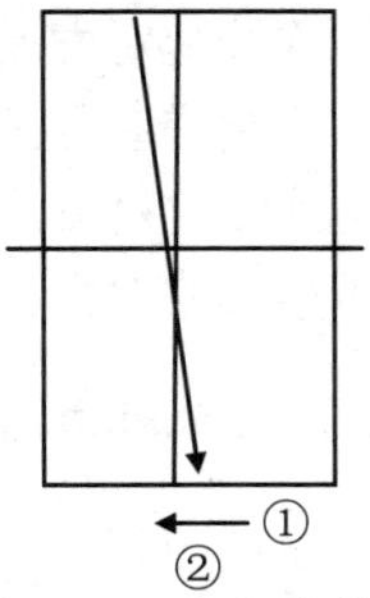

图 8-14　双打走位三

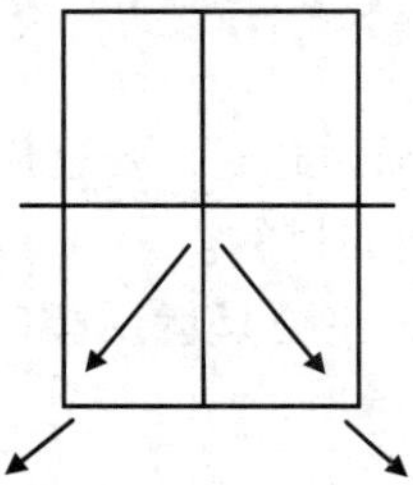
图 8-15　八字走位

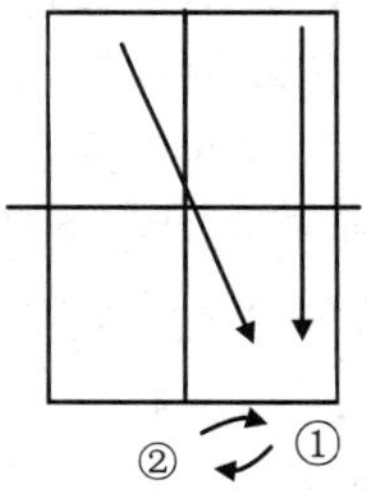

图 8-16　双打走位四

（三）双打战术

（1）连续进攻一角，突攻相反方向。这样可以把对方挤到一角，然后突出反方向。

（2）交叉进攻两角，伺机进攻空当。

（3）有针对性地将球击向两人的弱点，使对方处于被动，然后伺机抢攻。

（4）打追身球是指专门向击球员所处的位置击球，给击球员造成让位和给接球员造成抢位的困难。

（5）运用旋转的变化，制造抢攻机会。

（6）利用落点的变化，控制、调动对方，争取主动。

第四节　乒乓球运动竞赛规则简介

一、场地和灯光

场地和灯光可按具体条件决定。一般国际比赛，每张球台用 75 厘米高的深暗色挡板围成长 14 米、宽 7 米的比赛场地，场地上空 4 米内没有障碍物，场地上各点的光度不低于 400 勒克斯。场地的光源最好使用顶灯，应避免日光的直接照射，也不要使用一般日光灯，以免妨碍运动员的视觉。

二、器材

（一）球台

（1）球台的上层表面，称作“台面”。它是与水平面平行的长方形，长 2.74 米，宽 1.525 米，离地面高度 76 厘米。

（2）比赛台面应包括球台表面的边缘，不包括边缘以下的侧面。

（3）台面应一律呈暗色，无光泽，各边有一条 2 厘米宽的白线。

1）沿 2.74 米长的台面边缘所画的线叫作“边线”。

2）沿 1.525 米长的台面边缘所画的线叫作“端线”。

（4）比赛台面应由一个垂直的球网划分为两个相等的“台区”，在各区的整个面积应被看作一个整体，球网与端线平行。

（二）球网

（1）球网包括网、其悬挂物及支柱。

（2）球网应悬挂在一根绳子上，绳子两端系在高 15.25 厘米的直立网柱上，网柱外缘离开边线外缘 15.25 厘米。

（3）整个球网的顶端距台面 15.25 厘米。

（4）球网的底边应尽量贴近台面，网的两端应尽量贴近网柱。

（三）球

（1）球应为圆形，直径为 40 毫米。

（2）球重 2.7 克。

（3）球应用赛璐珞或类似的塑料制成，呈白色或黄色。

（四）球拍

（1）球拍的大小、形状或重量不受限制，但球拍的底板应为木料制成，平整而坚硬。

（2）用来击球的拍面覆盖物可以是一层普通的颗粒胶，颗粒向外，连同黏合剂不超过 2 毫米；也可以是颗粒向内或向外的海绵胶，连同黏合剂不超过 4 毫米。

（3）球拍两面的表面不管是否用来击球，一律为暗色无光泽，拍身边缘上的滚条或包边不得呈白色，也不得反光。

（4）由于褪色、磨损或意外的损坏，造成颜色上轻微差异的球拍，如果为改变拍面的性能，可以继续使用。

（5）在比赛时，运动员有权对对方球拍进行检查。

（五）球拍的种类与性能

1. 普通胶皮拍

胶粒高度在 1.6 毫米以上。

性能：它主要依靠来球的较强旋转和较大冲力来增加回球的旋转。挡冲力大的上旋来球，回球呈下旋；搓下旋来球，回球略呈上旋；来球不转，回球也不转。

2．正贴胶海绵拍

（1）正胶海绵拍：海绵连同黏贴胶皮的总厚度不超过 4 毫米。

性能：反弹力强，回球速度快，能形成一定旋转，但不能造成强烈的旋转球。

（2）生胶海绵拍：生胶皮正贴在海绵上的球拍。

性能：反弹力强，回弹速度快，摩擦力较小，击球旋转较弱，制造旋转能力较差，但挡过去的球略下沉。

3．反贴胶海绵拍

（1）反胶海绵拍：将反贴胶皮上有胶粒的一面贴在海绵上，平面向外。

性能：胶皮表面平整，黏性较大，对球的摩擦因数较大，有利于拉弧圈球。

（2）防弧海绵拍：胶皮表面发木，没有黏性，胶粒向内黏贴在弹性差的海绵上。

性能：胶皮没有黏性，对球的摩擦因数小，制造旋转能力差，便于控制弧圈球。

三、乒乓球竞赛规则

1．定义

（1）球处于比赛状态的一段时间，叫作一个“回合”。

（2）不予记分的回合叫作“重发球”。

（3）记分的回合叫作“得分”。

（4）握着拍的手叫作“执拍手”。

（5）未握着拍的手叫作“不执拍手”。

（6）用执拍手中的球拍或执拍手腕以下部位触球叫作“击球”。

（7）对方击球后，处于比赛状态的球尚未触及本方台面即行击球，叫作“拦击”。

（8）对方击来的处于比赛状态的球，尚未触及本方台面，在越出端线及假想延长线之前，即触及本方运动员或其任何穿戴物品，叫作“阻挡”。

（9）在一个回合中，首先击球的运动员叫作“发球员”。

（10）在一个回合中，第二次击球的运动员叫作“接球员”。

2．合法发球

（1）发球时，球应放在不执拍手的掌上，手掌应静止、张开、伸平，四指并拢，拇指随便。

（2）发球时，从球在不执拍手掌上开始，不执拍手和球应该始终高于球台水平面。

（3）从球停留在静止的不执拍手掌上的最后一刻直到发球时击球，整个球拍应高于球台水平面。

（4）发球员只能用手向上抛球，不得使球旋转，使球从手掌垂直的 45 度角内抛起。

（5）当球从抛起的最高点降落时，发球员才能击球。

（6）发球员发球时不能挡，应让接球员看清楚发球员的手和球的位置。

（7）发球击球时，球必须处在发球员台区端线或其假设延长线之后，但不得远于发球员身体（出手臂、头和腿以外）离球网最远的部分。

3. 合法还击

在发球或还击以后，运动员必须击球，使球直接越过或绕过球网，或在触网、网柱以后落在对方台区。

4. 比赛次序

（1）在单打中，首先由发球员发合法球，再由接球员合法还击，然后两者交替合法还击。

（2）在双打中，首先由发球员发合法球，再由接球员合法还击，然后由发球员的同伴合法还击，再由接球员的同伴合法还击。此后，运动员按次序交替合法还击。

5. 比赛状态

当球在发球员不执拍手中被抛起前静止状态的最后一刻起即处于比赛状态。

（1）球触及除比赛台面、球网、网柱、执拍手中的球拍或执拍手手腕以下部位以外的任何东西。

（2）或者这个回合被判为重发球或判一分。

6. 重发球

（1）发出的合法球越过或绕过球网时触网或网柱，或触网或网柱后被接球员或其同伴拦击或阻挡。

（2）如果球已发出，而裁判员认为接球员或其同伴尚未准备好（但接球员或其同伴企图击球，则不能认为未准备好）。

（3）如果裁判员认为由于发生了无法控制的意外事故，而运动员未能合法发球或未能合法还击或不符合规则。

（4）由于纠正发、接球次序或方位次序错误而中断回合。

（5）由于实行轮换发球而中断回合。

（6）由于怀疑发球是否正确，警告运动员而中断回合。

（7）如果裁判员认为比赛受到干扰，似乎将影响这个回合的结果而中断比赛。

7. 一分

除非一个回合被判重发球，下列情况判失一分：

（1）未能发出合法球。

（2）未能合法还击。

（3）拦击或阻挡。

（4）连续击球两次。

（5）球连续两次接触本方的台区。

（6）用不合规则规定的拍面击球。

（7）在球处于比赛状态时，运动员或其穿戴的任何物品移动台面。

（8）在球处于比赛状态时，不执拍手触及台面。

（9）在球处于比赛状态时，运动员或其穿戴的任何物品触网或网柱。

（10）发球时，运动员或其同伴跺脚。

（11）在双打中，运动员未按发球员和接球员确定的顺序击球。

8．一局比赛

在一局比赛中，先得 11 分的单打或双打运动员为胜方，但打到 11 平以后，先多得 2 分者为胜方。

9．一场比赛

（1）一场比赛可采用五局三胜或三局两胜。

（2）比赛应连续进行，但一场比赛的第三局和第四局之间，任何运动员有权请求不超过 5 分钟的休息，其他连续进行的各局之间休息不得超过一分钟。

10．选择发球、接球和方位

（1）每场比赛用抽签的方法确定首选择者。

（2）胜方可以做如下选择。

1）选择先发球或先接发球，则负方选择方位。

2）选择方位，则负方选择先发球或先接发球。

3）要求负方先做选择，留下的给胜方。

（3）在双打中，得到首先发球权的一方可以决定由谁首先发球。

1）在一场比赛的第一局里，接球一方应决定由谁首先接发球。

2）在该场比赛的以后各局，按照规则规定，由发球方确定谁首先接发球。

11．发球和接发球次序以及方位

（1）在记录的比分到 2 分以后，接发球一方即成为发球一方，以此类推，直到一局结束。如果两方比分都达 11 分，开始实行轮换发球法。

（2）在双打中：

1）由取得发球权一方选出的同伴发球，由对方有关同伴接发球。

2）第二个发球员为第一个接球员，而第二个接球员为第一个发球员的同伴。

3）第三个发球员为第一个发球员的同伴，而第三个接球员为第一个接球员的同伴。

4）第四个发球员为第一个接球员的同伴，而第四个接球员为第一个发球员的同伴。

5）第五个发球员即第一个发球员，以此类推，直到一局结束。

（3）双方比分都达 11 分，实行轮换发球法以后，发球和接发球次序同上，但每个运动员每次只轮发一个球，直到该局结束。

（4）一局中首先发球一方，在该场下一局应首先接发球。

（5）在双打比赛中，除第一局外，每一局选出了第一个发球员后，首先接发球的应是前一局发给他球的发球员。

（6）一局中某一方位的单打或双打运动员在下一局应换到另一方位。

12．发球、接发球次序错误和方位错误

（1）如果运动员应交换方位时没有交换，错误一旦发现，应立即终止比赛，并按该比赛场开始时次序，根据场上比分来确定运动员应该站的方位，再继续比赛。

（2）运动员在未轮到他时错发了球或错接了球，一旦发现，应中断比赛，并按该场比赛开始时的次序，从场上比分开始，由应发球或接发球的运动员发球或接发球。在双打中，按发现错误时那一局中有首先发球权的那一方的次序进行纠正，再继续比赛。

13．发球

要求发球者将球向上直抛，至少抛到离不执拍手手掌上 16cm 以上。

第九章　羽毛球运动

第一节　羽毛球运动概述

羽毛球运动是一项在室内外均可进行的小型球类运动。比赛时，一人或两人为一方，中隔一网，用球拍经网上往返击球，使球落到对方场地上，或使对方击球失误而得分。

一、羽毛球运动简介

羽毛球运动是一项为广大群众喜爱的体育运动项目，它具有球小、速度快、变化多等特点。运动器材设备比较简单，在室内、室外都可以进行。运动量可大可小，不同年龄、性别和身体条件的人都可以参加。因此，这项运动易于开展和普及。经常参加羽毛球运动不仅可以发展人的灵敏性和协调性，提高动作速度和上下肢活动的能力，改善心血管系统的机能，而且有助于培养人的勇敢顽强、机智果断等品质。

羽毛球运动的起源与类似“毽子板”的游戏有着密切的联系，由于国家、民族、文化以及语言等的差异，因而对原始羽毛球名称的叫法就有所不同。目前世界上就这项运动始于何时、何地的问题众说纷纭，很难找出一个准确的答案。不过对现代羽毛球运动名称由来的说法基本一致。据记载，19 世纪中叶在英格兰格拉斯哥郡附近鲍弗特公爵的伯明顿庄园内举行了一次家庭社交会。由于当时天不作美下起了雨，户外到处积水，客人们只得待在室内，时间一长，不免感到单调无味，于是客人中有位从印度退役的英国军官便将在印度孟买见到的“普那”（Pnoda，一种类似羽毛球运动的游戏）介绍给大家。玩耍是在大厅内，用绳代替网。这项活动的趣味性较强，从此便很快引起了许多人的兴趣。于是有人提议就以这个庄园的名称命名了这项运动（英语中“伯明顿”Badminton 被称为“羽毛球”）。

二、羽毛球运动的特点

1．羽毛球是一种全身运动

无论是进行有规则的羽毛球比赛还是作为一般性的健身活动，都要在场地上不停地进行脚步移动、跳跃、转体、挥拍，合理地运用各种击球技术和步法将球在场上往返对击，从而增大上肢、下肢和腰部肌肉的力量，加快锻炼者全身血液循环，增强心血管系统和呼吸系统的功能。据统计，大强度羽毛球运动者的心率可达到每分钟 160 次 ~ 180 次，中强度的运动心率可达到每分钟 140 次 ~ 150 次，低强度运动的心率也可达到每分钟 100 次 ~ 130 次。长期进行羽毛球锻炼，可使心跳强而有力，肺活量加大，耐久力提高。此外，羽毛球运动要求运动者在短时间对瞬息万变的球路做出判断，果断地进行反击，因此，它能提高人体神经系统的灵敏性和协调性。

2．羽毛球运动可调节运动量

羽毛球运动适合于男女老幼，运动量可根据个人年龄、体质、运动水平和场地环境的特点而定。青少年可将其作为促进生长发育、提高身体机能的有效手段进行锻炼，运动量宜为中强度，活动时间以 40 分钟 ~ 50 分钟为宜。适量的羽毛球运动能促进青少年增长身高，能培养青少年自信、勇敢、果断等优良的心理素质。老年人和体弱者可作为保健康复的方法进行锻炼，运动量宜较小，活动时间以 20 分钟 ~ 30 分钟为宜，达到出出汗、弯弯腰、舒展关节的目的，从而增强心血管和神经系统的功能，预防和治疗老年心血管和神经系统方面的疾病。儿童可作为活动性游戏方法来进行锻炼，让他们在阳光下奔跑跳跃，并要求他们能击到球，培养他们不畏困难、不怕吃苦、不甘落后的品质。

3．简便性

（1）不受场地的限制。羽毛球活动对设备的基本要求比较简单，只需两个球拍、一个球和一条绳索即可，平时进行羽毛球活动只要有平整的空地就可以了。在风不大的情况下，可以在户外进行活动，只要把球网架起来，就可以在一定长度和宽度的空地上画上几条线，双方对练。因此，它不仅可以在正规的室内运动场进行，也可以在公园、生活小区等处广泛地开展。当它作为户外运动时，还可使锻炼者吸入新鲜空气，受到阳光照射，改善人体的血液循环和新陈代谢，同时感受大自然的美丽，在运动中怡心健体。

（2）集体、个人皆宜。羽毛球运动既可单兵作战（两人对练），又可集体会战（双打练习）。单人对练时，练习者可以随心所欲地打出任何弧线、任何远度、任何力量、速度和任何落点的球；集体会战则可以使练习者养成协调配合的习惯，培养集体主义精神。

（3）不受年龄、性别的限制。羽毛球运动游戏性较强，运动量可大可小。身强力壮的年轻人可以将球打得又刁又重，拼尽全力扑救任何来球，尽情散发自己的青春气息；年老体弱的练习者可以把球轻轻地击来打去，根据自己的要求来变换击球节奏，从而达到强身健体的功效，既活动身体，又娱乐心情。不同年龄、不同性别以及不同体质的人都能在羽毛球运动中找到乐趣。

第二节　羽毛球运动基本技战术入门与学练方法

一、基本技术

（一）握拍法

正确的握拍法对掌握基本技术是有直接关系的，方法得当就能随心所欲地将球打到对方场区的任何位置和施展多变的战术，相反就会直接影响基本技术的完成和击球的效果。

因此，初学者要认真掌握好正确的握拍方法。基本握法有两种，即正手握拍法和反手握拍法（本书所介绍的技术均以右手握拍者为例）。

1．正手握拍

通常正确的握拍与握手姿势非常相似。虎口对着拍柄窄面内侧的小棱边，拇指和食指贴在拍柄的两个宽面上，中指、无名指和小指并拢握住拍柄，掌心不要紧贴，拍柄末端与小鱼际肌平，拍面基本与地面垂直。如图 9-1 所示。

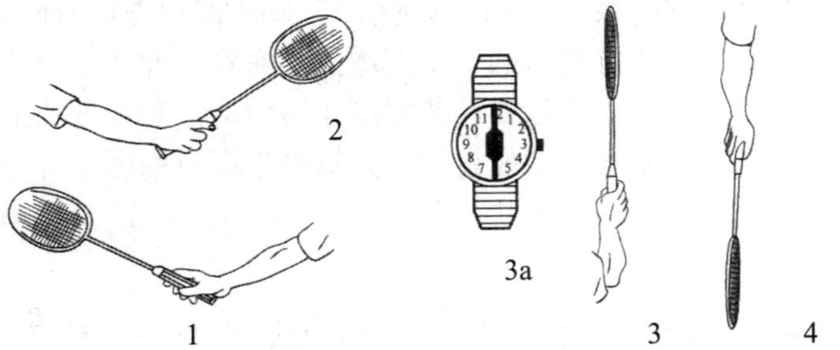

图 9-1　正手握拍

2．反手握拍

在正手握拍的基础上，拇指和食指将拍柄稍向外转，食指稍向中指收拢，拇指上内侧顶贴在拍柄内侧的宽面上，中指、无名指和小指并拢握住拍柄，柄端靠紧小指根部，使手心留有空隙。如图 9-2 所示。

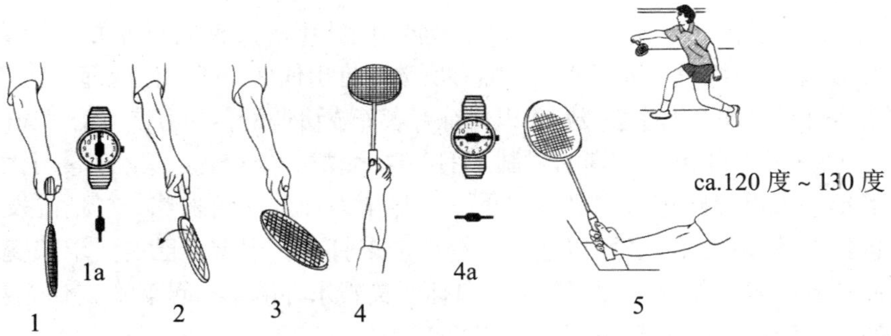

图 9-2　反手握拍

3．握拍的教学方法

握拍时一定要注意手腕肌肉的自然放松，在球与拍接触瞬间，握紧球拍。正、反握拍一定应有区别，同时食指、中指、无名指之间应有一定的距离间隔。要注意握拍不应影响或限制手腕活动范围及手指力量的发挥。练习握拍和验证握拍是否正确时，可采用手指将球拍不断地向左右转动来验证握拍的灵活及正确。

（二）发球与接发球法

1．发球法

发球有正手发球和反手发球两种。根据球在空中飞行的弧线，可分高远球、平高球、平快球、网前球等。

（1）正手发高远球。高远球系指将球发得又高又远，几乎垂直下落在对方底线附近。站位应靠近中线一侧，离前发球线约 1 米的位置处。左脚在前，右脚在后。身体稍侧对网，两脚与肩同宽，身体重心放在右脚上。左手持球，右手握拍并自然屈肘于身体右侧。发球时，右臂后引，由上而下向右前方挥拍，同时左手放球。挥拍过程中，重心由右脚转到左脚。当球拍挥至右侧稍前下方时（击球点），右前臂加速，握紧球拍，手腕由后伸经前臂稍内旋到屈收，急速向前上方闪动击球。击球后，球拍随势向左上方减速收回至胸前。如图 9-3 所示。

图 9-3　正手发高远球

（2）正手发网前球。网前球系指发的球刚好越过网顶落至对方前发球线附近。基本动作与发高远球相仿，但站位稍前。由于网前发球飞行距离短、弧线低、用力轻，因此，前臂挥动的幅度和手腕后伸的程度要比发高球小，球拍触球时，拍面从右向左推送击球，使球刚好越网而过，落在对方前发球线附近。如图 9-4 所示。

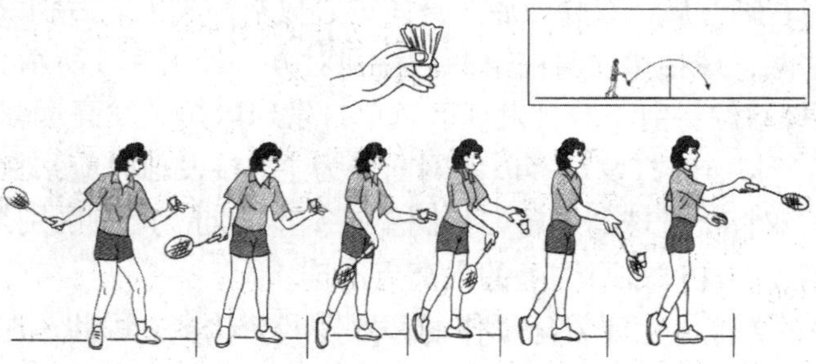

图 9-4　正手发网前球

（3）反手发网前球。站位靠近前发球线，左脚或右脚在前均可，身体重心在前脚，上体前倾，后脚跟提起。右手反握在拍柄稍前部位，肘关节提起，手腕稍前屈，球拍低于腰部，斜放在小腹前。左手持球在球拍面前方。发球时，球拍由后向前推送击球，使球的最高弧线略高于网顶，球过网而下行，落在对方前发球线附近。如图 9-5 所示。

（4）发球的教学方法。在学习发球时，应该由浅入深。初学者可先学习发高远球，待发球的准确性提高和基本能掌握不同发球落点后再学习发网前球。当这些发球技术已基本掌握时，就可学用一种手法发出不同路线、长短以及难度较大的发球。在教学中应根据对象的具体情况区别对待，不强求统一。

练习步骤：

1）徒手做发球前的准备姿势，模仿发球的动作练习。

2）在场上两人对练发球或在空地上用多球做发球练习。

3）先练习发直线球，后练习斜线球；先练发定点球，后练发不定点球。

4）综合练习不同种类的发球。

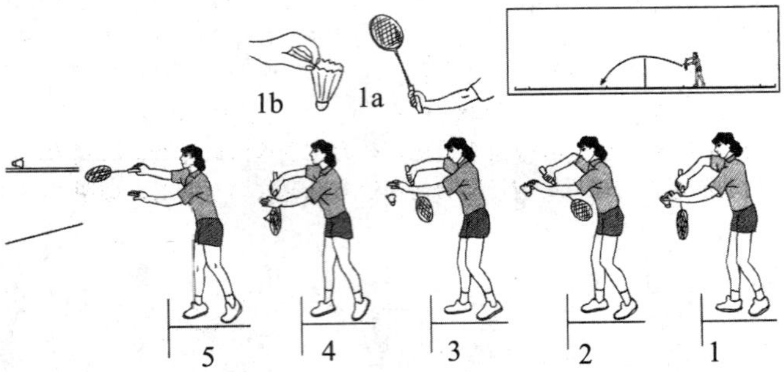

图 9-5　反手发网前球

2．接发球法

还击对方发过来的球叫接发球。接发球技术在每场比赛中同样起着重要的作用。如果说发球发得好是争得每分球胜利的开端，那么接发球接得好也同样是争得每分球胜利的第一步。因此，接发球对初学者来说也是不可忽视的技术。

（1）接发球的站位。

1）单打站位：通常站位要站在离前发球线约 1.5 米靠近中线的位置。左脚在前，右脚在后，双膝微屈，身体重心放在前脚上。后脚跟稍抬起，身体半侧向球网，球拍举在身前，两眼注视对方。如图 9-6 所示。

2）双打站位：由于双打发球区较单打发球区短，发高远球易出界和被对方扣杀，所以，双打发球多以发网前球为主。接发球时应站在靠近前发球线的地方。双打接发球的准备姿势同单打基本相同。略有区别是身体前倾较大，球拍高举，在球来自网上的最高点击球。

（2）接发球的判断。由于发球动作的一致性和变化多，因此，加强接发球的判断能力是十分重要的。判断是提高反应的基础，失去了“判断”的反应，接球将带有盲目性。一般可从以下方面判断，并且应注意这种判断不是孤立的，而是相互联系、相辅相成的。

1）从对方发球的动态来判断。

2）从对方发球出手的动作判断。

（3）接发球的教学方法。接发球应该与发球教学结合进行，学习什么样的发球，同时也就学习什么样的接发球。接发球的方法不外乎就是要运用接发球的基本技术来接球。

练习步骤：

1）开始练习接发球时，最好是采用固定的一种基本技术去接对方的单一发球（可用多球）。

2）练习接球时应在对方球拍触球的瞬间观察球的飞行方向来提高判断能力。

3）在上述基础上，还要进一步研究控制回球落点，以避免在接球后给对方有较多的攻击机会。

4）在掌握了较好的适应能力和能够较自如地控制回球落点之后，应逐步提高防御对方抢攻的能力。

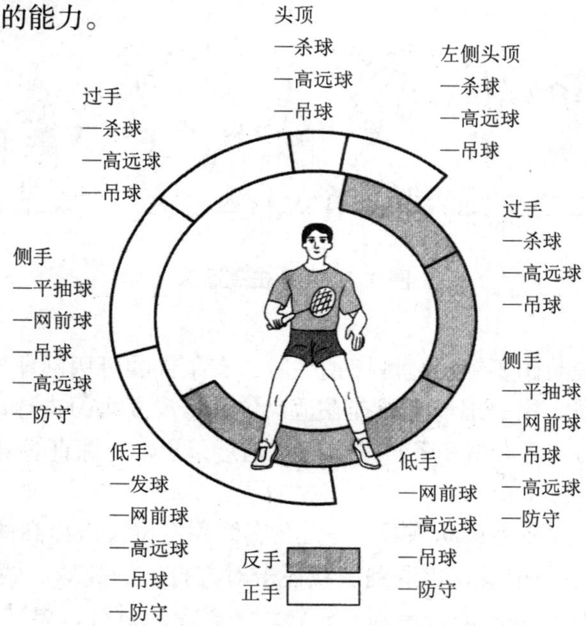

图 9-6　接发球单打站位

（三）基本击球法（手法）

羽毛球基本手法一般分为后场高空击球技术、网前上手击球技术、下手击球技术、中场平击球技术等。

1. 后场高空击球技术

后场高空击球也称后场上手击球，即在尽可能高的击球点上，还击对方向底线击来的高球。它具有主动性强、击球力量大等特点，可给对方造成较大威胁。后场高空击球技术是打好羽毛球的重要手法之一。根据其技术的性质特点不同，通常可分为高远球、吊球和杀球（扣杀）。

（1）高远球。击高远球分为正手、反手和头顶三种击法。下面主要介绍正手高远球和反手高远球。

1）正手击高远球。技术要点：判断来球方向和落点后，侧身后退（后退步至球下），左肩对网，左脚在前，右脚在后，重心在右脚上。右手持拍，手臂自然曲屈举至右肩上方。击球时，上臂后引，随之肘关节上提明显高于肩部，将球拍引至头后，自然伸腕，然后在后脚蹬地、转体和腰腹协调用力下，以肩为轴，上臂带动前臂快速向前上方甩腕，在手臂伸直的最高点击球，随后球拍顺惯性往前下方挥动并收拍于体前。与此同时，左脚后撤，右脚向前迈出。如图9-7所示。

图9-7　正手击高远球

练习方法：

a.挥拍练习。按动作要领反复做挥拍练习，有条件的可用网球拍来做挥拍练习。

b.空中悬球练习。用一细绳将球挂在适当位置，反复练习击球动作。

c.原地对打练习。两人站在各自场区底线附近，开始先练直线对打，然后再练对角线对打。

d.一人固定，一人前后移动练习。一人在底线固定位置击出高球，另一人则在回击高球后从底线回到中心位置，再退到底线还击对方打来的高球。两人对打高球的练习方法很多，初学者应按循序渐进原则，先熟练掌握原地对打，再进行移动中对击。

练习提示：正手击高远球易犯错误有，击球点选择不当，偏前或偏后；击球时不是以肩为轴，影响上臂发力；击球不是用爆发力而是把球推出去；击球前向后引拍不够，未构成一个较长的挥拍距离。在纠正这些错误时，主要是对照技术要点，反复做挥拍练习和原地对打练习，也可照镜子练习挥拍，以便观察动作。

2）反手击高远球。当对方将球击到本方左后场内，以反手将球击回对方底线去的高远球击球法称之为反手击高远球。它的特点是节省体力，对步法要求也不高，在被动情况下，可采用反手击高远球过渡，帮助自己重新调整站位。如图9-8所示。

动作要领：首先判断准对方来球的方向和落点，迅速将身体转向左后方，步法到位后，右脚前交叉跨到左侧底线，背对网，身体重心在右脚上，使球在身体的右肩上方。击球前，由正手握拍迅速换为反手握拍，并持拍于胸前，拍面朝上。击球时，以大臂带动小臂，通过手腕的闪动和自上而下的甩臂将球击出。在最后用力时，要注意拇指的侧压力与甩腕的配合，同时还要利用两腿的蹬地、转体等协调全身用力。初学者用反手击高远球时，往往容易出现步子不到位、击球点掌握不好；击球时，未用拇指的侧压力；击球时用力过早或过迟，没有用在“点”上等错误。这要通过反复的练习和体会才能逐渐掌握正确的击球动作。

图 9-8　反手击高远球

练习方法：同正手击高远球。

练习提示：反手击高远球易犯错误有，击球点选择不当，偏前或偏后；击球时不是以肩为轴，影响上臂发力；击球不是用手指力而是把球推出去；击球前向前引拍不够；身体没有完全背对网。在纠正这些错误时，主要是对照技术要点，反复做挥拍练习和原地对打练习，也可照镜子练习挥拍，以便观察动作。

（2）吊球。吊球可以用正手、反手、头顶击球技术来完成。初学者首先要学好正手吊球技术，然后再学反手及头顶吊球技术，下面主要介绍正手吊球技术。

正手吊球技术要点：击球前期动作同正手击高球。吊球时，拍面正面向内倾斜，手腕做快速切削下压动作，用力要轻。若吊斜线球，则球拍切削球托的右侧。若吊直线球，拍面正对前方，向前下方做切削球。如图 9-9 所示。

图 9-9　正手吊球

练习方法：

1）定点吊斜线球练习者固定站在后场底线，用正手吊球技术将球吊至对方网前，对方将球挑回练习者的后场，如此反复练习。

2）定点吊直线球练习者站在后场，将球直线吊到对方网前，对方则将球挑至练习者后场，如此反复练习。

3）一点吊一点前后移动。练习者在后场底线吊球后，移动到中心位置，然后再回到底线进行吊球。挑球者挑球后退回中心位置，然后再上网挑球。

练习提示：练习吊球时易出现的错误有，击球点过低造成球不过网；不是用“切削”动作击球，而是往下拉球拍。纠正方法是多进行定点吊球，加大练习密度，体会“切削”动作。

（3）杀球。杀球是进攻的主要技术，它也可用正手、反手、头顶技术来完成。

正手杀球技术要点：击球时的准备姿势和击球动作与正手击高远球一样，不同的是，最后用力的方向朝下，而且要充分利用蹬地、转体、收腹以及手臂和手腕的爆发力全力将球向下击出。击球刹那要紧握球拍，如图 9-10 所示。

练习方法：

1）按照技术要点做挥拍练习。

2）一杀两防。用两人防守可提高练习的连续性和密度，同时，守方可练习防守技术。

3）多球练习。由一人将球连续发至对方后场进行杀球练习，可有效提高练习密度和强度。

练习提示：杀球技术中易犯错误有，击球点偏后或偏低影响手臂发力：杀球时动作过于紧张，有劲用不上；挥臂时以肘为轴，影响上臂发力；击球时手腕下甩不够，造成杀球出界等。因此，在练习杀球时，要特别注意全身协调用力，最后通过加快挥臂速度以及手腕下甩来增加杀球力量。

图 9-10　正手杀球

2．前场网前击球

网前击球是调动对方、寻找战机的重要手段。因它的技术动作轻松而细巧，运用力量要控制适度，所以在学习时，除注意动作规范之外，还应细心体会击球时手腕、手指的细小感觉。

（1）搓球。技术要点：击球前的准备姿势为侧身对网，右腿跨出成弓步，左脚在后自然拉开，上体略有前倾。击球时，拍面稍前倾，利用手腕和手指力量向前“切削”球托底部或向后“提拉”，使球击出后旋转或滚动过网。搓球一般在对方来球较靠近网上时运用。正反手搓球除握拍不同外，其他要领相同。如图 9-11 所示。

（2）勾对角球。技术要点：准备姿势同上。击球时，拍面斜向对方右（左）网前。正手勾对角球时击球托右侧，手腕和手指带动球拍向左内勾动；反手勾对角球时，击球托左侧，同时向右内勾动。如图 9-12 所示。

图 9-11　搓球

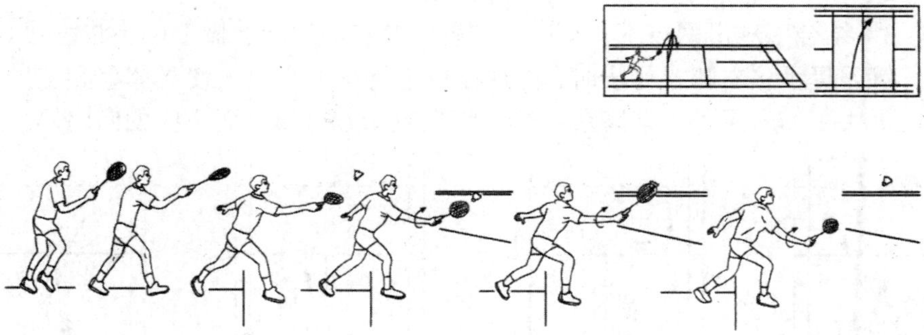

图 9-12　勾对角球

（3）扑球。技术要点：击球时，拍面前倾，上臂带动手腕和手指快速闪动发力，击球后立即收拍，以免触网犯规。如图 9-13 所示。

图 9-13　扑球

练习方法：

1）用多球进行正、反手两个部位的搓球、勾对角球、扑球练习。

2）一对一站在网前，用球对搓球、勾对角球练习。

3）结合上网步法进行网前球练习。

练习提示：网前击球易犯错误有，手腕与手指用力不当，使击出的球离网太高或落网；击球点低，出手慢等。纠正方法是首先提高抢网意识，即在高点击球；其次是握拍要放松，并用多球反复练习，体会手腕与手指的用力。

（四）基本步法

1．上网步法

技术要点：判断准来球后，左脚掌内侧用力蹬地并向来球方向迈出，接着右脚也向前迈出一大步，落地后，右膝关节弯曲缓冲并成弓步，紧接左脚自然向前脚靠上小半步。击球后，右脚蹬地用小步或并步退回中心位置。如图 9-14 ~ 图 9-17 所示。

练习方法：

1）先做分解步法练习再过渡到完整上网步法练习。

2）在场外教师手势指挥下做上网步法练习。

3）结合多球击网技术，从中心位置向左右两边网前做上网步法练习。

练习提示：右腿成弓步时，要防止因上网前冲力过大使身体重心越过右腿而失去平衡。另外，前脚落地时，脚尖应朝着边线，而不应朝向内侧。

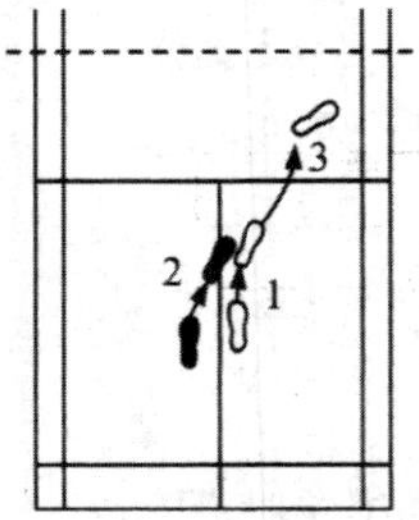

图 9-14　右侧垫步

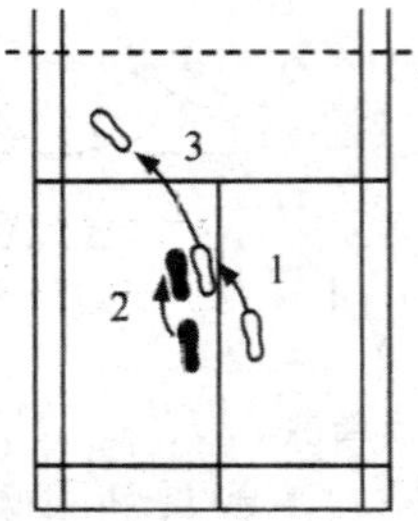

图 9-15　左侧垫步

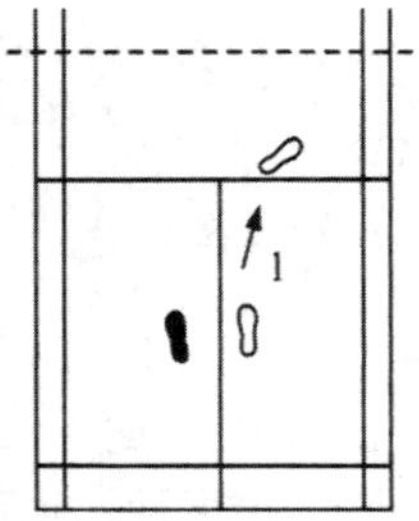

图 9-16　右侧蹬步

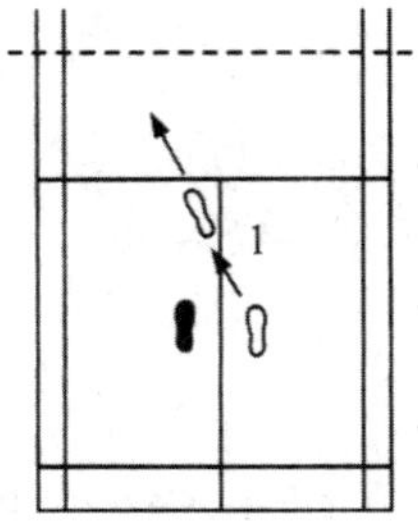

图 9-17　左侧蹬步

2．后退步法

技术要点：判断准来球后，右脚蹬地先向后撤一小步，同时上体右转，左肩对网，接着，左脚用并步靠近右脚（或从右脚后交叉后撤一步），右脚再向后撤，左脚再跟上，一直移至球下。在移动过程中，必须完成挥拍击球前的引拍动作。击球后，身体重心随右脚前移迅速用小步回到中心位置。如图 9-18 所示。

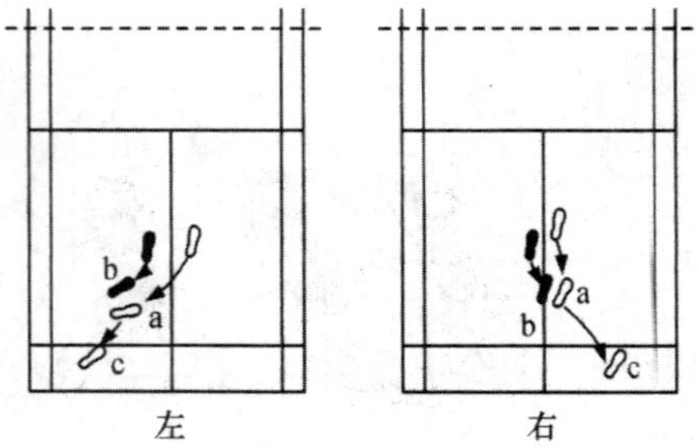

图 9-18　后退步法

练习方法：后退步法的练习方法同上网步法。

练习提示：在练习后退步法时，要注意侧身后退，前几步要小，最后一步要大，在做完击球动作后重心由后前移，并回到场地中心位置。

二、基本战术简介

羽毛球比赛的战术较多，不管采用什么战术，都要根据双方特点及场上情况合理加以运用，才能收到较好的效果。下面介绍最基本的几种战术。

（一）单打战术

1．打四方球

技术要点：这一战术的主要目的是通过打落点，逼迫对方前后奔跑，被动应付，并在其回球质量下降或露出破绽时乘虚攻之。它对步法较慢、体力较差的对手十分有效。

2．杀、吊上网

技术要点：这是一种主动进攻的战术。通过高攀下压迫使对方被动回网前球，这时迅速上网以扑球或搓球、勾对角球等网前球技术，制造在中场大力扣杀的机会。这种战术必须很好地控制杀、吊球的落点，使对方被动回网前球，才能主动迅速上网。

（二）双打战术

1．攻人

技术要点：集中本方力量，重点攻击对方较弱的一人常会给对方造成巨大的心理压力而造成失误。

2．攻中路或攻边

技术要点：对方站位若是左右分开，将球攻到对方中路；当对方前后站位时，则可攻其两边线附近，这样可使对方防守时互相争抢或互让而出现失误。

练习方法：

（1）按教师手势，徒手做扣杀、上网吊球的模仿练习。

（2）按教师信号，用多球进行场区各个方位的击球练习，要求落点正确。

练习提示：

（1）知己知彼是制定战术的依据，了解对方长处和自己的短处，以达到避实就虚、扬长避短的目的。

（2）无论运用哪种战术，必须坚持以我为主的打法。

（3）赛场情况千变万化，战术运用也必须有应变能力，使自己在比赛经常处于主动地位。

第三节　羽毛球运动竞赛规则简介

一、场地

羽毛球场呈长方形，各条线宽均为 4 厘米，场地上空 12 米以内和四周 4 米以内不应有障碍物，如图 9-19 所示。球场中央网高 1.524 米，双打边线处网高 1.55 米。标准羽毛球场为一长方形场地，长度为 13.40 米（单、双打相同），双打场地宽为 6.10 米，单打场地宽为 5.18 米。球场上各条线宽均为 4 厘米，丈量时要从线的外沿算起。球场界限最好用白色、黄色或其他易于识别的颜色画出。按国际比赛规定，整个球场上空空间最低为 9 米，在这个高度以内，不得有任何横梁或其他障碍物，球场四周 2 米以内不得有任何障碍物。任何并列的两个球场之间，最少应有 2 米的距离。球场四周的墙壁最好为深色，不能有风。

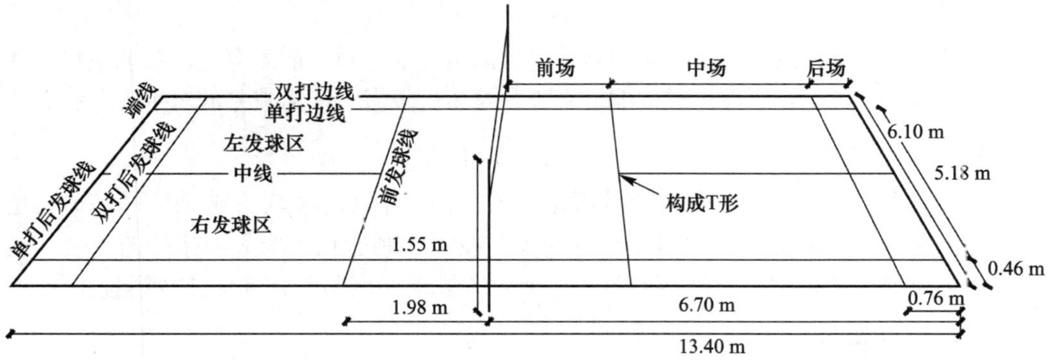

图 9-19　场地

二、器材

球重 4.74 克 ~ 5.5 克，由 16 根羽毛插在半球形软木托上，球高 68 厘米 ~ 78 厘米，直径 58 厘米 ~ 68 厘米，分为 1 号 ~ 10 号。球拍框总长度不超过 68 厘米，宽不超过 23 厘米，拍弦面长不超过 28 厘米，宽不超过 22 厘米。如图 9-20 所示。

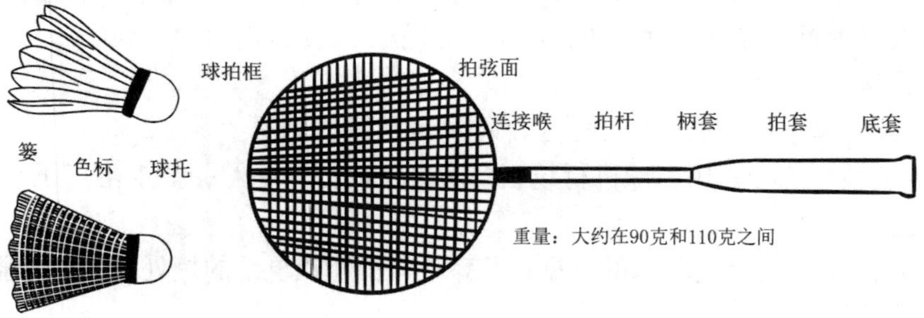

图 9-20　器材

三、羽毛球竞赛规则与裁判法

（一）项目

羽毛球竞赛项目分男子单打、女子单打、男子双打、女子双打、混合双打、男子团体和女子团体。单打由两名运动员在场地上将一个羽毛球相互交替击打，使球不落地，落地的一方为输方，赢者加分。

（二）计分

（1）类似曾经的乒乓球记分方法，采用 21 分制，即双方分数先达 21 分者胜，3

局 2 胜。每局双方打到 20 平后，一方领先 2 分即算该局获胜；若双方打成 29 平后，一方领先 1 分，即算该局取胜。

（2）新制度中每球得分，并且除特殊情况（如地板湿了，球打坏了），球员不可再提出中断比赛的要求。但是，每局一方以 11 分领先时，比赛进行 1 分钟的技术暂停，让比赛双方进行擦汗、喝水等。

（3）得分者方有发球权，如果本方得单数分，从左边发球；得双数分，从右边发球。在第三局或只进行一局的比赛中，当一方分数首先到达 11 分时，双方交换场区。

（三）站位

1. 单打

（1）发球员的分数为 0 或双数时，双方运动员均应在各自的右发球区发球或接发球。

（2）发球员的分数为单数时，双方运动员均应在各自的左发球区发球或接发球。

（3）如“再赛”，发球员应以该局的总的分数来确定站位。若总分为 15 分（单数），双方运动员均应在各自的左发球区发球或接发球；若总分为 16 分（双数），双方运动员均应在各自的右发球区发球或接发球。

（4）球发出后，双方运动员就不再受发球区的限制而自由击到对方场区的任何位置，运动员的站位也可以在自己这方场区的界内或界外。

2. 双打

（1）一局比赛开始和获得发球局的一方，都应从右发球区开始发球。

（2）只有接发球员才能接发球；如果他的同伴去接球或被球触及，发球方得一分。

1）每局开始首先发球的运动员，在该局本方得分为 0 或双数时，都必须在右发球区发球或接发球；得分为单数时，则应在左发球区发球或接发球。

2）每局开始首先接发球的运动员，在该局本方得分为 0 或双数时，都必须在右发球区接发球或发球；得分为单数时，则应在左发球区接发球或发球。

3）上述两条相反形式的站位适用于自己的同伴。

（3）任何一局的本方发球员失去发球权后，由该局首先发球员发球，然后由首先发球员的同伴发球，接着由他们的对手之一发球，然后再由另一对手发球，如此传递发球权。

（4）运动员不得有发球错误和接发球的错误，或在同一局比赛中有两次发球。

（5）一局胜方的任一运动员可在下一局先发球，负方中任一运动员可先接发球。

（6）球发出后就不再受发球区的限制了。运动员可在本方场区自由站位和将球击到对方场区的任何位置。

（四）比赛

1. 交换场区

以下情况运动员应交换场区：

（1）第一局结束。

（2）第三局开始。

（3）第三局中或只进行一局的比赛进行至一方达到 11 分时。

运动员未按以上规则交换场区，一经发现立即交换，以前得分数有效。

2．合法发球

（1）发球时任何一方都不允许非法延误发球。

（2）发球员和接发球员都必须站在斜对角线发球区内发球和接发球，脚不能触及发球区的界限；两脚必须都有一部分与地面接触，不得移动，直至将球发出。

（3）发球员的球拍必须先击中球托，与此同时，整个球必须低于发球员的腰部。

（4）击球瞬间球杆应指向下方，从而使整个球框明显低于发球员的整个握拍手部。

（5）发球开始后，发球员的球拍必须连续向前挥动，直至将球发出。

（6）发出的球必须向上飞行过网，如果不受拦截，应落入接发球员的发球区。

3．羽毛球的违例

（1）发球不合法违例。

（2）发球员发球时未击中球。

（3）发球时，球过网后挂在网上或停在网顶。

（4）比赛时：

1）球落在球场边线外。

2）球从网孔或从网下穿过。

3）球不过网。

4）球碰屋顶、天花板或四周墙壁。

5）球碰到运动员的身体或衣服。

6）球碰到场地外其他人或物体（由于建筑物的结构问题，必要时地方羽毛球组织可以制定羽毛球触及建筑物的临时规定，但其组织国有否决权）。

（5）比赛时，球拍或球的最初接触点不在击球者网的这一方（击球者击球后，球拍可以随球过网）。

（6）比赛进行中：

1）运动员球拍、身体或衣服触及网或网的支持物。

2）运动员的球拍或身体，以任何程度侵入对方场区。

3）妨碍对手，如阻挡对方紧靠球网的合法击球。

（7）比赛时，运动员故意分散对方注意力的任何举动，如喊叫、故作姿态等。

（8）比赛时，运动员有下列行为之一的：

1）击球时，球夹在或停滞在拍上紧接着又被拖带。

2）同一运动员两次挥拍连续击中球两次。

3）同一方两名运动员连续各击中球一次。

4）球碰球拍继续向后场飞行。

（9）运动员违反比赛连续性的规定。

（10）运动员的其他不端行为。

4. 重发球

（1）有不能预见或意外的情况，应重发球。
（2）除发球外，球挂在网上或停在网顶，应重发球。
（3）发球时，发球员和接发球员同时违例，应重发球。
（4）发球员在接发球员未做好准备时发球，应重发球。
（5）比赛进行中，球托与球的其他部分完全分离，应重发球。
（6）司线员未看清球的落点，裁判员也不能做出决定时，应重发球。
当球为重发球时，最后一次发球无效，由原发球员重新发球。

5. 死球

（1）球撞网并挂在网上，或停在网顶上。
（2）球撞网或网柱后开始在击球这一方落向地面。
（3）球触及地面。
（4）违例或重发球。

6. 发球区错误

（1）发球顺序错误。
（2）从错误的发球区发球。
（3）在错误的发球区准备接发球，且对方球已发出。

7. 发球区错误的裁判方法

（1）如果错误在下一次发球击出前发现，应重发球；只有一方错误并输了这一回合，则错误不予纠正。
（2）如果错误在下一次发球击出前未被发现，则错误不予纠正。
（3）如果因发球区错误而重发球，则该回合无效，纠正错误重发球。
（4）如果发球区错误未被纠正，比赛也应继续进行，并且不改变运动员的新发球区和新发球顺序。

8. 比赛中的出界

（1）单打的边线，是在边界的里面一条。
（2）双打的边线就是最外面一条。
（3）单打的前发球线，就是最前面的一条线。
（4）后发球线就是底线。发球在这两条线之间才有效。
（5）双打的前发球线和单打一样，都是最前面一条，后发球线就底线前的那一条线。发球在这两条线之间才有效。

四、羽毛球运动的主要赛事

目前，由国际羽联主办的世界重大羽毛球赛有以下项目。

（1）汤姆斯杯：即世界男子团体羽毛球锦标赛。1948 年举行首届比赛，现为两年一届，在偶数年举行。比赛由三场单打、两场双打组成。历史上夺得汤姆斯杯冠军最多的国家是印度尼西亚队，共 13 次。

（2）尤伯杯：即世界女子团体羽毛球锦标赛。1956 年举行首届比赛，两年一届，在偶数年举行。比赛由三场单打、两场双打组成。历史上夺得尤伯杯冠军最多的国家是中国，共 11 次。

（3）世界羽毛球锦标赛：即世界羽毛球单项锦标赛。设有男女单打、双打和混合双打比赛项目。1977 年起为三年一届，1983 年改为两年一届，在奇数年进行。2005 年改为每年一届，但奥运年不举办。

（4）苏迪曼杯：即世界羽毛球混合团体比赛。1989 年开始举办，两年一届，在奇数年举行，比赛由五个单项组成（单打、双打和混合双打）。

（5）世界杯羽毛球赛：属于邀请性比赛，由国际羽联邀请当年成绩优异的选手参加。

创办于 1981 年，1997 年世界杯停办，2005 年和 2006 年世界杯恢复举办了两届，2006 年世界杯羽毛球赛正式停办。

（6）全英羽毛球锦标赛：由英格兰羽毛球协会于 1899 年创办，是世界上历史最悠久的羽毛球赛事。最初由英国和英联邦国家选手参加，现在已成为全球性的羽坛大赛。

（7）奥运会羽毛球比赛：羽毛球 1992 年成为奥运会正式比赛项目，只设 4 个单项比赛，无混双比赛。1996 年亚特兰大奥运会起增设混双项目，奥运会羽毛球赛冠军是世界羽坛的至高荣誉。

（8）世界羽联超级系列赛：这项赛事是国际羽联参照世界网球大奖赛办法组织的，始于 1983 年，由在全年不同时间和在不同国家举办的六个级别的系列赛组成，主要包括超级赛和大奖赛。2011 年提出 5 站超级顶级大满贯赛，在 12 站超级赛中获得积分最高的前 8 名（对）选手参加年终举办的世界羽联超级系列赛总决赛，但在任一单项比赛中每个下属协会最多有两名选手报名参加。

第十章 网 球 运 动

第一节 网球运动概述

网球与高尔夫球、保龄球、桌球并称为“世界四大绅士运动”。它的起源可以追溯到 12 ~ 13 世纪的法国，当时在传教士中流行着一种用手掌击球的游戏，方法是在空地上两人隔一条绳子，用手掌将布包着头发制成的球打来打去，以后逐渐演变成球拍、球网。到 19 世纪，网球运动已在欧美盛行起来。大约在 1885 年网球运动传入我国，到 1949 年新中国成立，虽然已有较长的历史，但因旧中国网球运动只局限在少数人圈子里，被称为“贵族运动”，故水平较低。近年来，我国的网球运动已有了新的发展，运动水平也不断提高，尤其是女子网球的运动水平已跻身于世界前列。

国际网球联合会（International Tennis Federation，ITF）成立于 1912 年，总部设在巴黎，现在该协会发展为 60 多个会员国和 30 多个非正式会员国，目前它主要负责组织最高层次的“四大网球比赛”和“戴维斯杯”及“联合会杯团体赛”。

温布尔登网球锦标赛、美国网球公开赛、法国网球公开赛和澳大利亚网球公开赛号称世界“四大网球赛”，并均为“大满贯”比赛项目，如果运动员能在一个年度中赢得“四大网球赛”的冠军，即为“大满贯”锦标赛得主，它被视为国际网坛的一种最高荣誉。

第二节 网球运动基本技术

网球是一项优美而剧烈的运动，其技术有一定的难度。

一、握拍方法、准备姿势和步法

（一）握拍方法

常用的握拍方法有三种。

1. 大陆式握拍

大陆式握拍还被称为“榔头”式握拍。因为采用这种握拍方法时，食指根部压在与拍面水平的那个平面上，拍面的角度几乎与地面垂直，所以仿佛在用拍框的侧面钉钉子一样。大陆式握拍适合用来击打任何类型的球，但在发球、打截击球、过顶球、削球以及防守球时采用这种握拍效果更好。如图 10-1 所示。

（1）优势。运用大陆式握拍能使在发球或打过顶球时手臂自然下压，这样不但攻击的效果最好，而且给手臂的压力也最小。由于在打正手和反手球时不需要调整握拍法，因此大陆式握拍也是打网前截击球的最佳选择，因为采用这种握拍法可以使攻防转换十分迅速。同时，它还适合于在防守时击打已到达身体侧面、击球点较晚的球。

（2）劣势。用大陆式握拍很难打出带上旋的击球或削球，这就意味着击球点必须要比球网高，由于球在这一点停留的时间非常短暂，因而击球时间就很短。另外，这种握拍不容易处理高速的落地球。

图 10-1　大陆式握拍

2．东方式握拍

这里介绍一个正确采用东方式握拍的小窍门：将手平放在拍弦上，然后下滑到拍柄根部抓握；或者把球拍平放在桌面上，闭上眼，将球拍拿起。从技术的角度讲，东方式正手握拍就是先以大陆式握拍持拍，然后逆时针方向旋转球拍（左手握拍的选手须顺时针方向转动），直到食指的根部压到下一个接触的斜面为止，如图 10-2 所示。

（1）优势。东方式正手握拍也被称为“万能握拍法”。采用这种握拍，拍面可以通过摩擦球的后部击出上旋球，还可以打出有很大力量和穿透性的平击球。同时，东方式握拍很容易转换到其他握拍方式。

（2）劣势。与大陆式握拍相比，尽管东方式握拍的击球点在身体前部要更高更远一些，但它仍不适用于打高球。虽然东方式握拍击出的球比较有力量和穿透性，但更多的是平击球，这就导致稳定性差一些，因此很难适应多回合的打法。

3．西方式正手握拍

西方式正手握拍以东方式握拍，然后逆时针方向（左手握拍则顺时针方向旋转）旋转球拍，使食指根部压在下一条拍棱上。底线力量型选手多采用这种握拍。如图 10-3 所示。

图 10-2　东方式握拍

图 10-3　西方式正手握拍

（1）优势。相对于东方式握拍，这种握拍可以打出更多上旋球，使球更容易过网，也更好控制线路。因此，它很适合打上旋高球和小角度的击球，而且这种握拍还可以打出更深远的平击球，它还适合大幅度地引拍，而且强烈的上旋有助于把更多的球打在场内。

（2）劣势。西方式握拍不适合回击低球。因为采用这种握拍时，拍面自然地呈关闭状态，这样迫使选手必须打球的下部然后向上挑，于是容易给对手留下进攻机会。另外，如果从这种握拍转换到大陆式握拍法需要作很大的调整，因此，多数底线力量型打法的选手在攻打上网时就很不舒服。

（二）准备姿势

正确的准备姿势是打好网球的前提。面向球网，两脚开立稍比肩宽，双膝微屈，上身略前倾。右手持拍，左手托拍颈，拍头向上，与胸同高。重心在两脚前脚掌间，两眼注视对方或来球，做好随时起动的准备。重要的是身体要放松，肩部和握拍要放松，过于紧张就无法顺利进入挥拍动作。如图 10-4 所示。

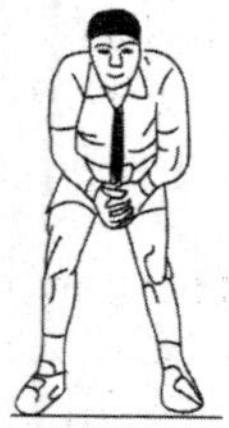

图 10-4　准备姿势

（三）步法

网球击球时，其脚步主要采用关闭式和开放式两种方法。

（1）关闭式步法以前脚掌为轴，另一脚向侧上方跨出，形成两脚交叉步法。这种步法在底线正反手击球和网前截击中大量运用。初学者应首先学习这种步法，如图 10-5（a）所示。

（2）开放式步法击球时，两脚平行站立，以前脚掌为轴，转胯转体形成击球步法。通常在有一定技术基础的前提下运用这种步法。如图 10-5（b）所示。

（a）关闭式　　（b）开放式

图 10-5　步法

二、发球

发球是进攻的开始，是场上唯一不受对手影响的技术。掌握大力、凶猛和旋转多变的发球，可直接得分，或造成对方接球困难，为网前截击和其他制胜手段创造机会。

1．平击发球

平击发球俗称“炮弹式发球”，出球力量大，速度快，落点深，极具威胁。缺点是命中率较低，体力消耗大，一般用作第一次发球。

（1）发球前运动员侧对球网站位，双手（一手握拍，另一手持球）贴近体前，高度齐腰。挥拍时，持拍手臂向后上方摆动，当肘关节摆至肩高可超过肩时，手臂在头后绕环，此时屈肘放松手腕，使拍框在头后下垂。与此同时，持球手以拇指、食指和中指的指尖把球轻轻托起，随握拍手下摆，持球手下摆至前腿处，挥拍手在身后上摆时，持球手同时上举，当上举到头前上方时，球离手抛到空中，然后球拍向上挥起，手腕由后屈向前抖甩，手臂尽可能向上伸展，前臂、手腕和球拍几乎成一直线。击球后，手臂随惯性继续向前下摆动。

（2）发球时还应注意身体的摆动和重心的移动。准备时，重心在前脚，球拍后挥，重心后移到后脚；击球时，身体由后仰向前摆，同时重心移向前脚。如图 10-6 所示。

图 10-6　切削发球

2．切削发球

出球旋转性强，沿弧线飞行，容易控制落点，落地后球向对方场地一侧的角上跳动，可拉开对方，造成接球困难。比赛中常用作第二次发球，缺点是易被对方抽杀。这种发球主要是最后击球时，拍面与球形成一定的角度，球拍在球的后方横挥而过，在击球的瞬间劈向球的侧面，使之产生侧旋。切削发球的抛球，应抛在身体的右上方。

3．上旋发球

发球时站立的位置与切削发球相同。抛出球的位置在头后偏左的上方。拍面的触球点在球的中部偏下方。击球时身体成弓形，利用杠杆力量对球施加旋转，球拍快速从左向右挥动，并从下向上擦击球的背面，使球产生右侧上旋。击球后，球拍随挥至体前靠右侧结束。

4．发球练习方法

（1）徒手练习方法。

方法一：碰背挥拍练习，即持拍手肘关节向上并弯曲，使拍头在背后下垂，拍边碰背，然后向前上方挥拍，以体会挥拍动作。

方法二：辅助挥拍练习，即在同伴的帮助下进行挥拍练习。

方法三：对墙挥拍练习，即沿墙挥拍练习以体会击球时的运动路线、击球时拍面的位置和方向。

（2）固定球练习方法。

方法一：握拍颈挥拍击球练习，即练习者站在网前，侧身对网，挥拍击球，以体会击球时拍面触球部分。

方法二：跪姿挥拍击球练习，即练习者半跪在中场，先抬肘并弯曲使拍碰背，然后抛球挥拍将球击过网。

方法三：站立挥拍击球练习，即练习者站在后场，先抬肘并弯曲使拍头碰背，然后抛球挥拍将球击过网。

（3）完整动作练习方法。

方法一：对墙发球练习，即练习者站在离墙约 12 米处，以完整的发球动作对墙发球，以体会完整的发球动作。

方法二：发球区发球练习，即练习者站在底线一侧，以完整的发球动作将球发至对场另一侧发球区，以体会发球的动作和目标。

方法三：连续发球练习，即练习者站在底线一侧，用一种发球方法连续发球练习，以巩固发球动作。

三、正手击球

1．技术动作方法

正手击球是指在握拍手同侧于后场击对方反弹来球的技术动作，这种击球方法通常用于接对方发球和反弹来球。正手击球动作由准备姿势、后摆引拍、挥拍击球和随挥跟进 4 个技术环节组成。如图 10-7 所示。

图 10-7　正手击球

（1）准备姿势。面对球网，两脚自然开立成稍蹲姿势，身体重心落在前脚掌上，稍向前倾。左手扶住拍颈，拍面与地面垂直，拍头指向对方，注意对方来球，做好击球准备。

（2）后摆引拍。当判断来球需要用正拍回击时，以右脚为轴，左脚向右前方跨出成“关闭式”击球步法，同时转动身体并使右臂沿直线向后上方快速引拍，球拍指向球场后端的挡网，拍头向上稍高于手腕，尽量保持侧身迎击球，左手随着侧身转体而指向前面的来球。

（3）挥拍击球。当球接近身体时，身体重心前移，以肩关节为轴，大臂带动小臂向前挥拍，手腕固定，向前挥拍时带动身体转动。击球时，拍面垂直于地面并沿着来球的方向挥出，击球点应在左脚尖身体右侧方约与腰部同高的位置上。

（4）随挥跟进。击球后，球拍沿着球飞行的方向继续向上挥动，然后肘关节顺势弯曲，使右臂自然接触下巴，拍头随挥至左肩上方，并用左手扶住拍颈，右脚停留在身后，脚尖触地面结束动作，恢复准备姿势。

2．各种正手击球技术

（1）正手平击球。后摆引拍时，手腕稍上翘使拍头高于手腕，并引拍至头部同高。

挥拍时，手腕相对固定握拍，以减少拍面挥动过程中的变化。击球时，拍面与地面保持垂直并以同样拍面继续前挥。引拍和挥拍击球的整个过程保持拍头不能下垂。击球后，球拍向前挥动于左肩上方自然收拍。

（2）正手上旋击球。后摆引拍时，拍头稍下垂，手腕翻转与手背形成角度。挥拍时，球拍从上向下再向前上方做环形挥拍动作。击球时，拍面斜向下盖住球并做向上提拉动作，同时加大腰部的转动。击球后，柔软地使用手腕，使球拍挥至身体内侧。在挥拍击球过程中，拍面是一直变化着的。

（3）正手削球（下旋球）。后摆引拍时，直线将球拍引至身体后测，动作较小。挥拍时，手腕固定握拍，使拍面斜向地面稳定前挥。击球时用斜向地面的拍面以切削动作在身体侧前方击球。击球后，球拍随球前送，并在身体前方以左手扶拍结束动作。后摆引拍和挥拍击球过程保持拍面相对稳定。

3．正手击球练习法

（1）徒手练习方法。

方法一：后摆引拍练习，即练习者站在障碍物前 1 米～5 米处，做后摆引拍动作，使拍头前端触及障碍物，以体会后摆引拍的伸展程度。

方法二：挥拍击球练习，即练习者站在障碍物前约 1 米处，做挥拍击球动作，使拍面触及障碍物，并观察拍面是否与障碍物平行，以体会挥拍击球时拍面的角度。

方法三：完整动作练习，即准备姿势动作站立，结合“关闭式”步法做后摆引拍、挥拍击球和随挥动作练习，重点体会整个动作过程及收拍动作。

（2）定位球练习方法。

方法一：自抛击球练习，即以后摆引拍姿势站立，左手握球前伸，使球自由下落反弹至腰部，同时右手挥拍击球。

方法二：击抛球练习，即以准备姿势站立，结合“关闭式”步法，击他人短距离抛来的定点球（这两项练习最好选择在挡网或挡墙前练习，以便捡球）。

方法三：击对方前场抛球练习，即练习者站在发球线后约 1 米处，迎击对场网前抛来的球。

（3）移动击球练习方法。

方法一：两人对墙练习，即两人分别站于挡墙约 6 米处，以底线正手击球方法连续迎击同伴打过来的反弹球。

方法二：底线击对方前场来球，即由他人在对方前场送球，练习者在底线迎击来球。

方法三：两人底线正手击球，即两人分别站立在两底线，以中等力量迎击对方来球，要求击球时动作顺畅完整。

四、反手击球

1．技术动作方法

反手击球是指在握拍手的异侧于后场击对方反弹来球的技术动作。这种击球方法通常用于接对方发球和反弹来球。如图 10-8 所示。

反手击球动作由准备姿势、后摆引拍、挥拍击球和随挥跟进 4 个技术环节组成。

（1）准备姿势。反手击球的准备姿势动作方法与正手击球相同。

（2）后摆引拍。当判断对方来球朝反手方向飞来时，扶住拍颈的左手应迅速帮助右手变换为反手握拍法，右脚向左前方跨出成“关闭式”击球步法，身体重心在右脚上，同时转动身体带动球拍向左后方摆动，球拍指向球场后端的挡网，后摆时手臂相对伸直，手腕用力使拍头稍翘起，右肩对着来球。反手后摆动作较正手后摆动作完成得更早些。在后摆引拍整个过程中，左手始终扶住拍颈，直到开始做前挥动作为止。

图 10-8　反手击球

（3）挥拍击球。当球接近身体时，球拍由后向前上方挥出，前挥时手臂仍保持伸直，重心在右脚上，击球时手腕绷紧使拍面与地面保持垂直，击球点在右脚左前方膝与腰之间的高度上，结合转体和转肩的动作将球击出。

（4）随挥跟进。击球后，球拍沿着球飞行的方向继续向右前上方挥动，单手握拍流畅、舒展，随挥至右外侧；双手握拍挥拍至右肩上方结束；左脚保持留在身后，脚尖触地。

2．各种底线反手击球技术

（1）反手平击球。这种击球方法适合于单手反手击球的初学者使用。反手平击球一般使用东方式反手握拍方法。特点是球速快，球的飞行路线比较平直，球落地后的前冲力量大。

技术要点：后摆引拍时右脚向左侧前方跨出并用力踏地，屈膝降低重心。击球时手腕绷紧，使球拍与地面垂直。挥拍击球的路线是从后向前上方比较平缓地挥击，同时左臂自然展开留在身后，保持身体的平衡。击球后，球拍应随着惯性挥至右肩上方，持拍手臂挥直。

（2）反手上旋击球。这种击球方法适合于有一定技术基础的人使用。

技术要点：后摆引拍时，持拍手肘关节微屈并稍靠近身体。击球时拍面稍向后倾斜，利用球拍向上摩擦球体使球产生运动的过程中，前肩应该像一个卷曲的弹簧被放开一样，平滑地转动，这个放开动作造成了拍头出去的速度，并把力量作用于击球。击球完成后，球拍不要停止，应继续向右前上方挥动。

（3）反手削球（下旋球）。这种击球方法较为简单易学，且比较安全，适合于初学者使用。

技术要点：后摆引拍时，拍头要比反手上旋击球起得高，球拍要相对远离身体，手腕上翘，使拍头高于手腕，拍面稍斜向地面。向前挥拍时肘关节外展，手臂伸直，保持拍面稳定。击球时手腕绷紧，拍面微开，球拍由后上向前下方做切削动作，击球点比反手上旋击球稍前。击球后，球拍的随挥动作由下稍向上成弧形前挥至肩部或头部高度。

（4）双手反手击球。这种击球方法由于双手握拍，拍面容易稳定，初学者易于学习和掌握。

技术要点：当判断需要用双手反手击球时，右手立即换成东方式反手握拍，左手顺着拍柄向下滑，直到双手相接，左手掌贴在拍柄背面，以东方式正手握拍。后摆引拍时，右脚向左前方跨出，身体重心在右脚上，侧身转肩背朝网，双臂相对靠近身体，直线向后充分引拍。挥拍时回身转腰，球拍由后下向前上方挥出，挥拍过程尽量保持拍面与地面垂直，击球点位于身体左前体侧与腰部同高处。击球后随挥动作充分向右前上方挥动，环绕至右肩上方收拍，收拍时左臂不能挡住脸部，挥拍结束时右脚留在身后并与地面接触。如图 10-9 所示。

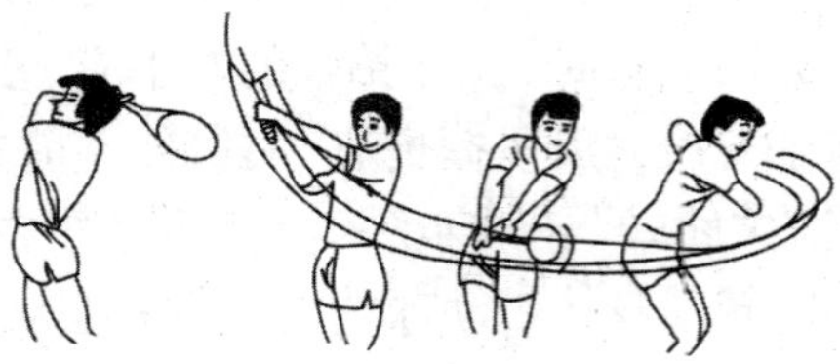

图 10-9 双手反手击球

3. 反手击球练习方法

（1）徒手练习方法。

方法一：挥拍动作练习，即练习者左手持固定物于身后，右手持拍做挥拍徒手练习，体会挥拍时两手臂展开、保持身体平衡的感觉。

方法二：挥拍击球练习，即练习者站到障碍物前约 1 米处，做挥拍击球动作，使拍面触及障碍物，并观察拍面是否与障碍物平行，以体会挥拍击球时拍面的角度。

方法三：对镜挥拍动作练习，即练习者站于镜子前挥拍练习，检验与纠正自己的挥拍动作。

（2）固定球练习方法。

方法一：自抛击球练习，即练习者原地对挡墙或挡网站立，进行反手的自抛击球练习。

方法二：多球自抛击球练习，即练习者站在底线后，用多球连续自抛击球过网练习，体会整个动作过程及人与场地的关系。

方法三：击对方前场抛球练习，即练习者站在发球线后约 1 米处，迎击对场网前抛来的球。

（3）移动击球练习方法。

方法一：对墙击球练习，即练习者站于挡墙约 6 米处，以单手反手握拍或双手反手握拍方法对墙连续击球。

方法二：底线击对方前场来球，即由他人在对方前场送球，练习者在底线以反手削球动作方法迎击来球。

方法三：双手反手移动击球，即练习者站立底线中间，以双手反手的握拍方法移动迎击对方前场送于左侧的来球。击球后返回原来位置，准备击打下一个来球。要求判断球的落点，迅速移动到位，及时后摆引拍。

五、截击球

1. 技术方法

截击球是指凌空击打对方来球的技术动作，即当球在落地之前将来球击回对方场区。既可以在网前截击，也可以在场内任何地方截击空中球，截击球以网前截击为主。截击球的特点是缩短击球距离，扩大击球的角度，加快回球速度，在网球比赛中是一种主要打法和进攻手段。

（1）准备姿势与站位。准备姿势的基本方法与底线击球相同，因来球速度快、距离短，所以要集中注意力。眼睛注视来球，重心稍降低并落在前脚掌上，上体前倾，做好更充分的击球准备。网前截击的一般站位应该在离网 2 米 ~ 3 米的位置上，单打应位于前场中间，双打则位于距同侧边线约 2 米处。截击球以大陆式握拍为主。

（2）后摆引拍动作。当判断来球需要截击时，异侧脚向反方向前侧跨出成“关闭式”步法，同时以肩带动转体后摆引拍，引拍时手腕锁紧球拍使拍面固定，要保持球拍与肩平行，拍头高于手腕且稍高于肩膀，眼睛紧盯着来球。迅速、简单、幅度小是截击后摆引拍动作的特点。

（3）挥拍击球动作。向前挥拍时，手腕固定，保持适度开放的拍面，结合“关闭式”步法，重心前移，带动紧张固定的右肩膀顺势向前挥拍。击球时，手腕紧固，击球点保持在体前，主动上前迎击球，充分利用身体前冲的力量，以短促的动作向前向下切削来球。

（4）随挥跟进动作。截击球的随挥动作一般短促有力，击球后，随惯性球拍向前下方做随挥动作，送出 30 厘米左右即停止。

2．各种截击球技术

（1）正手截击球。后摆引拍时，左脚立即向右前方跨出，同时转肩，带动球拍向后引，拍头要高于握拍手，绷紧手腕，握紧球拍。截击球的动作有点像挡击或撞击，在拍面短促向前撞击的同时微微向下做切削球的动作，击球时保持拍头微翘，拍面稍向后仰。击球后有一个小幅度向前的随挥动作，随挥过程中手腕仍紧握拍。如图 10-10 所示。

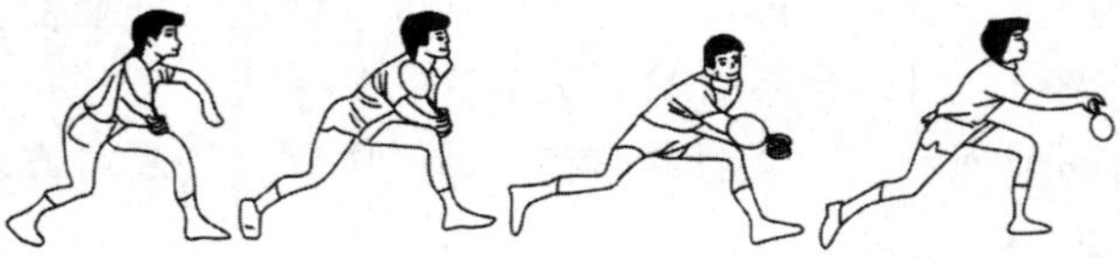

图 10-10　正手截击球

（2）反手截击球。对大多数参加网球运动的人来说，反拍截击比正拍截击更容易，因为它更符合人体解剖学肌肉用力结构的特点。如图 10-11 所示。

图 10-11　反手截击球

（3）截击高球。后摆引拍时加大后摆引拍的幅度，手腕上翘使拍头竖起。击球时，球拍对准球做高位切削动作，重心前移，然后做简短的随挥动作。反手截击高球时，扶拍手帮助球拍向后引拍，同时控制好拍面，球拍后摆引拍幅度不要太大，拍头朝上，体前击球。

（4）截击低球。截击低于网的来球时，首先要降低身体重心，屈膝至来球的适宜高度，移动时如采用前弓步，后膝盖甚至可触及地面，所以截击低球通常被称为“膝盖打球”。击球时，拍头略低于手腕，拍面开放。在身体前面击球时，击球动作和随挥动作更为短促。

3．截击球练习方法

（1）徒手练习方法。

方法一：后摆引拍练习，即背对挡墙或挡网 0.5 米处站立，做后摆引拍动作练习，以体会短距离引拍。

方法二：单个动作徒手练习，即连续正手或反手徒手截击球动作练习。

方法三：正反手徒手练习，即结合步法，交替进行正反手徒手练习。

（2）固定球练习方法。

方法一：短距离击抛球，即两人一组，相距约 4 米，一人准确抛球，另一人以半跪姿势撞击来球，体会击球时拍面的角度。

方法二：网前短拍截击练习，即两人一组，隔网站立，一人送球，另一人先用手掌接对方来球，然后以短拍截击对方来球，体会击球动作。

方法三：网前截击练习，即练习者站在网前，连续用正手或反手截击对方固定来球。

（3）移动击球练习方法。

方法一：正反手截击练习，即结合步法，网前交替以正反手动作截击对方中场送来的球。

方法二：移动截击球练习，即练习者站在网前一侧边线处准备，移动连续截击对方 3 个不同位置的来球，以体会移动击球动作。

方法三：截击高球练习，即练习者站在发球线中间，判断对方来球后，以截击高球的动作截击对方来球。

六、其他技术

1．高压球

高压球的动作和发球差不多，后引拍动作比发球简短，直接引拍下垂在肩后。击球点在右肩前上方，击球的后上部，利用身体的前俯带动肩臂向前挥拍，无须切削或旋转动作。有时来球过高，还可跳起来打高压球，起跳与引拍应同时进行，空中击球后落地。高压球适用于击高于头的来球，也可直接击落地的高球。

2．挑高球

持拍自下方后引，直接自右下方向前挥拍，球拍击球的后下部或下部，把球高高地打入上空，落在对方后场区。如球拍有向后上方提拉的动作，可使球产生强烈的上旋。挑高球的目的在于迫使对方后退，赢得时间回到有利的位置。

3．放短球

放短球多用手腕动作，小臂带动手腕持拍向下切，沿球下部快速滑动，缓冲来球力量，使球后旋，落入对方网前。放短球适用于对方在底线往复跑动时，出其不意突放一网前短球，造成对方来不及上网而失误。

第三节　网球运动基本战术

现代网球运动正朝着技术全面、特长突出，击球时的速度快、力量大、旋转强的方向发展，对抗越来越激烈，对网球运动员战术意识提出了更高的要求，因此在教学训练中不断提高战术意识是尤为重要的。

一、单打战术

1．发球战术

因发球不受对方的支配，可通过力量、速度和落点达到得分的目的，例如针对对方有弱点的发球；也可运用不同的发球方式，制造上网截击的机会；还可以利用风向、阳光等自然条件发球，给对方制造困难。第一次发球，多采用大力平击发球，造成对方难以抵挡而失误。第二次发球为求成功，多采用切削发球或旋转球。发球站位也应有战术考虑。发第一区时，尽量接近中点线站位，发直线球逼住对方反拍；发第二区时，可距中点线稍远站位，便于以更大的斜线发至对方反拍区，并扩大自己正拍防守的区域。

2．接发球战术

接发球一般是处在被动地位，但也应做些战术上的准备以减少被动，争取主动。

（1）站位。为避免接球时的大距离奔跑，接球站位应该在对方向本人左右发球夹角的分角线上，并站在端线内 0.5 米处。这样有利于左右回击和上网回击。

（2）接发球方法。一般多采用平击抽球，将球回击到对方底线两角，也可以加旋转回球，旋向两边线外，使对方大范围左右奔跑。

3．上网战术

上网战术是积极主动的打法，在发球和接发球后冲到离网较近的位置，不等对方回击的球落地，即进行空中截击或高压球。

（1）上网时机。多用于第一次发球，发急速旋转球后，借球在空中飞行时间长、对方难以回击之机上网截击。

（2）上网站位。尽可能站到距网约 2 米处。近网进攻威胁性大，封网角度小，防守控制面积大，但必须有强力高压球作保证，否则对方挑高球时便陷入被动。

（3）上网击球。上网击球主要采用截击球和高压球，还要根据对方的站位决定击球的方向和落点。

4．底线战术

底线击球应以进攻性打法为前提，用快速、准确、凶狠的击球取胜对方。常用的办法有：大角度抽击球，使对方左右奔跑；逼右攻左，逼左攻右，攻击对方的弱点；大力直线球，在速度上压制对方等。

二、双打战术

双打比赛站位，一般是正拍好的站位靠右侧，反拍好的站位靠左侧，最理想的配对是一个右手握拍，另一个左手握拍。发球时，发球者站在端线后，中线与边线一半处，同伴则站在距网 2 米 ~ 3 米，离边线 3 米处守住半边场区，伺机截击或高压击球。接发球时，接发球者站在可能发到的角度的分角线上，同伴则站在发球线前距网 4 米 ~ 5 米，离边线 3 米处。同伴之间要有默契，一般原则是来球在两人之间，由正拍击球者回击；球在两人之间又是斜线来球时，由距离近的运动员迎击；挑高球落在两人之间，由正拍击球者进行高压击球；对方接发球回击过来的中场球，由上网运动员争取截击，另一同伴注意补漏。

第四节　网球运动竞赛规则简介

了解网球运动竞赛规则不仅有助于我们更好到的参与网球运动，还有助于我们观赏网球运动。

一、场地

网球比赛场地有草地、硬地、泥沙地和涂塑合成地面等。场地规格如图 10-12 所示，网高 0.914 米，端线外至少有 6.40 米空地，边线外应有 3.66 米空地。

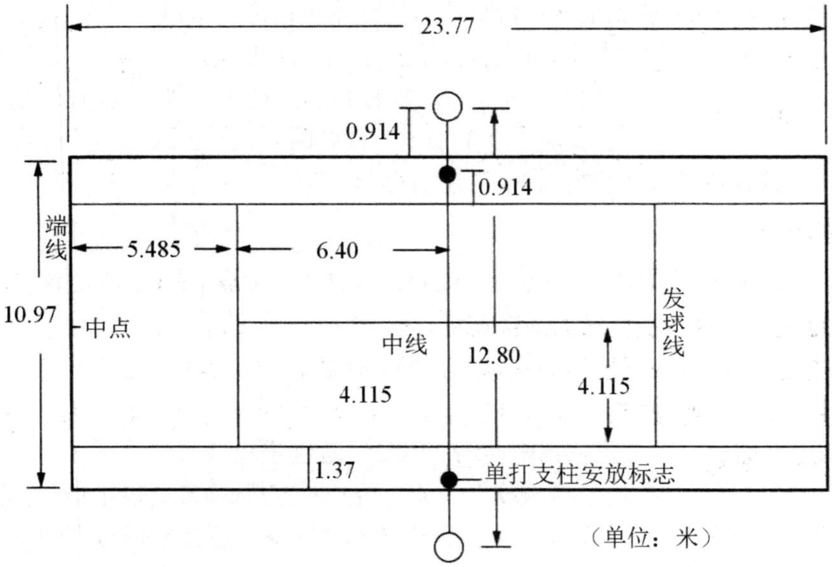

图 10-12　场地

二、比赛规则

1. 发球

（1）发球员在发球前，应先站在端线后、中点和边线的假定延长线之间的区域里，用手将球向空中抛起，在球接触地面以前用球拍击球。

（2）发球员在整个发球动作中，不得通过行走或跑动改变原站立的位置，两脚只准站在规定的位置，不得触及其他区域。

（3）每局开始时，先从右区端线后发球，得或失一分后，换到左区发球。发出的球应从网上越过，落到对角的对方发球区内或其周围的线上。

（4）发球时，发生下列任何情况之一均判失误：发球员违反上述规定；未击中球；发出的球在落地时触及固定物（球网、中心带、网边白布除外）。

（5）下列任一情况，均判发球无效，并重发球：发球触网后仍然落到对方发球区内；接球员未做好接球准备。

（6）发球次序及交换场地。第一局比赛终了，接球员成为发球员，发球员成为接球员，以后每局终了，均依次互相交换，直至比赛结束；双方应在每盘的第一、三、五等单数局结束后，以及每盘结束双方局数之和为单数时，交换场地。

2. 失分

出现以下情况，均判失分：发球员接连两次发球失误；在球着地前触及身体任何部位或其穿戴的任何物件；在球第二次着地前未能还击过网；还击的球触及对方场区界线以外的地面、固定物或其他物件；还击空中球失败；故意用球拍拖带或接住球，或故意用球拍触球超过一次；"活球"期间运动员的身体、球拍触及球网或对方场区内的地面；过网击球；抛拍击球。

3. 压线球

落在线上的球均为界内球。

4. 双打发球及接发球次序

每盘第一局开始时，由发球方决定何人首先发球，对方则同样在第二局开局时决定由何人首先发球，第三局由第一局发球方的另一球员发球，第四局由第二局发球方的另一球员发球，以下各局均按此次序发球。

每盘第一局开始时，由先接发球一方决定何人接发球，并在这盘单数局继续先接发球。

对方同样应在第二局开始时，决定何人先接发球，并在这盘双数局继续先接发球。其同伴应在每局中轮流接发球。

5. 双打还击

接发球后，双方应轮流由其中任何一名队员还击，如运动员在其同伴击球后，再以球拍触球，则判对方得分。

6. 计分方法

（1）局。每胜一球得一分叫 15，得两分叫 30，得三分叫 40，先得四分胜一局。

双方各得三分时为“平分”，平分后净胜两分为胜一局。

（2）盘。先胜六局者为胜一盘。双方各胜五局时，一方净胜两局为胜一盘。在每盘局数为6：6时，长盘制为一方净胜两局为胜一盘，短盘制为先胜7分者胜该盘，例如7：4。若比分为6平时，一方须净胜两分，如8：6。

三、网球运动竞技鉴赏

体育与美是一对孪生姐妹，体育中美无处不在，这是因为体育是与强健体魄、陶冶情操紧密联系一起的。体育中的美，是在运动中表现出来的美，是通过锻炼而凝集的健康美。体育离不开“身体”和“运动”这两个要素，只有充分地感知美、认识美，才能更进一步地欣赏美、鉴赏美。

1．网球运动内容的鉴赏

体育艺术中人体的优雅造型动作无处不在。欣赏体育艺术不仅在于欣赏其外在的形式美，关键在于欣赏其内在的本质美。体育艺术造型的本质是体育艺术鉴赏的灵魂。如网球运动中运动员挥拍的一瞬间，优美的体姿如一股青烟突然上冲，继而又如突然爆发的火山。这种动与静的共存、外在美与力的协调，使体育艺术的内在美更具魅力。优美的造型不仅遵循美学规律，而且符合人体运动的规律，如网球运动中击球、助跑及发球，它们之间看似关系不大，其实是紧密联系的，正是利用网球在空中的运动规律而加以把握，反击对方。另外，许多其他运动学规律原理、生物学原理都是体育艺术所遵循的规律，使体育艺术更加完美。欣赏既要从美学角度考虑，又要从运动学角度考虑；既要从形式上涉猎，又要从内涵上探讨。

2．网球运动精湛的技艺鉴赏

技艺的精湛在于它的协调、创新、高雅以及扎实过硬的基本功。网球运动艺术的每一份潇洒、每一份魅力都是血与汗的凝结，都是苦痛与光荣的凝集。“场上一分钟，场下十年功”，任何一个看似轻易之举无不凝结着运动员的诸多努力。在惊叹网球运动员漂亮而独特的击球时，可曾想到他们为练习而付出多少心血。所以，对网球艺术鉴赏，不仅是对他们精湛技艺的外在美的惊叹和钦羡，更重要的是对其内在美的回味与思索，即通过这些具体可感的艺术形象得到启迪和教育。

3．网球运动文明礼仪的鉴赏

比利·简·金曾说过，网球运动完美地将一切粗暴的行为在一种温文尔雅的氛围中释放出来，整合在一起。网球运动是一项可以很好地传递礼仪的活动，它烦琐的规则可以培养人们的规则意识；熟练技能的掌握要求运动员长期地训练，这有利于人的个性成熟和完善。也有人说，网球是如此讲究礼仪的项目，人们在频繁往来的击球过程中说得最多的词就是“对不起”和“佩服”。的确，练习时球员总是会为自己的失误向对方表示歉意，同时为对手的出色表现给予发自内心的赞美。网球运动文明、高雅，观赏球赛也可培养人们良好的礼仪习惯。因此，可以说，网球运动让人们的文明、高雅、礼仪在其中得以充分体现。

第十一章 游 泳 运 动

第一节 游泳运动概述

游泳是凭借人自身的动作和水的相互作用力，在水里进行运动的一种体育项目，也是人们生活和劳动中的实用技能，同时，又是军事上必备的重要技能。

游泳能充分利用日光、空气和水等自然条件进行身体锻炼。经常参加游泳活动，能匀称地发达肌肉，增强耐寒能力，提高心肺功能，促进新陈代谢，培养勇敢顽强的意志品质，因而游泳深受广大青少年的喜爱。

游泳的起源很早，远古时代，人类在布满江、河、湖、海的环境中生活，不可避免地要和水发生关系，为了生存，在与大自然斗争中学会了游泳。

我国最早的游泳史料散见于先秦典籍中，如《庄子·秋水》:“夫水行不避蛟龙者，渔夫之勇也。”说明当时渔夫已掌握了较高的游泳技能。到唐宋时，游泳已成为一种体育活动，当时有水嬉、弄潮等方式。

现代竞技游泳始于 19 世纪，1896 年第一届奥运会男子游泳已被列为竞赛项目，1912 年第五届奥运会女子游泳也被列为正式比赛项目。现在奥运会竞技游泳有 30 个单项，国际泳联承认世界纪录的有 33 个游泳单项。项目之多，影响之大，仅次于田径。

历年来，我国游泳运动员不畏强手，勇攀高峰，为祖国争得了荣誉。从 1953 年吴传玉在第一届国际友谊运动会获男子 100 米仰泳冠军后，1957—1960 年间，戚烈云、穆祥雄、莫国雄先后 5 次打破男子 100 米蛙泳世界纪录。进入 20 世纪 80 年代，改革开放政策为游泳运动腾飞创造了良好的外部环境，使我国游泳水平有了明显提高，特别是女子游泳运动成绩，保持了持续上升和飞速发展的局面。

2019 年 7 月 29 日第 18 届国际泳联世界锦标赛在韩国光州结束了收官日的全部比赛。本次世锦赛共分为游泳、跳水、水球、艺术游泳、公开水域游泳和高空跳水六大项目。

本次世锦赛中国队收获了 30 枚奖牌，其中 16 枚金牌，11 枚银牌，3 枚铜牌，位列奖牌榜榜首。

中国队的 16 枚金牌中，12 枚由跳水梦之队获得，中国游泳队斩获 3 金：孙杨 2 枚，徐嘉余 1 枚。另外 1 枚金牌来自公开水域，辛鑫在女子 10 公里游泳夺冠，创造历史。

花游项目中，俄罗斯以 9 金依然占据霸主地位，中国 5 银表现愈加稳定。

游泳项目上，美国以 14 金位于游泳单项奖牌榜榜首。

2022 年 6 月 18 日，第 19 届国际泳联世界锦标赛在匈牙利首都布达佩斯举行。美国队以 18 金 14 银 17 铜共 49 枚奖牌列奖牌榜首位；中国队以 18 金 2 银 8 铜共 28 枚奖牌列次序；意大利队 9 金 7 银 6 铜占据了奖牌榜第三位。

游泳项目一般可分为竞技游泳、实用游泳、花样游泳和潜泳四大类。游泳分类如

图 11-1 所示。本书根据教学实际需要，仅选用蛙泳和爬泳（自由泳）。

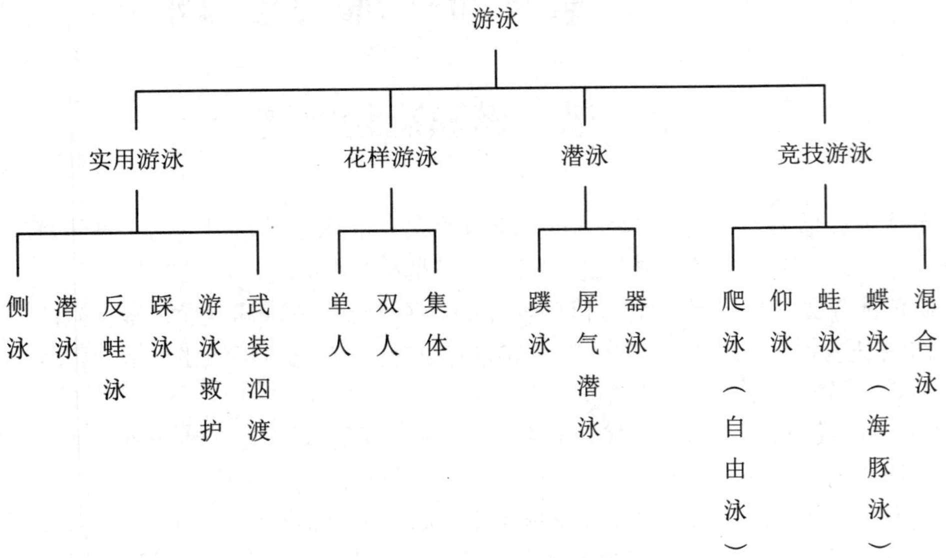

图 11-1　游泳的分类

第二节　游泳运动基本技术

一、蛙泳技术

蛙泳因俯卧在水面上，划水和蹬腿酷似青蛙在水中游进，所以称为蛙泳。蛙泳的身体姿势比较平稳，水的支撑面积大，动作省力，呼吸方便，能持久，适应于长时间、远距离游泳。如图 11-2 所示。

（一）动作结构与技术要点

1. 身体姿势

蛙泳时身体水平地俯卧在水面上，两臂向前伸直并拢。头略低，水齐前额，脸下部浸入水中。稍收腹，微塌腰，身体纵轴与前进方向约成 5 度 ~ 10 度，保持身体的流线形。如图 11-2（a）所示。

2. 腿部动作

腿部动作是推动身体前进的主要动力，可分为收腿、翻脚、蹬水、滑行四个不可分割的动作阶段。

（1）收腿：收腿是接滑行开始的，腿由于本身的重量而开始下沉，这时两腿稍内旋，使脚跟分开，小腿和脚尽量靠近臀部，膝关节随腿的下沉向前边收边分。收腿结束时，大腿和躯干之间成 130 度 ~ 140 度。如图 11-2（f）（g）所示。要求收腿路线要短，阻力要小，又要为蹬水创造有利条件。

（2）翻脚：翻脚是收腿的继续、蹬水的开始。随着收腿的结束，两脚继续向臀部收紧，大腿内旋使膝内压的同时，小腿向外翻，脚尖也同时向两侧外翻，使脚掌内侧正对蹬水方向。如图 11-3 所示。

（3）蹬水：蹬水是由翻脚后由髋部发力，带动膝、踝相继伸直，以大腿、小腿内侧和脚掌向后作急速有力的蹬夹动作。如图 11-2（g）（h）所示。在蹬夹过程中，当两腿逐渐并拢时略向下压，以形成最后鞭打动作。

（4）滑行：蹬水结束身体借助惯性力向前滑行，两腿（包括脚尖）并拢向后伸直，臀肌、大腿股四头肌和腓肠肌稍紧张，身体成水平姿势，为收腿做好准备。如图 11-2（h）所示。

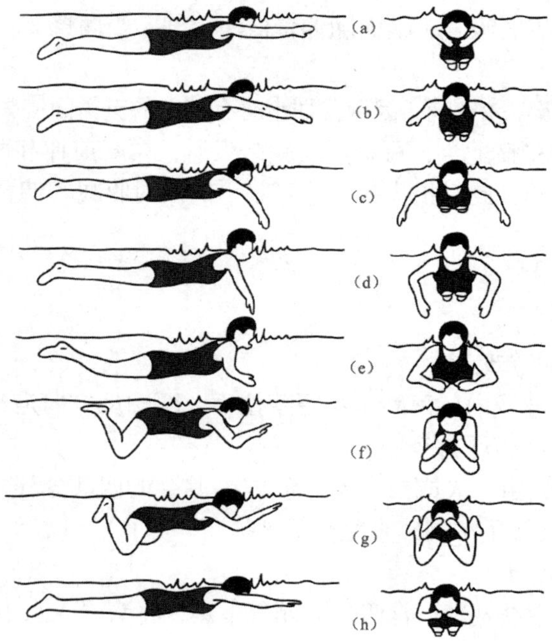

图 11-2　蛙泳

3. 臂部动作

蛙泳臂部动作可分为抓水、划水、收手和伸臂四个不可分割的动作阶段。

（1）抓水：紧接滑行，肩保持前伸，两臂内旋，使两臂和掌心转向外斜下方屈腕，两手分开向侧斜下方压水。如图 11-2（a）（b）所示。当手掌和前臂感到有压力时，就开始划水。

（2）划水：紧接抓水就开始加速划水，划水的方向是向侧、下、后、内方。划水时肘部保持较高的部位，前臂和上臂屈的角度在整个划水过程中是不断变化的，划水主要阶段肘关节弯曲度接近 90 度。如图 11-2（c）（d）所示。

（3）收手：收手是划水的继续，能产生上升力和前进力。两臂向里、向上快速收到下颌的下前方，掌心由后转向内。肘低于手，上臂不超过两肩的延长线，尽量把臂收在身体的投影之中，使其发挥划水造成的推进惯性作用，减少水对伸臂时的阻力。如图 11-2（d）（e）（f）所示。

（4）伸臂：紧接收手，继续推肘伸臂。掌心转向下，两臂放松，先伸肩后伸肘，两臂先向前上再向前伸，身体保持流线形，伸臂结束时，两臂恢复滑行姿势。如图 11-2（f）（g）（h）所示。

4．臂、腿和呼吸的配合技术

蛙泳的呼吸和手臂划水动作是紧密配合的，一般采用一个动作周期呼吸一次。呼吸方法分为“早呼吸”和“晚呼吸”两种。“早呼吸”是在两臂开始划水时即抬头吸气，划完臂低头呼气。“晚呼吸”是在划水几乎结束时才开始抬头，两臂划到胸前使身体达到最高点时吸气，继而随伸臂低头闭气，当两臂开始外划时逐渐呼气。

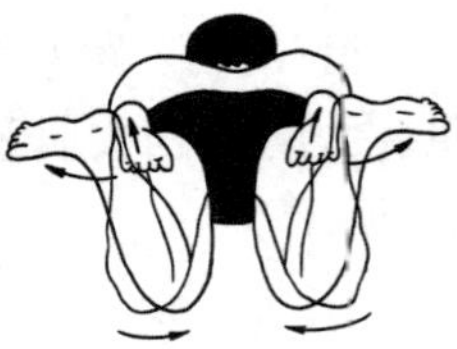
图 11-3 翻脚

初学者用“早呼吸”较有利，因两臂划水时有较大的支撑面使头露出水面进行吸气。

臂、腿和呼吸的完整配合，可采用蹬腿结束后，两臂前伸和两腿伸直并拢滑行，再开始手臂的抓水动作，此时抬头吸气。当收手的同时收腿，伸臂中做蹬腿动作。

（二）练习方法

1．熟悉水性

（1）水中行走和游戏。

1）转圈：分成内外两圈，各圈手拉手，两圈反方向走或跑动旋转，听信号后，又各自反方向旋转。

2）撒网：先由一人或二人当“渔夫”，其余的四散分开，被“渔夫”抓（拍）到的人，则拉手结网，直至全部“捕获”为止。

（2）浸水和呼吸。

1）浸水：手扶池槽，深吸气后闭气下蹲，将头浸入水中，停留片刻后起立，在水中换气。如图 11-4 所示。

2）睁眼：手扶池槽，或双人扶肩，吸气后闭气下蹲，呼气睁眼看自己或同伴吐出的水泡，呼完气后起立。如此反复练习。如图 11-5 所示。

图 11-4 浸水

图 11-5 呼吸

（3）浮体。

1）抱膝浮体：站立深呼吸后，下蹲低头，抱膝团身，闭气放松，使身体自然漂浮起来。然后松开双手，使双脚下垂，双手前伸向下轻压水，抬头站起。如图 11-6 所示。

2）漂浮展体：抱膝浮体后，臂、腿伸直成俯卧姿势，站立方法同上，如图 11-7 所示。

（4）蹬边滑行。

背向池壁，肩浸水中，左臂前平举，右臂拉住池壁。右脚蹬住池壁，左脚屈膝站立，深吸气低头，收左脚成两腿屈膝，臀部靠近池壁，右臂前冲。同时头浸入水中，两脚蹬池壁向前滑行。如图 11-8 所示。

图 11-6　抱膝浮体

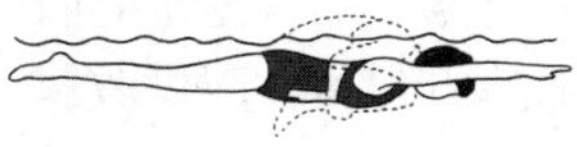

图 11-7　飘浮展体

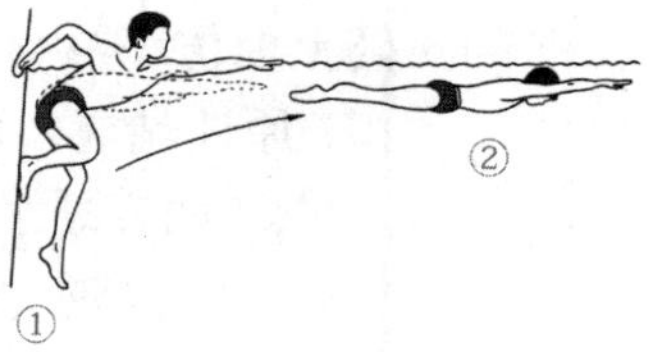

图 11-8　蹬边滑行

2. 腿部动作练习

（1）陆上模仿练习。

1）坐姿蹬水：坐在池边或凳上，上体稍后仰，两手后撑，做收腿、翻脚、蹬夹、停的动作。如图 11-9 所示。

2）卧姿蹬水：俯卧在凳上，做同上练习，如图 11-10 所示。

（2）水中练习。

1）手扶池槽仰卧和俯卧做腿部动作。如图 11-11 所示。

2）手扶池槽仰卧和俯卧姿势，由同伴抓其脚，帮助体会翻脚、蹬腿动作。如图 11-12 所示。

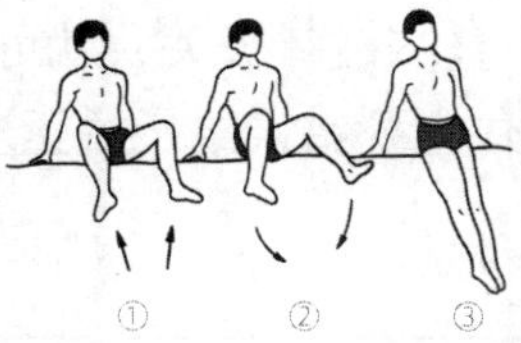

图 11-9　坐姿蹬水

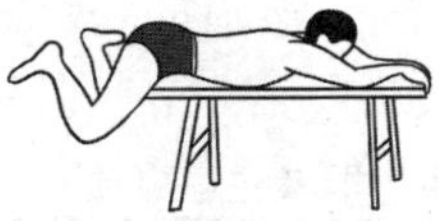

图 11-10　卧姿蹬水

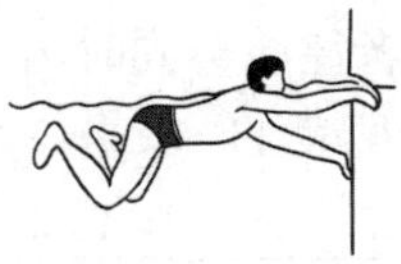

图 11-11　腿部动作练

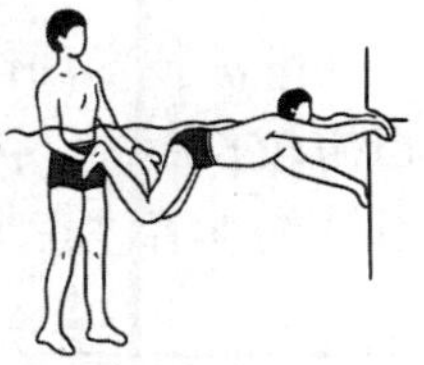

图 11-12　俯卧姿势

3）蹬池壁滑行做腿部动作。

4）手扶打水板做腿部动作。

3. 臂和呼吸配合练习

（1）陆上模仿练习。站立姿势，上体低头前倾，两臂前伸，做抓水、划水、收手伸臂动作。划水时抬头吸气，伸臂时低头呼气，体会臂部动作与呼吸的配合。

（2）水中练习。

1）两脚开立站在齐胸深的水里，上体前倾，两臂前伸，做臂部动作。划水时不要用力，主要体会划水路线和收手的动作。如图 11-13 所示。

2）同上练习，配合呼吸，臂划下时抬头吸气，收手时低头闭气，臂前伸时吐气。借助划水前进力，两脚可在水中向前走动。

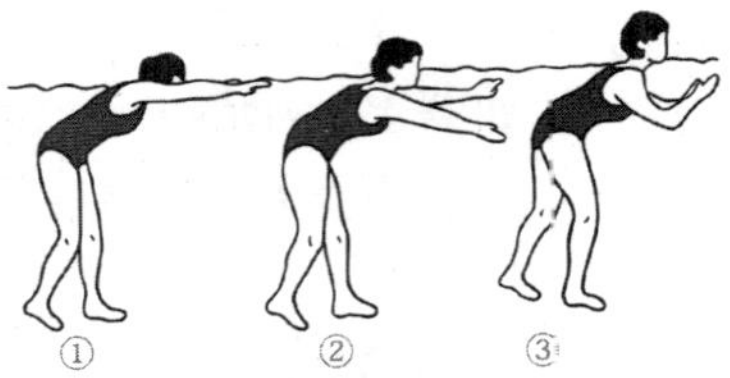

图 9-13　水中练习

3）双人练习。练习者俯卧水面上，同伴站在练习者两腿之间，抱住练习者的腰部或大腿，做臂部动作和呼吸配合练习。

4．臂、腿和呼吸的完整配合练习

（1）陆上模仿练习。

1）原地站立，两臂上举并拢伸直，按口令做。两臂划水分向两侧，两臂划水时收手，与此同时以单腿站立，另一腿做收腿动作，收腿结束时立即翻脚；臂向上将伸直时，翻脚的一腿向下做弧形蹬夹动作，还原成预备姿势。如图 11-14 所示。

图 9-14　陆上模拟练习

2）同上练习，配合抬头呼吸动作。

（2）水中练习。

1）臂与腿的分解配合练习。在蹬壁滑行中，先做一次划臂动作，再做一次腿的收、翻、蹬夹动作。手臂和腿交替进行，以建立臂先腿后的技术概念。

2）在上述练习基础上，逐步过渡到连贯的配合练习，练习时可闭气进行。

3）在上述练习基础上，加之抬头呼吸的动作，呼吸次数可由腿和臂配合两次、呼吸一次，过渡到腿和臂配合一次、呼吸一次的完整练习。

（三）练习提示

蛙泳技术动作结构比较复杂，动作内部循环的节奏性强，一旦突破呼吸关，就可以游较长距离。初学者往往会同时出现几个错误动作，教练应抓住主要错误给予矫正。蛙泳初学者注意事项见表 11-1。

表 11-1　蛙泳初学者注意事项

	常见错误	原因	矫正方法
身体位置	游进时身体起伏太大	抬头吸气时太高、太猛，吸气时间长，划臂蹬水偏下	抬头吸气时，嘴露出水面即可；吸气结束低头时，保持在较高的位置；蹬水方向要向后
	臀部下沉	抬头太高，仅收小腿不收大腿	吸气结束后低头；收腹时两膝往前收
腿	收蹬腿时，脚的部位低	头和上体太高；大腿收得太多，小腿收得太少，没有积极靠近臀部	低头提臀，身体平卧，腰背保持适当紧张；积极收小腿，少收大腿
	收蹬腿时臀部上下起伏	收腿时速度太快，大腿并在一起收；收腿时收腹提臀，蹬腿时挺腹	头肩保持平稳；强调边收边分慢收腿；腰背肌肉保持适度紧张
	蹬腿时未翻脚	收腿时两膝分得太宽；收腿动作太快，急于蹬腿	分别在陆上和水中做收、翻、蹬动作，强调翻好再蹬
	收腿太快	动作节奏未掌握好	收腿时放松慢收

续表

	常见错误	原因	矫正方法
臂	手臂伸出的同时手划水	急于抬头吸气	要求水中吐气要慢
	两臂划水过宽	直臂浅划水，收手太晚	要求做屈臂小划
	两臂划水路线太长，超过肩延长线	急于用力划水推动身体前进；抬头太晚	要求屈臂小划；分手时配合吸气
动作配合	伸臂蹬腿同时进行	蹬腿太早，臂、腿配合概念不明确	陆上站立做臂、腿配合模仿练习
	蹬腿同时划臂，连续伸、蹬	配合节奏紊乱，急于划臂	采用多蹬少划的分解练习，强调蹬水后两臂并拢滑行
	吸不到气	动作紧张，未在水中吐气	采用划两次臂、抬头吸一次气的配合；强调吸气前要在水中先吐气

二、爬泳技术

爬泳即自由泳，其动作结构合理、阻力小，是当前速度最快的一种游泳姿势。

（一）动作结构与技术要点

1．身体姿势

爬泳时身体俯卧在水面成流线形，背部和臀部的肌肉保持适当的紧张度，在游进中保持头部平稳，躯干围绕身体纵轴有节奏地自然转动 35 度 ~ 45 度。如图 11-15 所示。

2．腿部动作

爬泳腿部动作虽有一定的推进力，但主要起平衡作用，保持身体的稳定和协调双臂做有力地划水。要求两腿自然并拢，脚稍内旋，踝关节放松，以髋关节为轴，由大腿带动小腿和脚掌，两腿交替做鞭打动作，两脚尖上下最大幅度 30 厘米 ~ 40 厘米，膝关节最大屈度约 160 度，如图 11-16 所示。

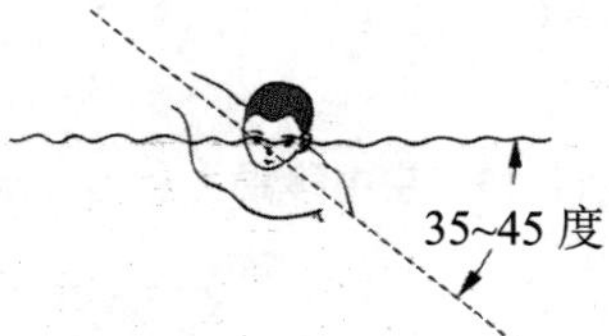

图 11-15　身体姿势

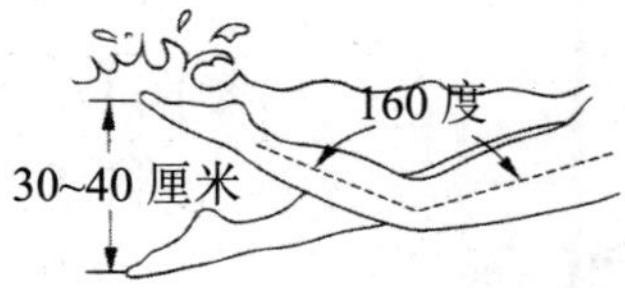

图 11-16　腿部动作

3．臂部动作

爬泳的臂部动作是推动身体前进的主要动力。其一个周期分为入水、抱水、划水、出水和空中移臂五个不可分割的阶段。

（1）入水：完成空中移臂后，手在控制下自然放松入水。手的入水点一般在身体纵轴和肩关节的前方延长线之间。入水时手指自然伸直并拢，臂内旋使肘关节抬高处于最高点，掌心斜向外下方，使手指首先触水，然后是小臂，最后是大臂自然插入水中。

（2）抱水：臂入水后，在积极向下方插入的过程中，手掌从向斜外下方转向斜内后方并开始屈腕、屈肘，肘高于手，以便能迅速过渡到较好的划水位置。抱水结束，手掌已经接近垂直于水，肘关节屈至 150 度左右，整个手臂像抱着一个大圆球似的为划水做准备。

（3）划水：划水是发挥最大推进作用的主要阶段，其动作过程可分为拉水和推水两个部分。紧接抱水阶段进入拉水，这时要保持抬肘，并使大臂内旋。同时继续屈肘，使手的动作迅速赶上身体的前进速度，能使划水动作造成合理的动作方向和路线。同时，也使主要肌肉群在良好的工作条件下进入推水动作。拉水至肩的垂直平面后，即进入推水部分，这时肘的屈度约 100 度。大臂要保持内旋姿势，带动小臂，用力向后推水。同时，使肩部后移，以加长有效的划水路线。向后推水有一个从屈臂到伸臂的加速过程，手掌从内向外、从下向上的动作路线加速划至大腿旁。整个划水动作，手的轨迹始于肩前，继而到腹下，最后到大腿旁，呈“S”形。如图 11-17 所示。

（4）出水：划水结束时，掌心转向大腿，出水时小指向上，手臂放松，微屈肘。由上臂带动，肘部向外上方提拉带前臂和手出水面，掌心转向后上方。出水动作必须迅速而不停顿，同时应该柔和、放松。

（5）空中移臂：紧接出水不停顿地进入空中移臂，移臂时，肘高于手，由肘带动前臂和手向上、向前移动准备入水，动作应放松、连贯。如图 11-18 所示。

爬泳中必须注意两臂配合。爬泳时两臂划水发生的交叉位置有前交叉、中交叉和后交叉三种类型。前交叉是指一臂入水时，另一臂已前摆至肩前方与水平面成 30 度左右，如图 11-19（a）所示。前交叉有利于初学者掌握爬泳动作和呼吸。中交叉是指一臂入水时，另一臂处在向内划水阶段与水平面成 90 度，如图 11-19（b）所示。后交叉是指一臂入水时，另一臂划至腹下，手与水平面成 150 度左右，如图 11-19（c）所示。

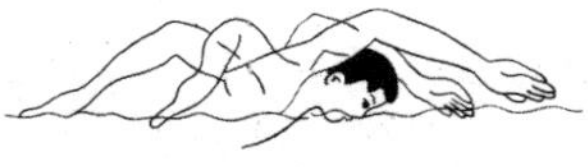

图 11-17　划水

图 11-18　空中移臂

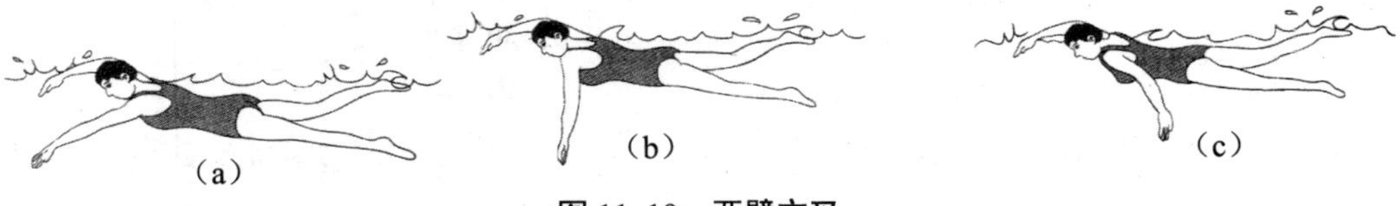

图 11-19　两臂交叉

4．臂、腿和呼吸的配合技术

爬泳时，一般是在两臂各划水一次的过程中进行一次呼吸，以向右边吸气为例，右手入水后，嘴和鼻开始慢慢呼气，如图 11-20（a）所示。右臂划水至肩下，开始向右侧转头和增大呼气量，如图 11-20（d）所示。右臂推水即将结束，则用力呼气，如图 11-20（f）所示。右臂出水时，张嘴吸气，如图 11-20（g）所示，至空中移臂的前半部为止，并开始转头还原，如图 11-20（h）所示。然后，直至臂入水结束，有一个短暂的闭气过程，脸部转向前下。头部稳定时，右臂入水，再开始下一慢慢呼气的过程，如图 11-20（a）所示。

爬泳的呼吸与臂、腿配合，初学者一般都采用 6∶2∶1 的方法，即呼吸 1 次，臂划 2 次，腿打 6 次，这种配合方法易保持平衡和协调掌握爬泳技术。

（二）练习方法

1．腿部动作练习

（1）陆地模仿练习。

1）坐姿打水：坐在池边或地上，两手后撑，两腿伸直，腿内旋使脚尖相对，脚跟分开成八字。两腿放松，以髋为轴，大腿带动小腿，上下交替打水。如图 11-21 所示。

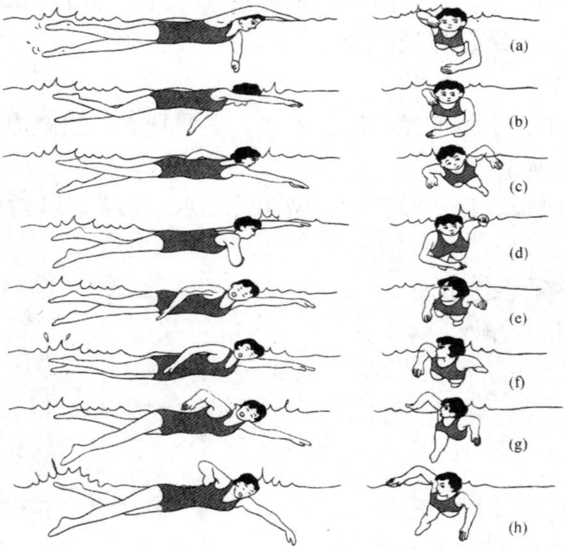

图 11-20　臂、腿和呼吸的配合

2）卧姿打水：俯卧在凳上，做两腿上下交替打水，要求同上。如图 11-22 所示。

（2）水中练习。

1）俯卧打水：手握池槽，或由同伴托其腹部，成水平姿势，两腿伸直，做直腿或屈腿打水。如图 11-23 所示。

2）仰卧打水：仰卧姿势，手握池槽，或由同伴帮助托其背部，做两腿交替打水，注意膝盖不要露出水面。如图 11-24 所示。

图 11-21　坐姿打水

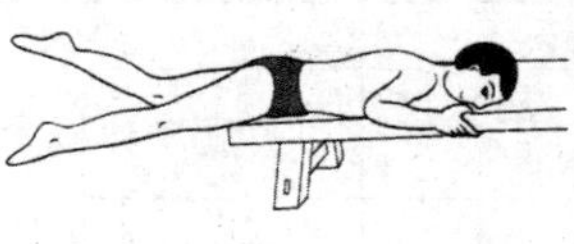

图 11-22　卧姿打水

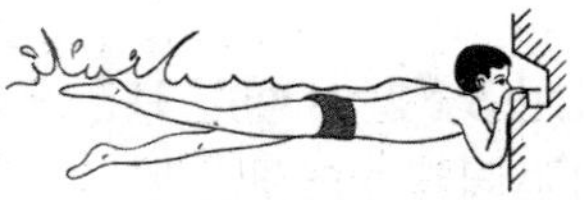

图 11-23　俯卧打水

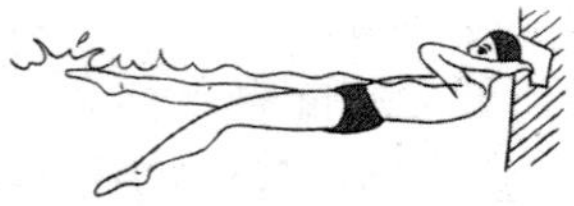

图 11-24　仰卧打水

3）滑行打水：练习时要求闭气，两臂伸直并拢，头夹于两臂之间。

4）扶板打水：练习时两臂伸直，放松扶板，肩浸水中，手不要用力压板，呼吸自然。

2．手臂与呼吸配合练习

（1）陆上模仿练习。

1）原地两脚开立，上体前屈，做臂划水的模仿练习。如图 11-25 所示。

2）同上练习，结合呼吸配合。

（2）水中练习。

1）站立水中，上体前倾，肩浸入水，做臂划水，边做边走，同时转头呼吸。如图 11-26 所示。

2）腿夹打水板，蹬边滑行后，做两臂划水，结合转头呼吸。

图 11-25　陆上划水练习

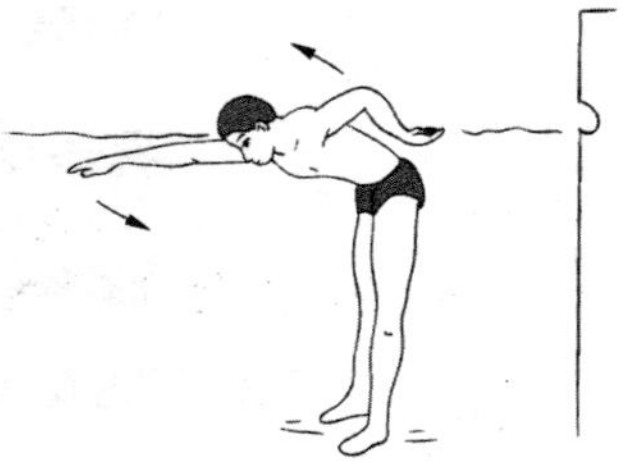

图 11-26　水中划水练习

3．手臂、腿和呼吸的配合练习

1）站立水中，上体前倾做划臂与呼吸配合的练习，借助用力划水向前移动，然后蹬离池底，两腿打水形成完整配合。

2）蹬边滑行打水漂浮 5 米 ~ 10 米，做爬泳臂划水与呼吸配合练习。

（三）练习提示

爬泳技术不像蛙泳那样有间歇阶段，而且呼吸时还必须向侧转头，因而初学者往往显得忙乱而且紧张。应着重于动作配合，注意动作的放松。常见的错误与矫正方法，见表 11-2。

表 11-2　爬泳初学者注意事项

	常见错误	原因	矫正方法
腿	大腿不动，屈膝过大，小腿打水	打腿动作概念不清楚	要求用大腿带动小腿，先用直腿打水矫正
	屈髋打水	躯干未充分展开	水中体会，成水平俯卧姿势，要求打水时大腿上摆

续表

	常见错误	原因	矫正方法
臂	臂入水后向下压水，划水时抹水	直臂入水，沉肘划水	陆上做划臂模仿练习，要求从入水到划水注意屈臂高肘，掌心对水向后划
	手沿纵轴外侧划水，划水路线短	直臂划水，推水不够	要求屈臂划水，划水结束时以手触及大腿后提肘带动臂前移
	划水结束时身体下沉，手出水困难	划水结束时掌心向上	划水结束时以掌心推水，同时利用惯性用提肘带动臂前移
呼吸	抬头吸气	对吸气绕纵轴转动概念不明确，怕喝水	水中原地做向侧转头的呼吸练习，要求转头吸气时以下颊触同侧肩
	吸不进气	没掌握水中基本的呼吸技术	先在水中原地练水中呼气与水上吸气
	配合不协调，游不远	动作过分紧张，游得少	强调打腿划臂都要放松，放松慢游，注意技术，逐步加长游距

第三节　游泳运动卫生与急救

一、游泳运动卫生知识

（1）在江河湖泊游泳前，应了解水域的情况，选择水底平坦，无淤泥、碎石、水草、桩柱，无急流旋涡，水质无污染的水域，并应结伴进行，以便相互照顾，防止发生意外事故。

（2）空腹或饭后一小时之内不宜游泳。空腹时游泳，由于血糖浓度降低，反应迟钝，四肢乏力，容易引起“低血糖”症。饭后游泳不仅加重心脏负担，影响消化系统的功能，而且容易发生呕吐、食物呛进呼吸道甚至溺水等事故。

（3）凡患有精神病、心脏病、肝炎、皮肤病、中耳炎、癫痫、肺结核、红眼病及其他传染病患者和酗酒者不能下水游泳。女生月经期间也不宜游泳。

（4）下水前必须做好充分准备活动，并且可用水冲淋身体，以防止温度骤变而引起机体不适。游泳时如遇雷雨，应停止游泳并迅速上岸，切不可在大树底下躲避或更衣。

二、游泳运动急救

（一）自我保护和自救

初学者由于误入深水区或旋涡等其他险区，因心慌造成呛水现象时，首先要保持镇定，放松漂游，力争自如呼吸。如在旋涡中，要保持平卧姿势，逆旋涡方向游出险区或向人呼救；由于准备活动不充分，天气较冷，常常容易引起大腿、小腿或脚掌等部位痉挛，消除方法是使身体仰浮水面。用痉挛腿对侧的手，拉住痉挛腿的脚趾，用力向身体方向扳拉，另一手压痉挛腿膝盖，使小腿伸直。大腿痉挛，可用两手用力抱住小腿贴近大腿，反复振压直至解脱。

（二）水中救护

实施救护时尽可能使用救生圈、竹竿、木板等器材进行间接救护。如在没有任何救生器材情况下，必须实施徒手的直接救护，救护者要沉着、冷静，入水前应迅速观察周围环境，辨别水流方向、水面宽窄，选择入水地点。对熟悉的水域或游泳池可跳入水，但对不熟悉的水域应脚先入水，以最快速度接近溺者，采用抬头爬泳或蛙泳，以便观察溺水者的情况。当游到离溺水者 3 米 ~ 5 米处，深吸气潜入水中，从溺水者背后进行拖带。如游到溺者前面时，为防止被溺者抓住，可在水下扶住其髋部，将其转为背向自己，然后进行拖带。拖带时必须让溺者口鼻露出水面，一手拉（拖）溺水者，另一手划水，两腿做蛙泳或侧泳动作，将溺者拖运上岸。若被溺水者抓住或抱住时，应设法解脱，可深吸气做翻滚动作，将溺者压没水中，溺者为了向上呼气容易松手。

（三）岸上急救

溺水者被救上岸后，首先检查其呼吸和心跳，如心跳未停者，应立即清理呼吸道，将口打开，进行倒水，如呼吸和心跳已停者，切不可因倒水延误抢救时间，应立即进行口对口人工呼吸与胸外心脏按压。

（1）口对口人工呼吸：先将溺水者移至空气新鲜的地方，解开领口和胸腹部衣服，但不能受凉，同时取出口、鼻中异物，拉出舌头，以保证呼吸道畅通。然后使溺者仰卧，救护者两手在耳垂下托住溺者的下颚骨，使头部尽量后仰，使下颚尖部、颈前部与胸前部几乎保持同一水平线上，使呼吸道畅通。然后救护者一手托住溺者的下颌，另一手捏紧他的鼻孔，救护者深吸气后紧合溺水者之口向内吹气。然后松开鼻孔，如此反复进行。吹气应保持规律，均匀地每分钟作 15 次左右，不得漏气，如有效时可见胸部起伏。

（2）胸外心脏按压：发现溺水者呼吸和心跳均已停止，应立即同时做人工呼吸和胸外心脏按压。救护者立或跪在溺水者的胸侧，两手相叠，用掌根部置于溺水者胸骨的 1/3 处（偏下）心窝的上方，手指放松，手臂伸直，上体前倾，掌根用力下压，使胸骨下端下陷 3 厘米 ~ 4 厘米，两手松压（掌根不离位）使胸骨下端恢复原位。下压时要慢，放松时要快，一压一松反复进行，节律为每分钟 60 次 ~ 80 次。胸外心脏按压与口对口人工呼吸同时进行，如单人操作，其比例为 15：2，双人操作其次数的比例为 4：1 救护者必须持续进行抢救或送医院继续抢救。

第四节　游泳运动竞赛规则简介

一、奥运会游泳比赛项目设置

1. 男子（17 项）

男子项目分为 50 米、100 米、200 米、400 米、1500 米自由泳；100 米、200 米仰泳；100 米、200 米蛙泳；100 米、200 米蝶泳；200 米、400 米个人混合泳；4 × 100 米、4 × 200 米自由泳接力，4 × 100 米混合泳接力；10 千米马拉松（马拉松项目是北京奥运会新增设项目）。

2．女子（17 项）

女子项目分为 50 米、100 米、200 米、400 米、800 米自由泳；100 米、200 米仰泳；100 米、200 米蛙泳；100 米、200 米蝶泳；200 米、400 米个人混合泳；4×100 米、4×200 米自由泳接力、4×100 米混合泳接力；10 千米马拉松（马拉松项目是北京奥运会新增设项目）。

二、各项泳姿的比赛规则

1．自由泳

（1）自由泳比赛中可采用任何泳式。

（2）转身和到达终点时，可用身体任何部分触池壁。

2．仰泳

（1）运动员面对出发端，两手抓住握手器，两脚（包括脚趾）应处于水面下，禁止蹬在水槽内、水槽上或用脚趾钩住水槽边。

（2）出发和转身后，运动员应蹬离池壁，并在整个游进过程中呈仰卧姿势。除做转身动作外，运动员必须始终仰卧。仰卧姿势允许身体做转动动作，但必须保持与水平面小于 90 度的仰卧姿势。头部位置不受此限。

（3）在整个游进过程中，运动员身体的某部分必须露出水面。在转身过程中，允许运动员完全潜入水中。但在出发和每次转身后，运动员潜泳距离不得超过 15 米，在 15 米前运动员的头必须露出水面。

（4）在转身过程中，运动员肩的转动超过垂直面后，可进行一次连续单臂划水或双臂同时划水动作，并在该动作结束前开始滚翻。一旦改变仰卧姿势，就不允许做与连续转身动作无关的打水或划水动作。运动员必须呈仰卧姿势蹬离池壁。转身时运动员身体的某部分必须触壁。

（5）运动员在到达终点时，必须以仰卧姿势触壁。

注："除在做转身动作外"应该理解为"只有在完成连贯的转身动作过程中才可以改变仰卧姿势"。

3．蛙泳

（1）出发和每次转身后，从第一次手臂动作开始，身体应保持俯卧姿势，两肩与水面平行。

（2）两臂和两腿的所有动作都应同时、在同一水面上进行，不得有交替动作。

（3）两手应同时在水面、水下或水上由胸前伸出，并在水面或水下向后划水。除最后一个动作外，在手臂的完整动作中，两肘不得露出水面。除出发和每次转身后的第一次划水动作外，两手向后划水不得超过臂线。

（4）在蹬腿过程中，两脚必须做外翻动作，不允许做剪夹、上下交替打水或向下的海豚式打水动作。只要不做向下的海豚式打腿动作，允许两脚露出水面。

（5）在每次转身和到达终点时，两手应在水面、水上或水下同时触壁，触壁前两肩应与水面平行。在触壁前的最后一次向后划水动作结束后，头可以潜入水中，但在触壁前的一个完整或不完整的配合动作中，头应部分地露出水面。

（6）在每个以一次划臂和一次蹬腿顺序完成的完整动作周期内，运动员部分头部应露出水面。只有在出发和每次转身后，运动员可在全身没入水中时，做一次手臂充分的向后划至腿部的动作和一次蹬腿动作。但在第二次划臂至最宽点并在两手向内划水前，头必须露出水面。

4．蝶泳

（1）从出发和每次转身后的第一次手臂动作开始，至下一个转身或到达终点止，两臂均应与水面平行。任何时候都不允许转成仰卧姿势。

（2）两臂必须在水面上同时向前摆动，并同时在水下向后划水。

（3）两脚的动作必须同时进行，允许两腿和两脚在垂直面上同时做上下打水动作。两腿或两脚可不在同一水平面上，但不允许有交替动作。

（4）在每次转身和到达终点时，两手应在水面、水上或水下同时触壁。

（5）在出发和每次转身后，允许运动员在水下做一次或多次打水动作和一次划水动作，这次划水动作必须使身体升到水面。

5．混合泳

（1）个人混合泳比赛时泳姿的顺序：蝶泳——仰泳——蛙泳——自由泳。

（2）混合泳接力比赛时泳姿的顺序：仰泳——蛙泳——蝶泳——自由泳。

（3）混合泳中的自由泳是指除仰泳、蛙泳及蝶泳以外的任何游泳形式。

第十二章　跆　拳　道

第一节　跆拳道运动概述

跆拳道是一门韩国格斗术，以其腾空、旋踢脚法而闻名。跆拳道这个名称来源于韩语的“跆”（指用脚踢打）、“拳”（指用拳击打）、“道”（指格斗的艺术和一种原理）。

一、跆拳道的产生与发展

跆拳道是起源于朝鲜半岛古老而又新颖的竞技体育项目，是韩民族在生产和生活基础上发展起来的运用手、脚技术和身体能力进行自身修炼和搏击格斗的传统民族武术。

14 世纪末至 20 世纪初，朝鲜半岛进入李氏王朝时代，李氏王朝重文轻武，跆拳道即遭官府冷落，但是在民间仍然流传。1910 年，日本侵占朝鲜，为了推行殖民文化，日本人一度下令禁止韩国的一切民族文化活动，包括跆拳道。许多武道人才流落到日本和中国，他们在国外仍然进行武道活动，并吸收了日本空手道和中国武术的精华，使跆拳道技术得到充实和滋养。直到 1945 年战争结束，这些武道人才方可返回祖国，重新开始了跆拳道的发展进程。

1945 年以前，朝鲜半岛流传着各种武道形式，流派纷呈，各有千秋，其中有一种叫“花郎道”，它可以说是跆拳道的雏形。花郎道自古以来所抱定的宗旨“事君以忠，事亲以孝，交友以信，临战无退，杀生有择”。这些原则古朴、诚信，把握了跆拳道的发展方向，后来虽然经过历史的磨砺和演变，而其精髓依然保留在跆拳道里。

很多武道练习者认为，韩国各种流派的武道有必要实现统合，他们探讨把各种各样的武道道馆进行统一，以便形成统一的技击形式。1946 年，全国召开第一次统合会议，然而道馆的统合没有成功。尽管如此，武道专家们为联络国内重要道馆统合还是付出了许多努力，这些努力没有白费。因为在统合过程中，首先弄清了外国武术如中国武术和日本空手道对跆拳道的非正统的影响，重新寻找和确定了跆拳道徒手搏击的形式，实现了跆拳道标准形式和指导思想的统一。这个统一的搏击就是今天的跆拳道，从语义上讲，“跆”是用脚跳、踢、劈，“拳”是用拳头击打，而“道”则是练习者的哲学态度或生活方式。1966 年成立了国际跆拳道联盟（International Taekwondo Federation，ITF），崔泓熙任首届联盟主席。1973 年 5 月世界跆拳道联盟在韩国首尔成立（World Taekwondo Federation，WTF），金云龙当选为主席。截至 1998 年，世界跆拳道联盟已有会员国 144 个。1975 年，世界跆拳道联盟被正式接纳为国际体育联盟的会员。跆拳道第一届世界锦标赛和第一届亚洲锦标赛分别于 1973 年和 1974 年在韩国首尔举行。跆拳道在 1986 年被列为第 10 届亚运会的正式比赛项目。1994 年经国际奥委会正式通过，被列为 2000 年奥运会正式比赛项目。

二、我国跆拳道运动的发展

1992 年 10 月 7 日，中国跆拳道协会筹备小组成立，这标志着我国跆拳道运动的正式开始。1994 年 9 月，在云南昆明进行了第一届全国跆拳道比赛；1995 年 5 月在北京体育大学举行了第一届全国跆拳道锦标赛，从此跆拳道在中国迅速发展。1995 年 8 月正式成立中国跆拳道协会。同年 11 月，中国跆拳道协会被世界跆拳道联盟接纳为正式会员。

三、跆拳道的特点

（一）以腿为主，手足并用

跆拳道技术方法中占主导地位的是腿法，腿法技术在整体运用中约占 3/4，因为腿的长度和力量是人体中最长最大的，其次才是手。腿的技法有很多种形式，可高可低，可近可远，可左可右，可直可屈，可转可旋，威胁极大，是比赛时得分和实用制敌的有效方法。其次是手法，手臂的灵活性很好，可以自如地控制完成防守和进攻动作，同时也可以变化为拳、掌、肘、肩的多种用法，进行实战。在竞赛规则以外的跆拳道实战中，人体的一些主要关节部位亦可以用来做进攻的武器或防守的盾牌，这是跆拳道技术的本质。

（二）方法简练，刚直硬打

不论是在比赛时还是在实战中，跆拳道的进攻方法都是十分简捷而实效的。对抗时双方都是直接接触，以刚制刚，用简练硬朗的方法直接击打对方，或拳或腿，速度快，变化多；防守的动作也是以直接的格挡为主，随即是连续的反击动作。防守时很少使用躲闪防守法，追求刚来刚往、硬拼硬打，尽可能保持或缩短双方间的距离，以增加击打的有效性，在近距离拼斗中争取比赛或实战的胜利。

（三）内外兼修，攻法独特

跆拳道理论认为，经过专门训练，人的关节部位能产生不可思议的威力，特别是拳、肘、膝和脚 4 个部位，尤以脚和手为甚。长期专门练习跆拳道，可以使人达到内外合一的程度，即内功和外力达到统一的巅峰。由于无法确定人体关节部位武器化的威力和潜力到底有多大，只有通过对木板、砖瓦等物体的击打来测量验定练习者的功力水平。功力测验是跆拳道训练水平、晋级考试、表演和比赛的一个重要内容，以此显示出跆拳道独特的功法和特点。

（四）强调气势，发声扬威

无论是品势还是竞技跆拳道，都要求在气势上给人以威严，多以发出洪亮并带有威慑力的声音来显示自己的能力。尤其是在竞技跆拳道比赛中，双方练习者都会以规则允许的发声来提高自己的斗志，借以在气势上压倒对手，甚至在出击时配合击打效果使裁判得以认可，争取在心理上战胜对手。所以，跆拳道练习者都要进行专门的发声练习。

（五）礼始礼终，培养良好道德品质

跆拳道给人们留下的较深的印象是跆拳道练习者始终是在不同的场合行礼鞠躬。这是因为跆拳道练习者始终把“礼”作为训练内容，强调“礼始礼终”，即练习活动都要从礼开始，以礼结束，并突出爱国主义。要求跆拳道练习者在练习技术的同时，在道德修养方面也要不断提高自己。通过用行礼的方式向长辈、教练、队友鞠躬施礼，使跆拳道练习者养成发自内心的行礼习惯，以养成恭敬谦虚、友好忍让的态度和互相学习的作风，并培养其坚忍不拔的意识品质。

四、跆拳道技术概念与分类

跆拳道技术有两种：其一为国际跆拳道联盟倡导的以跆拳道品势演练为主的品势技术。品势就是将不同于真实格斗的技术编成各种组合，形成规定的套路，如太极八章等；其二为世界跆拳道联盟倡导的竞赛跆拳道技术，是指跆拳道竞赛中所使用的能够充分发挥运动员机体能力，合理有效完成动作的方法。

（一）跆拳道动作的使用部位

1．拳法

拳法在竞赛跆拳道中主要有正拳（也称平拳或直拳），在品势中则有正拳、勾拳和锤拳等。

（1）正拳。将手的四指并拢并握紧，拳面要平，然后拇指压贴于食指和中指的第二指节上。使用正拳时，用拳正面的食指和中指部分击打。

（2）勾拳。握法同正拳。使用时用食指和中指关节根部的突出部分击打。

（3）锤拳。握法同正拳。使用时用小指和手腕间的肌肉部分击打。

2．掌法

（1）手刀。四指伸直，拇指弯曲靠近食指，用小指侧的掌外沿攻击对方，只局限于在品势中使用。

（2）背刀。此掌法与手刀相对，用食指侧攻击对方，只局限于在品势中使用。

（3）贯手。手形与手刀基本相同，要求微屈中指，主要用四指指尖戳击对方的要害部位，如戳击对方的眼睛、喉部等，只局限于在品势中使用。

3．臂部

（1）腕部。腕关节的四周部位，主要用于防守格挡。

（2）肘部。用肘的鹰突关节攻击，只局限于在品势中使用。

（3）前臂和上臂。主要用外侧进行格挡防守，其中前臂的格挡在竞赛跆拳道比赛中经常被运动员所使用。

4．脚部与膝部

在跆拳道比赛中，运动员主要以腿攻击为主，所采用的脚的部位是脚面、足刀、脚尖、脚跟、脚前掌和膝部。

（1）脚面。用脚的正面部分攻击对方，主要用来踢击对方髋关节以上、锁骨以下被护具包围的部位和头部的侧前剖面，如图 12-1 所示。

（2）足刀。用脚的外沿侧蹬对方，多用于侧踢、推踢，如图 12-2 所示。

（3）脚尖。主要用脚趾前端的部位攻击对方，如图 12-3 所示。

（4）脚跟。主要用脚跟后踢和推踢对方，如图 12-4 所示。

（5）脚前掌。主要用脚前掌攻击对方，多用于劈腿，如图 12-5 所示。

（6）膝部。用膝盖项击对方，只局限于在品势中使用，如图 12-6 所示。

图 12-1

图 12-2

图 12-3

图 12-4

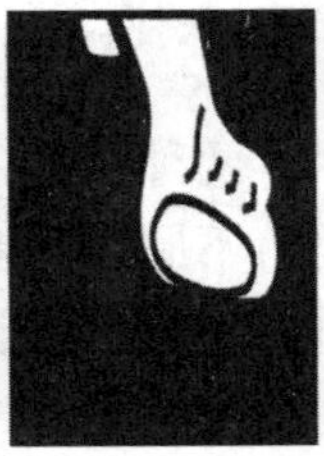
图 12-5

图 12-6

（二）基本步法

（1）上步。右架站立，右脚向前上一步，成为左架实战姿势，反之左架亦然。

动作要领：上步时通过向左拧腰转髋完成，两臂在体侧自然上下移动，重心不要上下起伏过大。

（2）后撤步。右架站立，左脚向后撤一步，成为左架实战姿势，反之左架亦然。

动作要领：后撤步时重心保持平稳地移动，通过向左拧腰转髋完成，两臂在体侧自然上下移动。

（3）前跃步。右架站立，两脚同时向前跃进一步，保持右架实战姿势，反之左架亦然。

动作要领：向前跃步时，重心不宜起伏过大，尽量使重心平稳移动，两脚稍离地即可。

（4）后跃步。右架站立，两脚同时向后回撤一步，保持右架实战姿势，反之亦然。

动作要领：向后回撤时，重心不宜起伏过大，尽量使重心平稳移动，两脚稍离开地面。

（5）原地换步。右架站立，两脚原地前后交换，由右架换成左架，反之左架亦然。

动作要领：重心不宜起伏过大，尽量使重心平稳移动，两脚稍离开地面。

（6）侧移步。第一种步法是以前脚为轴，后脚向左侧方向移动，用以改变与对手的站位方向；第二种步法是右架站立，右脚先向右侧移动一步，随之左脚也迅速向右侧移动一步。

动作要领：一般是将身体重心移向前脚，以利于后腿攻击。

（7）垫步。右架站立，右脚向左脚内侧上步，同时左腿迅速抬起以便进攻和防守。

动作要领：右脚垫步时，左脚要迅速提起，重心落在右腿上，右膝微屈。

（三）品势中的步型

（1）准备势。两脚开立与肩同宽，身体自然直立，两脚尖略外展，两手握拳置于腹前。

（2）开立步。两脚开立与肩同宽，身体自然直立，两膝微屈，两脚尖正对前方，两手握拳置于体侧。

（3）马步。两脚开立，较肩宽，两脚尖平行或略内扣，挺胸直背，两腿屈膝半蹲，重心落在两脚之间。

（4）弓步。前后脚分立，两脚相距一步半，前腿屈膝，后腿伸直，前腿膝关节与脚尖垂直，重心大部分落在前脚上。左脚在前称左弓步，右脚在前称右弓步。

（5）后弓步。前后脚分立，两脚相距约一步，后脚尖外展 90 度，后腿屈膝如同骑马状，前腿膝关节略屈，重心大部分落在后腿上。左脚在前称右后弓步，右脚在前称左后弓步。

（6）前探步。如走路姿势。两脚之间距离小于弓步，上体略前倾，前腿膝关节略屈，重心大部分落在前脚上。左脚在前称左前探步，右脚在前称右前探步。

（7）虚步。与后弓步相似，前脚掌点地，脚跟提起，重心落在后脚。左脚在前称右虚步，右脚在前称左虚步。

（8）交叉步。一脚向另一脚的前侧或后侧落步，脚尖着地，两腿屈膝交叉。

（四）实战姿势

实战姿势是竞赛跆拳道比赛中双方开始时的基本站立姿势。

动作过程：两脚开立与肩同宽，两臂垂于体侧。左脚或右脚向另一脚的前方迈出，两脚相距一步距离前后站立，使身体侧对对方，同时两手半握拳，沉肩，两臂屈肘自然垂放（左脚在后是左架实战姿势）。重心落在两脚之间，膝部略弯曲，眼睛平视对方面部，下颚微收。

动作要领：两臂所放位置不是固定的，也可以一臂垂下或两臂都垂下。两脚之间的距离和重心的高低可根据具体情况进行调整，原则上是在移动时能最快调整好身体重心。

（五）拳法

拳法的主要作用是用来防守和配合腿的进攻。右架站立，左手拳为前手拳，右手拳为后手拳。

后手拳的动作过程：右架站立，右脚向后蹬地，腰部与上体快速有力地向左前方扭转，借以增加出拳的速度和力量。在右脚蹬地的同时，右臂快速前伸，肘关节抬起，前臂内旋，拳心向下方转动，使拳面、前臂、肘关节与肩成一条直线并处在一个水平面上。同时身体重心移至左腿上。在击打中目标后，有一个制动过程，然后手臂迅速放松，并借左腿的支撑力量将手臂收回，恢复成实战姿势。攻击部位为胸腹部。

动作要领：用拳击打对方护具的一刹那，腕关节要紧张，将拳握紧，拳进攻主要在双方距离较近时使用，击打时要准备立即起腿进攻或反击。

第二节　跆拳道腿法技术

一、前踢

实战姿势开始，右脚蹬地，髋关节略向左旋转，双手握拳置于体侧；同时，右腿以髋关节为轴屈膝上提。当大腿抬至水平或稍高时，髋关节向前送、顶，小腿以膝关节为轴快速向前上方踢出，整条腿踢直，力达脚尖。踢击后迅速放松，右腿沿原路线收回，成实战姿势，如图 12-7 所示。

动作要领：膝关节夹紧，小腿放松，富有弹性；高踢时往上送；小腿回收速度要快。其主要攻击部位有面部、下颏和腹部。

图 12-7　前踢

二、横踢

实战姿势开始，右脚蹬地，重心前移至左脚，右脚屈膝上提，两拳置于胸前；左脚前脚掌碾地内旋，髋关节左转，右腿膝关节向前抬至水平状态，小腿快速向左前横向踢出。

击打目标后迅速放松收回小腿，成实战姿势，如图 12-8 所示。

图 12-8　横踢

动作要领：膝关节夹紧，向前提膝，尽量走直线；髋关节往前顺，身体与大小腿成直线；严格注意击打的力点在正脚背；踝关节放松。其主要攻击部位有头部、胸腹部和肋部。

三、侧踢

实战姿势开始，右脚蹬地，右腿以髋关节为轴屈膝提起，两手握拳置于体侧；随即左脚以前脚掌为轴外旋 180°，髋关节向左旋转，右腿以膝关节为轴向前蹬伸，右脚快速向右前上方直线踢出，力点在脚跟。发力后沿起腿路线收腿，成实战姿势，如图 12-9 所示。

图 12-9　侧踢

动作要领：起腿时，大小腿膝关节夹紧；踢出发力时头、肩、腰、髋、膝、腿和踝成一条直线：大小腿直线踢出，沿原路线收回。其主要攻击部位有肋部、胸腹部和头面部。

四、后踢

实战姿势开始，转身后腿后撤背对对方。重心后移至左脚，右脚蹬地后屈膝提起，右脚贴近左大腿，两手握拳置于胸前；随即左脚蹬地伸直，右脚自左大腿内侧向后方直线踢出，力达脚跟。踢击后右脚沿原路线快速收回，成实战姿势，如图 12-10 所示。

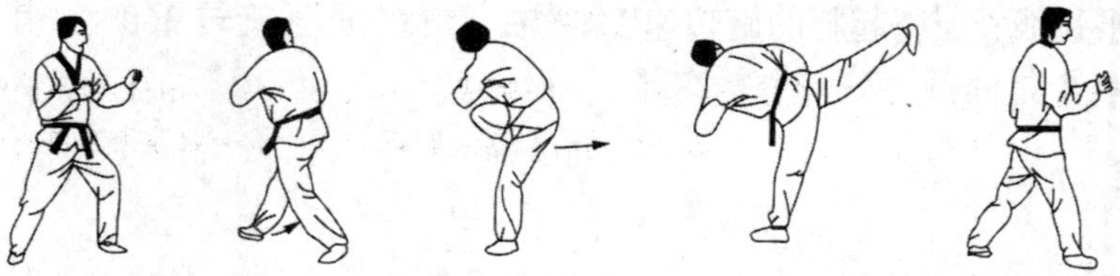

图 12-10　后踢

动作要领：起腿后上体和大小腿折叠收紧；后踢时动作延伸要长，用力延伸；转身、提腿、出脚动作连续，一次性完成，不能停顿；击打目标在正后偏右。其主要攻击部位有胸腹部和头面部。

五、下劈

实战姿势开始，右脚蹬地，重心前移至左脚。同时，右腿以髋关节为轴屈膝上提，两手握拳置于胸前；随即充分送髋，上提膝关节至胸部，右小腿以膝关节为轴向上伸直，将右腿伸直举于体前，右脚过头。然后放松向下以右脚后跟（或脚掌）为力点劈击，击打后成实战姿势，如图 12-11 所示。

图 12-11　下劈

动作要领：腿尽量往高、往头后举，向上送髋，重心往高起；脚放松往前落，落地要有控制；起腿要快速、果断；踝关节要放松。其主要攻击部位有头顶、脸部和锁骨。

六、后旋踢

实战姿势开始，以右脚尖为轴，右脚跟外旋，重心移至右腿；身体向左后方转动，同时提起左大腿向斜后方向 40° 左右蹬伸，头部向左后方转动；身体继续旋转，左腿借旋转的力，向后划一个半圆形的水平弧形，快速屈膝用脚掌击打对方头部。击打后，身体重心依然在右腿上，左脚自然落下，还原成实战姿势，如图 12-12 所示。

图 12-12 后旋踢

动作要领：转身旋转，踢腿连贯进行，一气呵成，中间没有停顿；击打点应在正前方，呈水平弧线；屈膝起腿的旋转速度要快；重心在原地旋转 360° 。其主要攻击部位有两个，一个是面额，另一个是胸部。

七、跳踢

跳踢指先跳起使身体腾空，然后在空中完成各种踢法的攻击技术。跳踢包括旋风踢、双飞踢、腾空后踢、腾空后旋踢、跳步横踢等多种方法，是跆拳道的高难度技术动作。下面就简单介绍两种跳踢的方法及动作要领。

（一）旋风踢

实战姿势开始，左脚向右脚右侧前方跨一步，左脚内扣落地，身体向右旋转 180° ；左脚落地的同时右腿随身体继续右转向右后摆起，此时身体转动 360° ，左脚蹬地起跳，顺势在空中用左横踢击打对方腹部、后头部，右脚落地支撑成实战姿势，如图 12-13 所示。

图 12-13 旋风踢

动作要领：上步转体动作要迅速果断，左脚内扣落地时脚跟对敌；右脚随身体右转向后右侧，摆起时不要太高，以能带动身体旋转起跳为宜；左脚蹬地起跳，身体腾空，但不过膝，目的是快速旋转出腿；左脚横踢时，右腿向下落地，要快落站稳，即横踢目标的同时右脚落地。

（二）双飞踢

实战姿势开始，先用右横踢攻击，在右脚未落下时，左脚立即蹬地起跳，身体腾空右转，用左横踢迅速踢击，腾空高度在膝关节以上，但不宜过高；右脚落地支撑，左脚横踢目标后迅速前落，成左势实战姿势，如图 12-14 所示。

图 12-14 双飞踢

动作要领：在使用第一个横踢时，身体可向后稍倾，便于第二个横踢的使用。两腿交换之间，转髋要快速。其主要进攻部位有肋部、胸腹部和头部。

第三节 跆拳道的健身价值与欣赏

一、跆拳道的健身价值

跆拳道具有防身健体、修身养性、娱乐观赏等多方面的作用，是人们增强体质、培养意志品质的一种较好的方式。

（一）改善和增强体质

跆拳道的技术是由全身协调配合，主要通过各种各样的腿法来表现。它能很好地促进人体的力量、速度、灵敏、耐力、协调等全面身体素质的发展，具有强身健体的作用。由于运动员在比赛和平时训练中要经常临场应变技战术，或是快速进攻，或是主动后撤再反击，或是腾空劈腿，或是后踢接后旋踢，因而对提高神经中枢的灵活性、提高神经中枢协调支配各器官的能力，起着良好的作用。

（二）提高防身与自卫的能力

跆拳道是武技中的一项。通过跆拳道练习，不仅可以掌握各种踢法和拳法，提高身体的灵活能力和反应能力，还可以经过长期训练后形成一定技能，具备防身和自卫的能力。

（三）磨炼意志，培养高品格的修养

跆拳道推崇“礼始礼终”的尚武精神。其宗旨是礼义廉耻、忍耐克己、百折不挠。通过跆拳道的训练，可以培养练习者坚忍不拔、勇敢无畏、顽强坚毅的意志品质，尤其讲究未曾学艺先学礼，未曾习武先习德，这使练习者从开始就养成谦逊、宽容、礼让的高尚品德和尊师重教、讲理守信、见义勇为的情操，以有益于社会。

二、娱乐观赏

跆拳道是一项很具有观赏性的运动项目。在功力检验中，运动员轻松击破木板、砖瓦，使人为之惊叹。而竞赛跆拳道则是两人激烈的对抗，双方选手斗智斗勇，比赛中常有的凌空飞腿和组合腿法令人眼花缭乱，具有极高的观赏价值。

（一）跆拳道技术风格

（1）技术型运动员在比赛中动作稳健，腿法多变，技术成熟，心理稳定，攻防一体，常常使对手在不知不觉中败下阵来。

（2）力量型运动员身体条件好，腿长，肌肉爆发力强，先天素质高人一筹，攻势凌厉，常以力量取胜。

（3）散手型运动员作风顽强，比赛中多主动进攻，攻守得宜，自成一体，动作非常实用，有很高的训练水平和比赛技术。

（4）进攻型运动员进攻意识强烈，会追着对手攻击，用快速连续的技术动作压制对手。

（5）防守反击型运动员的技术训练水平很高，也有很多的大赛经验，多是试探性进攻，在对手反击或进攻时找出弱点，然后很直接地回击。

（二）跆拳道的段位与级别

跆拳道有着严格的技术等级考核制度。修炼者水平的高低，以“级”“品”“段”来划分。“级”分为十级至一级，十级水平最低，一级较高。一级以后入“段”，段位从低到高分为一至九段。未成年选手达到一至三段水平，则授予“一品”至“三品”。

从腰带的颜色上可以看出选手的技术水平，从低到高依次为白带（十级）、白黄带（九级）、黄带（八级）、黄绿带（七级）、绿带（六级）、绿蓝带（五级）、蓝带（四级）、蓝红带（三级）、红带（二级）、红黑带（一级、一品至三品）、黑带（一段至九段）。

黑带表示白色的对立，相对白色技术已经熟练，意味着黑暗中也能发挥自身能力。黑带段位分一段至九段。一段至三段是黑带新手的段位，四段至六段是高水平的段位，七段至九段只能授予具有很高学识造诣和对跆拳道的发展做出重大贡献的杰出人物。

第四节　跆拳道竞赛规则简介

一、比赛场地

比赛场地是 8 米 × 8 米的无障碍物、正方形场地。比赛场地应为有弹性的垫子，有必要时比赛场地可根据实际情况高出地面 50 ~ 60 厘米。为了安全，比赛台的支撑装置与地面的夹角要小于 30 度。

二、比赛时间

每场比赛分 3 局，每局比赛的时间为 3 分钟，局间休息 1 分钟。青年锦标赛每场比赛为 3 局，每局比赛为 2 分钟，局间休息 1 分钟。

三、比赛程序

（1）点名。该场比赛开始前 3 分钟开始点名，共点名 3 次，比赛开始后 1 分钟仍未到场者，按自动弃权论。

（2）检查。点名后的运动员必须接受身体、服装和护具检查，不得携带任何可能给对方造成伤害的物品，检查员由中国跆拳道协会或组委会指定专人，运动员不得有任何不服从的表示。

（3）入场检查后，运动员和一名教练员进入比赛场地指定位置。

（4）开始和结束。每局比赛主裁发出 Shi-Jak（开始）口令即开始，主裁判发出 Ke-man（停）口令则结束。

（5）比赛开始前及结束后的程序。双方相向站立，听到主裁判发出 Cha-ryeot（立正）和 Kyeong-rye（敬礼）的口令时互相敬礼。要求立正，双手握拳置于身体两侧，腰部前屈不小于 30 度，头部前屈不小于 45 度。

（6）主裁判发出 Joon-bi（准备）、Shi-Jak（开始）口令时比赛开始。

（7）最后一回合结束后，运动员相向站在指定的位置，主裁判发出 Cha-ryeot（立正）和 Kyeong-rye（敬礼）的口令时互相敬礼，然后立正等最后判定。

（8）主裁判举起自己的一侧手臂，宣布同侧方的运动员获胜。

（9）运动员退场。

四、允许的技术和攻击的部位

（一）允许的技术

（1）拳的技术使用。拳的技术必须紧握拳，用拳正面的食指和中指部分击打。

（2）脚的技术使用。脚的技术必须用踝关节以下的部位击打。

（二）允许攻击的部位

（1）躯干。可用拳或脚的技术攻击髋骨以上至锁骨以下及两肋部，但背部没有被护具保护的部位禁止攻击。

（2）面部。从两耳向前的头颈的前部，只允许用脚的技术攻击。

（三）有效得分

（1）有效得分部位。躯干，包括腹部和两肋部；面部，允许被攻击的面部部位。

（2）得分是使用允许的技术，准确有力地击中有效得分部位，但使用允许的技术，攻击被保护的非有效得分部位，击倒对方时，按得分计。

（3）头部击中得 3 分，用旋踢或后踢击中得 2 分，其余技术击中得 1 分。

（4）比分为3局比赛得分总计。

五、犯规行为

（1）任何犯规行为将由主裁判判罚。

（2）如属于多犯规时，选择严重的一项处罚。

（3）处罚分为警告和扣分。

（4）警告两次扣1分，警告次数为奇数时，最后一次不计。

（5）扣分一次扣1分。

（6）判罚警告的犯规行为。越出边界线；倒地；伪装受伤；转身背向对手逃避进攻；回避比赛；抓、搂抱或推对手；攻击腰部以下部位；用膝部顶撞对手；用手攻击对手面部；教练员或运动员使用不合理言论或做出任何不良行为。

（7）判罚扣分的犯规行为。下达 Kal-yeo（暂停）口令后攻击对手；“暂停”故意攻击倒地的对手；抓住对手进攻的脚将其摔倒，或用手推倒对手；故意用手攻击对手面部；教练员或运动员打断比赛进程；教练员或运动员使用过激言语或做出违反体育道德的行为。

（8）运动员违背竞赛规则和故意不服从裁判员时，主裁判有权直接判其“犯规败”。

（9）犯规累计扣4分者，判其“犯规败”。

（10）警告和扣分按3局累计。

六、获胜方式

（1）击倒胜（KO胜）。

（2）主裁判终止比赛胜（RSC胜）。

（3）比分或优势胜。

（4）弃权胜。

（5）失去资格胜。

（6）主裁判判罚犯规胜。

第十三章　体 育 舞 蹈

体育舞蹈是由体育与艺术高度结合的、属于文艺范畴的舞蹈演变而来的一项新兴起的体育项目，它兼有文艺和体育的特点，是介于文艺和体育之间的边缘项目，是具有自娱性和表演观赏性的竞技舞蹈。它集娱乐、运动、艺术于一体，是文明社会里的一种高雅体育活动。

从舞种起源来看，交谊舞可分为现代舞（摩登舞）和拉丁舞两大类。现代舞绝大多数起源于欧洲，舞种主要有华尔兹舞、维也纳华尔兹舞、快步舞、狐步舞和探戈舞，其特点是具有高贵典雅的绅士风度。拉丁舞起源于拉丁美洲，舞种有伦巴、恰恰、桑巴、斗牛舞、牛仔舞，其特点是热情奔放，充满浪漫的情调。

从严格标准规范的角度来看，交谊舞又可分为国际标准舞和舞厅舞两大类。国际标准舞要求舞步、舞姿、跳法要系统化和规范化，舞种为现代舞和拉丁舞各 5 种，具有表演性、体育性和竞技性。舞厅舞要求即兴发挥、自由化，舞种除现代舞、拉丁舞各 5 种外，还有迪斯科等，其特点为自娱性和社交性。

本章主要介绍体育舞蹈的基本舞步、部分现代舞技术以及拉丁舞简介等内容。

第一节　体育舞蹈基本技术

一、基本舞步

学习体育舞蹈应从基本舞步开始。现代体育舞蹈有 4 种基本舞步，分别是走步、侧步、平衡步和摇摆步。学习时只要掌握好每只脚的移动轨迹，学会这些舞步就不困难。

跳交谊舞有一个约定俗成的规定，男士第一步先出左脚，而女士第一步先出右脚。交谊舞中许多舞步男女动作都是相同的，只是动作方向相反，如男是进步，女则为退步（注：本章中在叙述舞步的动作时，皆指男步。凡女步相同者，都不再专门说明；凡女步不同者，则另加以说明。本节图中，左脚为白色，右脚为黑色）。

1. 走步

立正站好。左脚开始向前走 3 步（1，2，3），右脚开始向后走 3 步，如图 13-1 所示。向前走时开始用前脚掌触地，然后随着脚趾上抬过渡到脚跟擦地向前，着地后过渡到脚趾，身体重心从一只脚转移到另一只脚上。后退正好相反，开始用脚掌触地，然后用脚尖擦地向后，脚趾着地后再过渡到脚跟。

2. 侧步

立正站好。左脚向左迈一步，右脚向左脚并拢。接着左脚再向左侧迈一步，然后右脚向右侧迈一步，左脚向右脚并拢，接着右脚再向右侧迈一步，如图 13-2 所示。

3．平衡步

平衡步是由走步和踏步组成。立正站好。左脚向前一步，右脚向前上步，用前脚掌踏在左脚侧；然后右脚向后退一步，左脚掌踏在右脚侧。左脚向左侧一步，右脚向左脚并拢，用前脚掌踏在左脚侧；右脚再向右侧一步，左脚向右脚并拢，用前脚掌踏在右脚侧。根据运动方向，亦分为前、后、左、右平衡步，如图 13-3 所示。

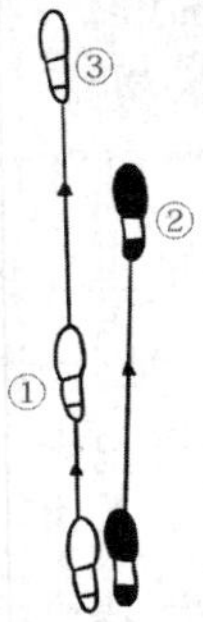

图 13-1　走步

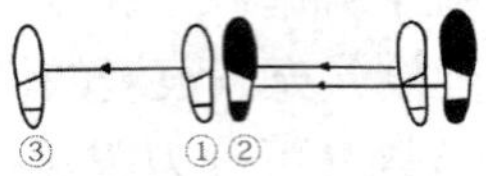

图 13-2　侧步

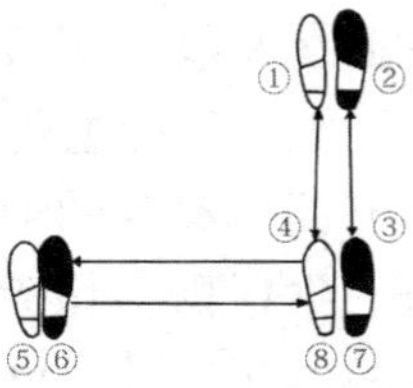

图 13-3　平衡步

4．摇摆步

摇摆步是拉丁舞的基本步。立正站好。左脚向前一步，重心随之前移，然后脚不动，重心再向后移，再移前，再移后，反复摇摆，这叫前后摇摆步。立正站好。左脚向侧一步，重心向左移，再向右移，再向左移，再移右，反复摇摆，这叫左右摇摆步。

二、握抱姿势

初学体育舞蹈，必须学会正确的握手和抱腰姿势（简称握抱姿势）。

男女舞伴面对站立。男伴左手四指并拢，女伴的右手放在男伴虎口处，如图 13-4（a）所示。男伴右手五指并拢放在女伴左肩胛骨下部，女伴将左手轻轻地放在男伴的右肩上，两人之间距离为 10 厘米左右，如图 13-4（b）所示。双方稍向左转，从对方的右肩向前看，这种握抱姿势称为闭式舞姿，如图 13-4（c）所示。

在闭式舞姿基础上，男伴将头和上体略向左转，女伴将头和上体略向右转，双方在身体的肩部形成一个 V 字形。这种舞姿称 PP 舞姿，或散式舞姿，如图 13-4（d）和图 13-4（e）所示。

在跳舞过程中，男伴上体一般都是直立的，但是不要过于僵硬，双肩保持稳定和放松。女伴自胸以上部位要自然后仰，下颌上扬，略呈仰视状。

三、基本舞步组合

掌握了基本舞步和握抱姿势，就可以学习基本舞步组合。

1．方步

方步由走步和侧步组成。它因脚的 6 次移动构成一个正方形的图形而得名。

立正站好。左脚向前一步，右脚向侧前一步，左脚向右脚并拢；右脚向后一步，左脚向后侧一步，右脚向左脚并拢。每次两脚并拢时身体重心要转移到脚上，如图 13-5 所示。

图　13-4

2. 方步转体

方步转体，每次转体为 90 度，它是最简单的身体旋转，如图 13-6 所示。

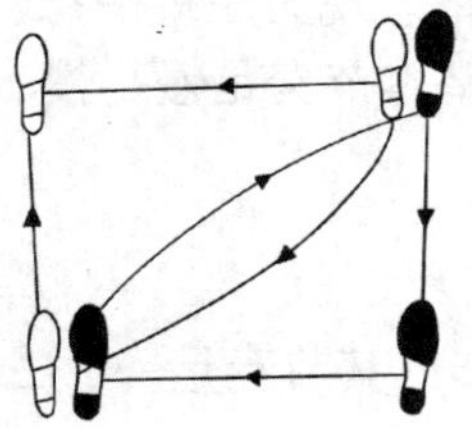

图 13-5　方步

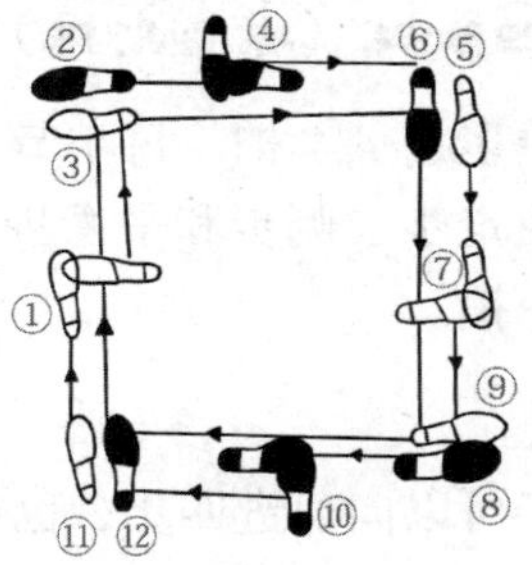

图 13-6　方步转体

闭式舞姿站立。

（1）左脚向前一步，出脚的同时身体向左转。

（2）右脚向侧一步，同时身体完成 90 度旋转。

（3）左脚向右脚并拢，重心转移至左脚。

（4）右脚后退一步，退脚的同时身体向左转。

（5）左脚向侧一步，同时身体完成 90 度旋转。

（6）右脚向左脚并拢，重心转移至右脚。

后 6 步动作同前，做一个完整的方步转体，共走 12 步，转体 360 度。练习时应记住，第一个转体如果上左脚，下一个转体就要退右脚。

3. 交叉步

交叉步是由侧步和前后摇摆步组成，如图 13-7 所示。

闭式舞姿站立：左脚向侧一步，然后右脚交叉在左脚斜后方，用前脚掌点地，身体重心向后摇摆，再摇摆向前。右侧交叉同前，动作方向相反。

4. 并列行进步

闭式舞姿站立。

（1）左脚向侧一步，同时上体左转呈闭式舞姿。

（2）右脚向前一步，交叉在左脚前。
（3）左脚向侧一步，同时向右转体。
（4）右脚向左脚并拢，呈闭式舞姿。
并列行进时，两人头部均朝前面方向，两人腰髋部可以相贴，如图 13-8 所示。

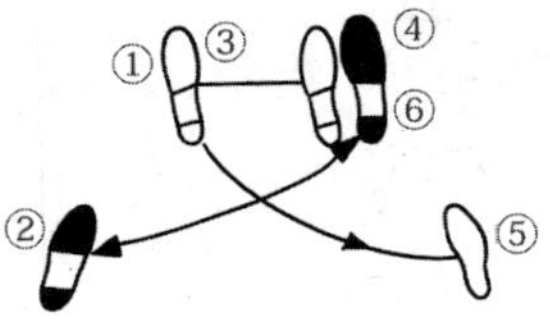

图 13-7 交叉步

图 13-8 并列进行步

四、交谊舞练习

（一）慢四步舞（布鲁斯舞）

慢四，节拍多是 4/4 拍，每小节 4 拍。舞蹈风格表现为庄重平稳、步态从容、缓慢抒情。慢四由走步、侧步和平衡步所组成。它的基本节奏是慢、慢、快快，其中慢占二拍，快占一拍。

1. 走步

慢四的走步可以向前进四步，也可以向后走四步。其节奏是一、二步为慢拍，三、四步为快拍。

2. 方步

慢四的方步向前和向后都是慢拍，而侧步是快步，节奏为慢、快快、慢、快快。也可以做第二个方步，右脚不后退，而是右脚也向前做方步（如图 13-9 所示），又称交换步。

3. 方步转体

方步转体的节奏同方步，向前和向后走步都是慢拍，侧步和前步都是快拍。

4. 平衡步

平衡步前、后、左、右都是慢拍。慢四一般前平衡步为慢，后平衡步为慢，接着做向前走二步快，或做两个前平衡步再走二步，如图 13-10 所示。

5. 并列行进步

并列行进步是向侧走步慢，向前走步慢，向侧走步快，脚并拢快。

6. 前进侧步

前进侧步既简单又实用，它由走步和侧步组成。男舞步如图 13-11 所示。
闭式舞姿势站立。
（1）左脚向前一步。

（2）右脚向前一步。
（3）左脚再向前一步。
（4）右脚向左脚并拢，重心转至右脚。

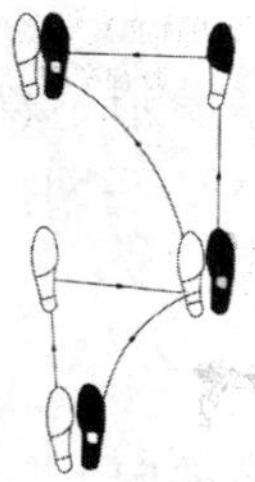
图　13-9

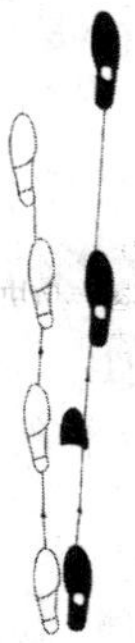
图　13-10

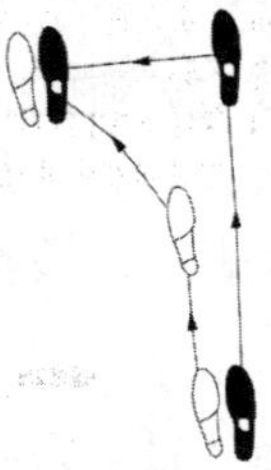
图　13-11

7．摇摆步转体

该舞步适于在拐角处或前方受阻需要改变方向时使用，其结构是一个摇摆步加一个转体侧步，如图 13-12 所示。

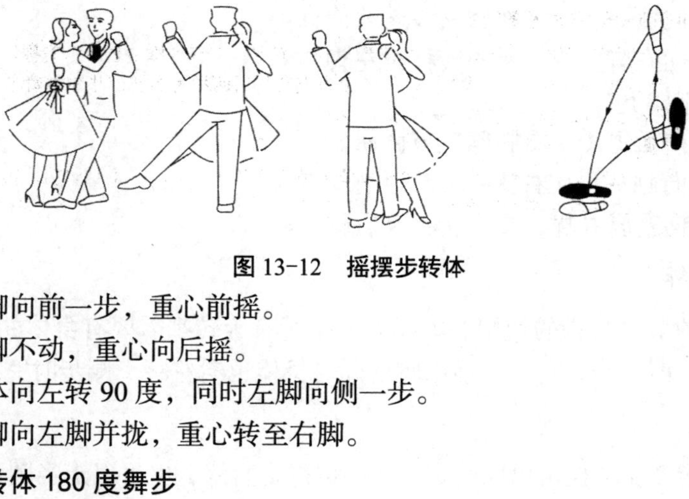
图 13-12　摇摆步转体

（1）左脚向前一步，重心前摇。
（2）右脚不动，重心向后摇。
（3）身体向左转 90 度，同时左脚向侧一步。
（4）右脚向左脚并拢，重心转至右脚。

8．向左转体 180 度舞步

男舞步如图 13-13 所示。
闭式舞姿站立。
（1）左脚向左前方 45 度迈步（慢）。
（2）右脚向前侧步，同时转体 90 度（慢）。
（3）身体继续向左转体，左脚向后退一步（快）。
（4）右脚向左脚并拢，重心转移至右脚（快）。

图　13-13

图　13-14

9．向右转体 180 度舞步

男舞步如图 13-14 所示。
闭式舞姿站立。

（1）左脚向前一步（慢）。
（2）右脚向前一步，同时转体 90 度（慢）。
（3）身体继续向右转体 90 度，左脚后退一步（快）。
（4）右脚向左脚并拢，重心转移至右脚。

（二）慢三步舞（华尔兹舞）

慢三步舞，舞步婉转流畅，旋转起伏形似行云流水，素有“舞中之后”美称。音乐华丽多彩，节奏是 3/4 拍，每小节 3 拍，第一拍为重音，后两拍为弱音。华尔兹舞节奏可用 1，2，3 来表示，最基本步法是平衡步和方步。

1. 平衡步

平衡步向前、后、左、右做时，第一步膝关节微微弯曲向下，占 1 拍时值，第二步跟脚并步时，支撑腿膝关节要逐渐伸直，占 2 拍时值。

2. 方步

前三步动作如下：
（1）左脚向前一步，左腿膝关节微屈。
（2）右脚向侧一步，左腿膝关节逐渐伸直。
（3）左脚向右脚并拢，重心转移至左脚。
后三步动作如下：
（1）右脚向后退步，右腿膝关节微屈。
（2）左脚向侧一步，右腿膝关节逐渐伸直。
（3）右脚向左脚并拢，重心转移至右脚。

3. 方步转体

方步转体的节奏与脚的使用基本同方步。所有旋转都需要有身体的协调动作和膝部动作的配合。前三步，左脚向前出脚的同时身体也向左转，侧步时完成 90 度旋转。

4. 走步

走步可以走 3 步，也可以向前走 6 步，可以走直线，也可以走半圆弧线。走步时，第一步要大，膝关节微屈，第二、第三步要小，膝关节逐渐伸直。走步要呈起伏状。

5. 交叉步

男伴舞步节奏是：左脚向侧一步，右脚交叉在左脚后，重心向左脚摇摆；右脚向侧一步，左脚交叉在右脚后，重心向右脚摇摆。

6. 臂下转体

男伴舞步如图 13-15 所示。先做方步的前三步，再做右脚退步，同时左手臂领女伴右手抬起，用右手暗示女伴向右转体。左脚向侧一步，右脚

图 13-15　臂下转体

向左脚并拢。

女伴舞步如下：先做方步后三步，再做左脚向前一步，同时身体右转；右脚向前一步，同时向右转体 180 度；左脚向右脚并拢，继续向右转体 180 度；左脚向右脚并拢，继续向右转体 180 度；左脚向右脚并拢，继续向右转体 180 度与男伴呈闭式舞姿。

第二节　现　代　舞

现代舞有华尔兹舞、探戈舞、狐步舞、快步舞和维也纳华尔兹舞 5 个舞种。

一、华尔兹舞

华尔兹（Waltz）也称圆舞，是现代舞中历史最悠久、生命力最强的舞蹈形式。华尔兹舞的风格是典雅大方、动作流畅、旋转性强、华丽多彩，其动作高雅和谐、起伏多变，舞姿飘逸优美、文静柔和。

舞曲为 3/4 拍，每分钟 32 小节。其风格特点是起伏、飘荡、旋转、连绵不断、典雅华贵。其重心的升降规律一般为第一步最低，第二步重心升高，第三步时重心升至最高并开始下降。

握抱姿式：合对舞姿，如图 13-16 所示。

男女舞伴相对站立，双脚并拢，足尖向前，双方都偏向对方右侧 1/3，且右足尖对正对方双足的中线。

1. 方形步

此步法多用于左右脚重心的转换和基本功练习，如图 13-17 所示。

图 13-16　握抱姿式

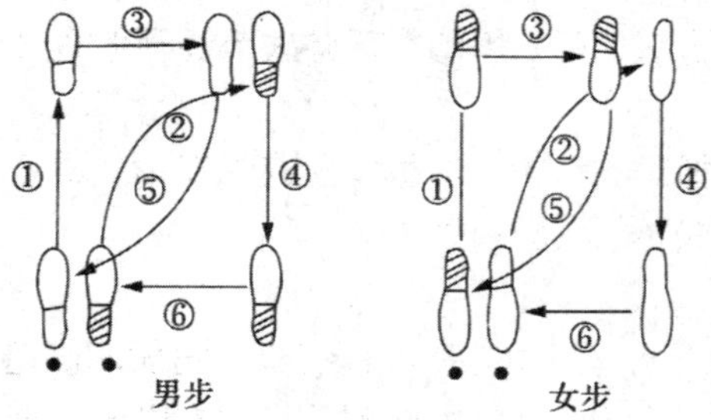

图 13-17　方形步

准备姿势：合对舞姿。整个过程方向不变。

男子舞步：第①拍，左足前进一步，足跟落地滚动至脚掌。第②拍，右足上步横开，脚掌落地支撑。第③拍，左足并向右足，方向不变，重心由双脚掌落至全足。第④拍，右足后退一步，足掌落地滚动至全足。第⑤拍，左足跟上右足后横开，足掌落地。第⑥拍，右足向左足并步，重心由双足掌落至全足。

女子舞步：女步的第①②③④⑤⑥拍与男子舞步的第④⑤⑥①②③拍相同。

2. 左转步

该步法由六步两个小节构成，每小节向左转 135 度，共左转 270 度，如图 13-18

所示。准备姿势：合对舞姿。

3．左足并换

该步法由三步一个小节构成，主要用于左右足重心的转换，方向不变。准备姿势：合对舞姿。男女舞步与方形步前三拍（第一小节）相同，图略。

4．右转步

此步法与左转步相对称，亦由六步两个小节构成，每小节右转体 135 度，共完成转体 270 度，如图 13-19 所示。准备姿势：合对舞姿。

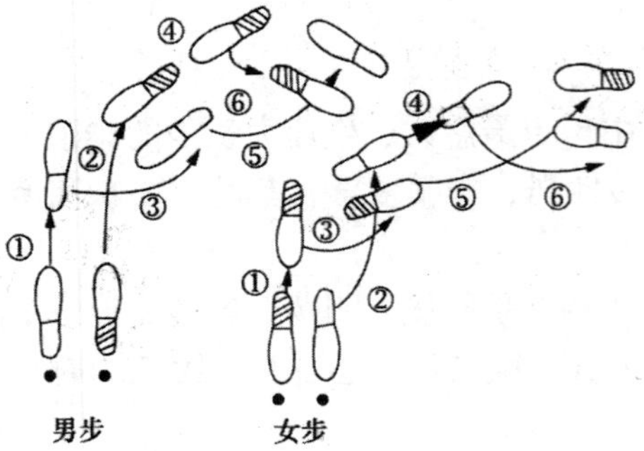

图 13-18　左转步

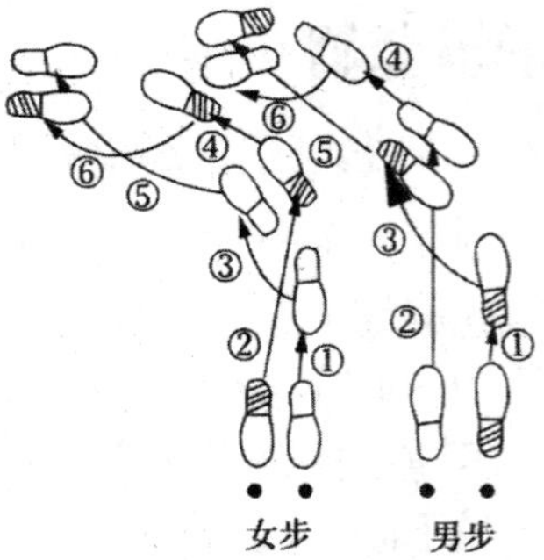

图 13-19　右转步

5．右足并换步

该步法由三步一个小节构成，主要用于左右足重心转换，方向不变，如图 13-20 所示。准备姿势：合对舞姿。

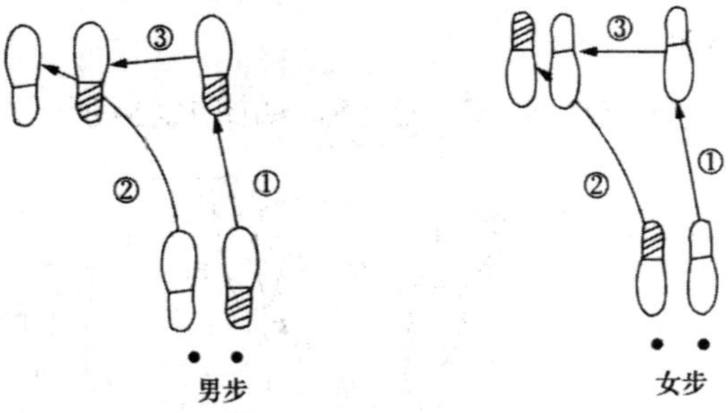

图 13-20　右足并换步

二、探戈舞

探戈（Tango）为现代舞的一种，是最早被英国皇家舞蹈教师协会肯定并加以规范的 4 个标准舞之一。探戈舞步独树一帜，斜行横进，步步为营，俗称“蟹行猫步”。其动作刚劲锐利，欲进又退，欲退还前，动静快慢，错落有致。探戈舞以其刚劲挺拔、潇洒豪放的风格和独有的魅力征服了舞坛，被誉为“舞中之王”。

探戈舞曲为 2/4 拍，每分钟 33 小节，其基本节奏为慢（S）、慢（S）、快（Q）、快（Q）（S 为 Slow 的缩写，Q 为 Quick 的缩写）。风格特点是沉稳扎实，刚劲锐利，动作棱角分明，步法有停顿，头随身体有摆动等。

握抱姿势：合对舞姿，如图 13-21 所示。

1．常步分身

这是探戈中最常用的步法之一，一般作为连接步使用，其基本节奏为 S，S，Q，Q，如图 13-22 所示。准备姿势：合对舞姿。

2．侧行并位

从侧行位开始，结束时为合对舞姿，常用于各种分身开位舞步之后。其基本节奏为 S，Q，Q，S，如图 13-23 所示。准备姿势：侧行舞姿。

图 13-21 握抱姿势

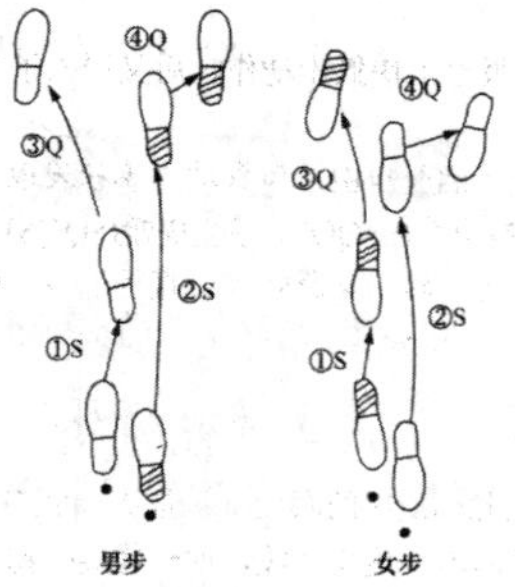

图 13-22 常步分身

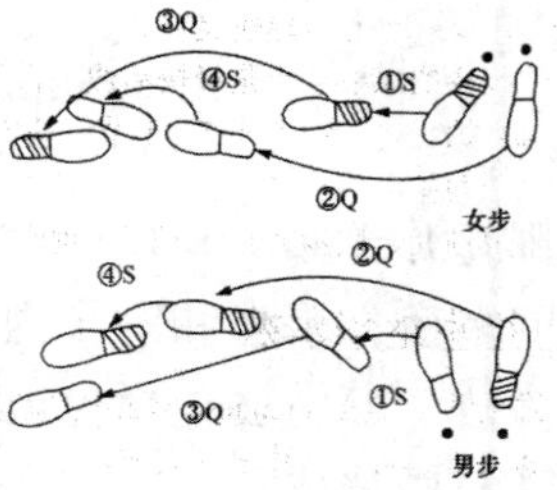

图 13-23 侧行并位

3．常步接开式左转步

该舞步的基本节奏为 S，S，Q，Q，S，Q，Q，S，如图 13-24 所示。准备姿势：合对舞姿。

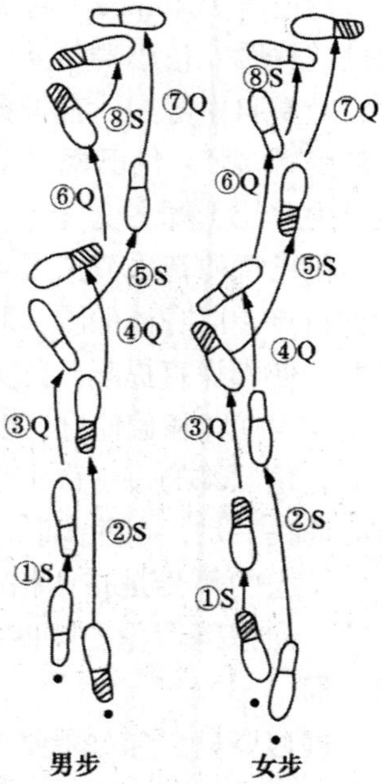

图 13-24 常步接开式左转步

三、狐步舞

狐步舞（Fox-trot）起源于美国黑人舞蹈，20 世纪初从美国逐渐流行于世界。其风格具有舒展流畅、轻盈飘逸、平稳大方、悠闲自在、从容恬适的韵味。

狐步舞的舞步轻柔、圆滑、流畅，方位多变且不并步，动作连接中呈现出降中有升、升中有降的线行流动状。狐步音乐为 4/4 拍，基本节奏与探戈相反是慢快快（SQQ），每分钟 30 小节左右。其基本步法有羽步、三直步、转步、波浪步和盘转交叉步等。

四、快步舞

快步舞（Quickstep）是从美国民间舞演变而来，吸收了快狐步动作，后又引入了芭蕾的小动作，使舞步更显轻快灵巧。

快步舞的风格特点是轻快活泼、富于激情，舞步洒脱自由，包含动力感和表现力。

舞曲为 4/4 拍，每分钟 50 ~ 52 小节，基本节奏是慢慢快快（SSQQ）、慢快快慢（SQQS），一个慢相当于两拍，快相当于一拍。其基本步法有 1/4 转、踌躇转步、直行追步、前进锁步、后退锁步、快步式转步和四快跑步等。

五、维也纳华尔兹

维也纳华尔兹（Viennese Waltz）是起源于奥地利北部山区的农民舞，是历史最悠久的舞蹈。其风格特点是动作舒展大方，连绵起伏，节奏清晰，旋律活泼，动作优美，舞步轻快流畅，旋转性强。

维也纳华尔兹舞的音乐是 3/4 拍，每分钟 60 小节。其基本步法有基本步、转步和后退换步等。

第三节　拉　丁　舞

拉丁舞起源于非洲和拉丁美洲，具有热情奔放、浪漫风格的特点。舞蹈动作豪放粗犷，速度多变，手势和脚步内容丰富，充满激情，音乐节奏鲜明强烈，尤为中青年人所喜爱。拉丁舞主要包括伦巴舞、桑巴舞、恰恰舞、斗牛舞和牛仔舞等。以下主要介绍伦巴舞的舞蹈技术。

一、伦巴舞

伦巴舞（Rumba）起源于古巴。其音乐缠绵浪漫，舞蹈风格柔媚、抒情，是表现爱情的舞蹈。伦巴舞与其他拉丁舞不同的特点是在舞步的运行中，髋部富有魅力地扭摆，上身自由舒展，在抑扬的韵律节奏下，具有文静、含蓄、柔媚的风格，更展示女性的婀娜多姿。伦巴舞因在拉丁舞中历史悠久、舞型成熟和它那异国情调的独特风格，被誉为“拉丁舞之魂”。

伦巴舞的音乐节拍为 4/4 拍，每分钟 27 小节，基本节奏是蓬嚓嚓、嚓蓬、嚓蓬嚓。动作特点是以身体的腰、胯、膝、踝等部位进行有机的配合，动作的膝部先是柔和地弯曲，使脚踝直提起，趾尖沿地面向前行进，随即向前移动重心，先是脚掌踏下，然后全脚着地，膝盖伸直，接着臀胯向后摆转，另一脚则膝部放松，准备第二步的行进。因此，伦巴舞的每一次走步都有两个动作：一是迈步，二是重心的移动，前足落地时重心尚在后足，在跨步时逐渐改变重心。

伦巴的舞步是在四拍中走三步，第一拍用在弹性扭胯动作上，在第二拍时迈第一步，所以练习伦巴舞时要数 2，3，4，1。数 2，3，4 拍时，每拍走一步，第一拍只扭胯。

握抱姿势：合对舞姿（只介绍一种），如图 13-25 所示。

1．基本步

该舞步是由前进走步、后退走步和横步组成。它是伦巴舞的最基本舞步，如图 13-26 所示。

准备姿势：合对舞姿，两足分开站（比肩稍宽）。

2．纽约步

纽约步如图 13-27 所示。准备姿势：分对舞姿（男左手拉女伴右手，距离稍拉开，其他姿势同合对舞姿）。

图 13-25 握抱姿势

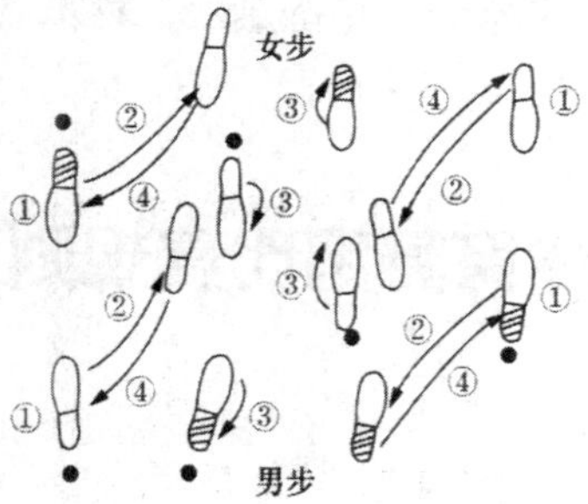

图 13-26 基本步

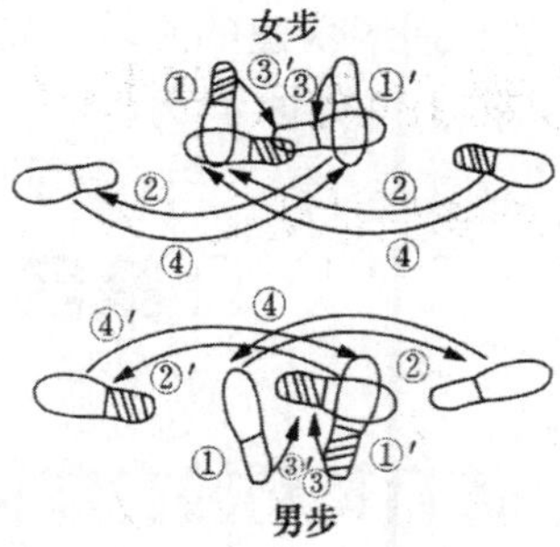

图 13-27 纽约步

二、桑巴舞

桑巴舞（Samba）源于巴西，是从巴西农村的摇摆桑巴舞传入都市演变而成的。桑巴舞的风格特点是动作粗犷，起伏强烈，舞步奔放、敏捷，富有强烈的感染力。由于它在移动时沿舞程线绕场进行，因此是拉丁舞中行进性的舞蹈。桑巴舞音乐 2/4 或 4/4 拍，每分钟 48 ~ 56 小节。在每一小节中，舞步可以跳出二步（SS）、三步（SQQ 或 SAS）、四步（QQQQ）等多种步型。其基本步法有向左向右叉形步、博塔费戈、伏尔塔和辫子步等。

三、恰恰舞

恰恰舞（Cha-Cha-Cha）由非洲传入拉美后，在古巴获得很大发展，它是模仿企鹅姿态创编的舞蹈。在动作编排上一反男子领舞的习惯，男女动作不求统一整齐，且多半是男子随后。恰恰由于名称动听，节奏欢快易记，乐鼓和沙球的咚咚沙沙声与动作相吻合，舞蹈诙谐、花哨，步法利落、紧凑的风格，所以备受欢迎，是拉丁舞中最受欢迎的舞蹈。恰恰舞的音乐为 4/4 拍，每分钟 29 ~ 32 小节。其基本步法有交叉基本步、分展步、纽约步、古巴断步和曲棍步等。

四、斗牛舞

斗牛舞（Paso Doble）起源于西班牙，是模仿西班牙斗牛士的动作，由西班牙风格的进行曲伴舞的一种拉丁舞。在舞蹈中，男士象征斗牛士，女士象征斗牛士的斗篷，因此舞蹈应表现出男子强壮英武和豪迈昂扬的气概。斗牛舞特色鲜明，风格迷人，音乐雄壮，舞态生动，步法强悍、振奋。音乐为 2/4 拍，每分钟 60 小节。其基本步法有摇摆、抛掷、美式疾转、马鞭步、风车步和西班牙手臂步。

五、牛仔舞

牛仔舞（Jive，捷舞）源于美国西部。原来的牛仔舞节奏快速兴奋，动作粗犷，带有举持舞伴和甩动的技巧，是表现西部牛仔强健体魄和自由奔放情绪的舞蹈。后经规范进入社交界，成为社交舞和表演舞范畴。牛仔舞舞态多姿，舞步丰富多变，其强烈的扭摆和连续快速的旋转，常使人眼花缭乱、亢奋热烈，舞步欢快，有跃动感。音乐为 4/4 拍，每分钟 44 小节。

第四节　体育舞蹈比赛规则

一、体育舞蹈的竞赛特点

由于体育舞蹈是从文艺转变而来的项目，因此表现在竞赛上既有文艺的痕迹又有体育的特点。

1. 主持人制

体育舞蹈比赛自始至终在主持人的指挥和控制下运行，主持人既是司仪、广播员，又是宣传鼓动员、观众代言人，是场上的中心人物。

2. 比赛和表演结合

体育舞蹈比赛前、中间或结尾经常穿插国内外优秀选手的表演，既能够使比赛更加丰富多彩、气氛热烈，也能使裁判、选手和记分组等人员得以休息和重新准备。

3. 淘汰与顺位结合的比赛方法

（1）淘汰法。体育舞蹈比赛从预赛至半决赛采用淘汰制比赛方式，即根据竞赛编排从参赛人数中按规定录取选手进入下一轮比赛，淘汰其余选手。

（2）顺位法。体育舞蹈比赛决赛采用顺位法决定单项和全能的名次。

4. 评分特点

体育舞蹈评议时每个评委在 1.5 ~ 2.5 分钟的时间内要从 6 ~ 20 位选手中决定比赛名单或名次、顺序，这要求评委精力集中、业务熟练、眼光敏锐。

二、比赛场地、舞程线、角度和方位

体育舞蹈的赛场面积为 15 米 × 3 米的长方形，长的两条边线为 A 线，短的两条边线为 B 线；舞者沿舞池按逆时针方向行进的方向线称为“舞程线”。体育舞蹈中的旋转角度每旋转 360° 为一周，旋转 45 度，90 度，135 度，180 度，225 度，270 度，315 度分别为 1/8，1/4，3/8，1/2，5/8，3/4，7/8 周；在舞场上以 450 为单位按顺时针方向确定 8 个点，依次叫做 1，2，3，4，5，6，7，8 点，以此来确定舞者在场上的方位。为了确定舞者按舞程线运动时的方位和角度的变化，以舞程线为基准，以男伴面对舞程线的方向为例，对舞步的行进方向规定了 8 条线，如图 13-28 所示。

作为体育舞蹈运动的练习场地，只要地面光滑、平整，无论室内、室外均可。

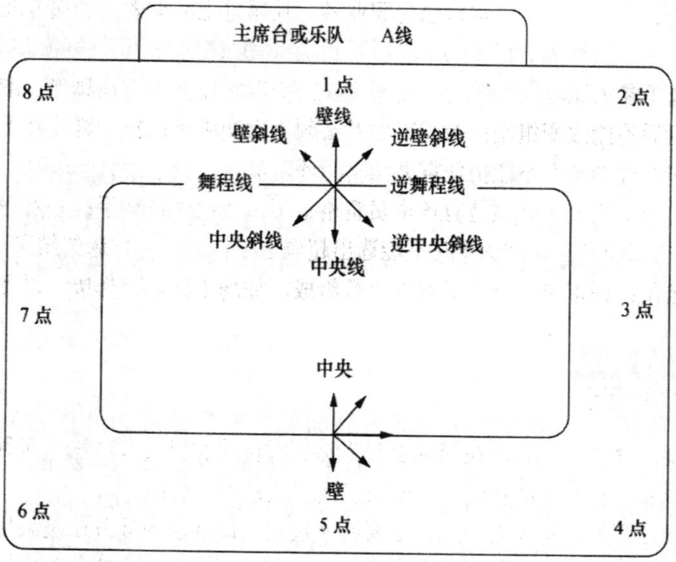

图　13-28

三、国际标准舞评审标准

一场比赛，评审员根据什么标准评定选手的优胜呢？归纳起来可分为下列 6 条标准：基本技术的掌握、音乐韵律的运用、舞蹈特性的表达、舞蹈编排的能力、参加比赛的表现和临场发挥的效果。以上 6 条标准，前 3 条是衡量选手的基本技艺，主要运用于初赛、复赛；后 3 条运用于半决赛和决赛。就选手而言，应当具有参赛的实力，而不要有任何侥幸心理，做到公平竞争。评审员根据评审标准，公正、严格、准确地评定选手。

四、评审知识

评审员的人数由单数组成，即 3、5、7、9 至更多的单位数组成。这是由于在比赛时，选手能否进入下轮比赛，是依据评审员 2/3 或 3/5 的比例选票决定出来的。比赛通常分为公开赛、锦标赛（全局的或重大的比赛）以及邀请赛、友好赛或精英赛（局部的或一般的比赛）。

比赛也可分为专业级和业余级。专业级比赛分为公开级和新秀级，在公开级获得过名次的选手，不能参加新秀级比赛。业余级比赛分为公开级和新人级，在业余公开级获名次的选手不能参加新人级比赛。专业级选手不能参加业余级比赛，业余级选手可以参加专业团体举办的赛会。专业级比赛都是跳 5 种舞蹈，业余级比赛可以任选比赛舞种和数目。业余级比赛还设有：中年组——男 40 岁以上，女 30 岁以上；老年组——男 50 岁以上，女 50 岁以上；青年组——男 14～18 岁，女相同；少年组——男女 14 岁以下。专业级比赛选手背号为黑底白字；业余级比赛选手背号为白底黑字。

区分专业与业余的方法：以舞蹈活动为职业；参加专业级别的比赛；以舞蹈活动收取酬劳；在营业场所进行表演，宣称自己为职业者。凡属以上活动者，均属专业者，不能参加业余比赛。

比赛中对选手参加比赛的若干规定：不许在同类舞蹈比赛中更换舞伴；准时入场，否则为弃权；编组后不能改变组别；摩登舞比赛必须男女交手跳；拉丁舞比赛不许有托举或跪腿等危险动作；现役选手不能担任重大比赛的评审员。

对评审员的若干规定：必须持有评审员资格证书；赛前回避选手；决赛时不能对选手评选出 1 ~ 6 名的相同名次；淘汰赛时不能选出超额选手。评审员评选的结果，经公布后，为成绩的最终结果；评审员上场，必须以单数组成，如场上评选票作废，以评审长评定成绩为准。

五、比赛计分方法

国际标准舞比赛的计分方法在国际上分为英式顺位法和日式顺位法，两种方法在淘汰赛时方法是一样的，只有在决赛时，顺位的名次方法是不一样的。

赛前在比赛规程和比赛通知中，一定要明文规定，比赛所用计分法是采用英式还是日式，以便参赛者统一方法，否则会带来麻烦，因为有时英式和日式的计算成绩的结果是不一样的。

赛前评审长根据参赛选手的对数，向评审员提出选手经初赛进入复赛的对数应是几对。如果参赛选手是 36 对，进入复赛的选手对数应是 2/3，即 24 对。经复赛进入半决赛的选手应当是 1/2，经半决赛进入决赛的选手对数只能是国际规定的 6 对决赛选手。

初赛、复赛、半决赛为淘汰赛。评审员用划“√”的办法选出应进入下一轮比赛的选手。评审员按 A，B，C，D，E 等代号区分，并在自己所分配的代号上圈“O”，便于计分统计与核对选票。

六、比赛服装

比赛服装规定摩登舞男子穿燕尾服，女子穿不要过脚踝的长裙。拉丁舞服装应有拉美风格，男女选手服装必须协调，男选手穿紧身裤或萝卜裤，上身穿宽松式长袖衣；女士穿露背、腿的短裙。男女舞鞋应与服装颜色一致。男子摩登舞一般穿黑色舞鞋，女子穿 5 ~ 8 厘米的高跟鞋，鞋面可以镶嵌亮饰。男子拉丁舞鞋同摩登舞鞋，女子穿高跟凉鞋，鞋可加亮饰。

第十四章　民族传统体育运动

第一节　投　绣　球

一、投绣球的起源与发展

投绣球历史悠久，最早出现于2000年前绘制的花山壁画上，但当时是用青铜铸制的兵器，用于甩投，称为“飞砣”，多在作战和狩猎中应用。后来人们将飞砣改制成绣花囊，互相抛接娱乐。到了宋代，逐渐演变成为民间男女青年表达爱情的媒介。

据了解，在东南亚的越南、缅甸、泰国和南美洲墨西哥的部分地区，当地的人民也有制作绣球、将绣球作为吉祥物馈赠亲朋好友的风俗。墨西哥地区制作的绣球比较小，颜色鲜艳，通常只有 6 瓣。每逢佳节或贵宾来临，好客的墨西哥人就会给客人或长辈馈赠绣球，代表吉祥如意。泰国当地的居民将绣球视为佛的替身，认为经常佩戴有驱邪健体的功效。“抛绣球”这种民俗婚配行为是一种相对极端的行为，偶然性强，这种寻配偶的方法不被封建主流文化所接受，所以逐渐消失。

二、高杆投绣球

（一）高杆投绣球的技术

1．持球

动作要领：持绣球（以右手投球为例）正对投球方向，两脚前后开立，左脚在前、右脚在后，两脚相距约 30 厘米（因人而异，以站立姿势舒适为宜），重心落在右脚上，左手向前上方伸直，掌心向上，用四指托住绣球，右手握住绣球提绳的尾部，平屈于右侧，上臂与前臂的夹角约 30 度，准备投球。

2．投绣球（以右手投球为例）

动作要领：左手稍用力将绣球上抛，同时右手向后拉绳，开臂，绣球以提绳为半径，右手握绳处为圆心，绣球在身体右侧，按顺时针方向运动，同时蹬腿，送髋，伸臂送腕，重心前移，当绣球绕至前上方时，顺着球的惯性将球以合适的角度抛出。左臂自然平屈于胸前。

（二）高杆绣球竞赛规则

运动员在规定的场地、时间内，将绣球投进高杆的圈内得分，得分多者为胜。

2．场地

场地规格为长 26 米，宽 14 米的平坦地面。长线叫边线，短线叫端线。两条边线中点的连线叫中线。见图 14-1。

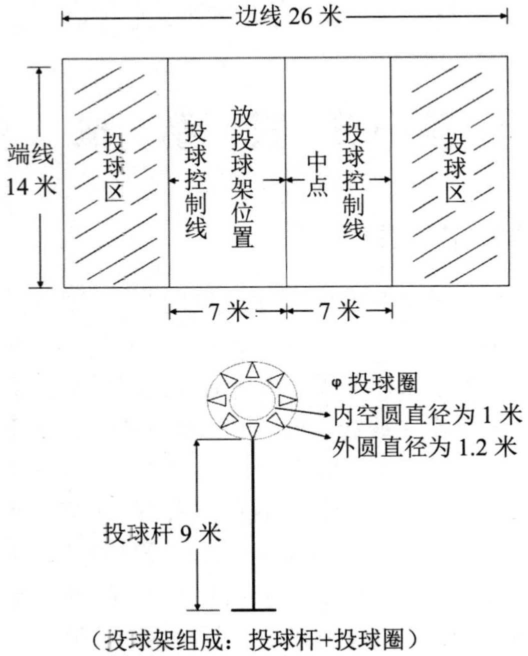

图 14-1　高杆绣球比赛场地

投球控制线，在距离边线中点两侧 7 米处各画一条与中线平行，与两条边线连接的线，叫投球控制线。

投球区，投球控制线到端线之间的区城为投球区。

3．器材

投球杆：钢管或相应的坚固材料制成，高 9 米，立于中线的中点。

投球圈：在投球杆的上端固定一个直径 1.2 米、内空直径为 1 米的圆圈，为投球圈。

绣球：用绸料及布料制成，直径为 5 厘米~6 厘米，内装细沙，重 150 克的实心球。球心穿系一条长 90 厘米，尾端系三片长 4 厘米、宽 2 厘米布条的绳子。球底安上 5 厘米长、0.5 厘米宽的 5 片布条为球穗，即为比赛用绣球。比赛时需备 5 种不同颜色的绣球各 5 只以上。

4．运动员

每队运动员 10 人，男、女各 5 人，队员上衣必须有明显的号码，遵守竞赛规则、规程，并对自己的行为负责，不得做出妨碍比赛、干扰对方、破坏比赛气氛的任何行为。

5．教练员

教练员应按规则要求在指定的地点进行观赛或指挥，不得进入比赛场地。

6．比赛办法

比赛分团体赛和个人赛。团体赛分男子团体和女子团体，同队的 5 名男运动员或 5

名女运动，同时上场投绣球，比赛时间为 10 分钟。个人赛分男子个人和女子个人，同队 5 名男运动员或 5 名女运动员同时上场投绣球，比赛时间为 5 分钟。

7. 比赛

比赛开始前，由裁判长带领比赛的运动员入场，交给临场裁判员，由临场裁判员发给绣球，可练投一分钟。待裁判长发出停止练习令后，分别站在两边的投球区内，做好比赛的准备。裁判长鸣笛，比赛开始。比赛进行与得分：比赛开始后，运动员可在两边投球区内反复将绣球投过高杆上的圈内，在规定的时间内，将绣球每投过圈内，得一分。当裁判长发出比赛结束的信号时，某场比赛即为结束。

注意：在比赛结束的信号发出时，运动员投出的绣球已在空中飞行，穿越投球圈内算得分；如在比赛信号发出后再出手投的绣球，无论结果如何，均判无效。

8．违例及罚则

投球时运动员踩控制线或越出投球区，判违例一次扣 1 分。运动员错拿别人的绣球时，判违例一次扣 1 分。

9．团体赛

在规定的比赛时间内,5 名男运动员或 5 名女运动员所投球的得分总和为男子或女子团体成绩，得分总和多者名次列前。如得分总和相等，总和相等的队即加赛 1 分钟，投中多者名次列前。如仍相等再加赛 1 分钟，直至决出胜负为止。

10．个人赛

在规定比赛时间内，投球得分多者名次列前。如投球得分相等，得分相等的队员即加赛 1 分钟，投中多者名次列前。如仍相等，再加赛 1 分钟，直至决出胜负为止。

11．弃权

超过比赛时间 5 分钟未到场。因对裁判的判罚有异议而拒绝继续比赛，中断时间达 5 分钟。

13．申诉

运动员对裁判员裁决有争议时，由领队或教练在比赛结束后 30 分钟内以书面形式向仲裁委员会提出申诉，同时交纳申诉费。仲裁委员会的判决为最终裁决。

14．裁判人员

比赛设裁判长 1 人，副裁判长 1 人，裁判员 10 人，检录、记录员各 1 人。记时员由正、副裁判长兼任。

15．裁判人员职责

裁判长：组织裁判人员学习和熟悉竞赛规程及规则，明确有关工作任务和事项，进行裁判员的分工，领导全体裁判人员检查场地、器材及其他比赛用具、设备，掌握比赛时间；处理规则中未作明文规定的有关问题；对比赛中发生的争议和异议作出最后裁决；对所有成绩、名次进行审核并签字。

副裁判长：协助裁判长进行工作，并同时掌握比赛时间；裁判长缺席时，代理其工作，行使其职权；做好后勤保障工作。

裁判员：赛前协助裁判长检查场地及器材；按照裁判长的分工两人一组，准备好比赛所需的某种颜色的绣球，最少 5 只；比赛开始前确认自己所负责的运动员，并发给其一个绣球，在比赛时间里，准确地记录所负责的运动员投球数、命中数和违例犯规次数；如队员在比赛中，绣球出现破裂或挂在架上，应及时补给该运动员一个绣球，以免耽误运动员比赛；每场比赛结束，将临场记录表交记录员。

检录员赛前 30 分钟进行检录，于该场比赛前 5 分钟将比赛队带到比赛场地，等候比赛。记录员赛前按每场比赛的参赛队员名单填好，并将每场比赛的队员名单交给找判员；每场比赛结束，收集裁判员所填报的临场记录表，将队员投球次数、命中数、违例数登记好，最后汇总计算出得分数，排出名次，交给裁判长最后审定。

三、背篓投绣球

（一）背篓投绣球

1. 持绣球

背篓投绣球的持绣球技术与高杆投绣球相同。如用工艺绣球比赛，则用五指直接捏握。

2. 投球技术

背篓投绣球的投球技术与高杆投球技术较为相似。背篓投绣球的出手角度相对要小。如用工艺绣球比赛，则用单手肩上投球技术。

3. 背篓接球技术

接球手背篓面对投球手站立于接球区内，面对投球手投来的绣球，判断来球落点，或侧或前或后移动，或蹲或半跪将来球接入篓中。

（二）背篓投绣球竞赛规则

1．胜负

运动员在规定的场地、时间内，将绣球投进本队队员身背的背篓内，投进多者为胜。

2．场地

背篓投绣球的场地规格为长 21 米、宽 2 米的平坦地面。相隔 15 米的一端为投球限制线，另一端为接球限制线，限制线外分别设长 3 米、宽 2 米的投球区和接球区。见图 14-2。

3．器材

背篓：直径上为 35 厘米、下为 25 厘米，长 60 厘米，用竹或塑料制成的圆形筐，上口开，下底封，并佩有背带，使运动员能舒适地背在背上。

绣球：用绸或布料制成，直径为 5 厘米~6 厘米，内装细沙，重 150 克的实心球，球心穿系一条长 90 厘米，尾端系三片长 4 厘米，宽 2 厘米布条的绳子。球底安上 5 厘米长，0.5 厘米宽的 5 片布条，为球穗，即为比赛用绣球。

场地示意图：

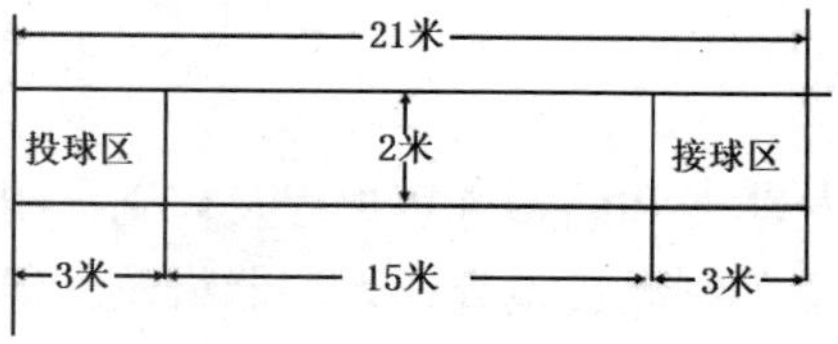

图 14-2　背篓投绣球比赛场地

4．运动员

每队运动员 5 人，其中 4 人为投球手，1 人为接球手。必须遵守竞赛规则、规程，并对自己的行为负责，不得做出妨碍比赛、干扰对方、破坏比赛气氛的任何行为。

5．教练员

教练员应按规则要求在指定的地点进行观察或指挥，不得进入比赛场地。

6．比赛办法

（1）比赛只进行男、女团体赛。比赛时间每组分别为 3 分钟。

（2）比赛开始前，检录员将比赛运动员带入场地内，交给临场裁判员。接球手站在自己的接球区内，投球手须依次站在投球区内，由临场裁判发给每人 6 个绣球，可练投 1 分钟。待裁判长鸣笛，比赛开始。

（3）比赛开始后，投球手必须按顺序每次投出一个绣球给接球手，接球手只能用背篓直接接球，姿式不限。

当裁判长发出比赛结束的信号时，或比赛队将最后一个绣球投出后，并向裁判员示意，某场比赛即为结束。在比赛结束的信号发出时，投球手投出的绣球已在空中飞行，接球手接到的绣球算有效。如在比赛信号发出后再出手投的绣球，均判无效。

7．违例及罚则

（1）投球手越过投球区或踏上投球区线投球，接球手越过接球区或踏上接球区线上接球，均判违例，所投进背篓的球均为无效球。

（2）投球手不按顺序投球，也判违例，均为无效球。

（3）接球手只能用背篓直接接球，不能用手及头等附加动作将球送入背篓内，否则判违例，所进球为无效球。

8．排名

以每队在 3 分钟内投进背篓的绣球多少决定名次，多者多次列前。如投进的绣球数相同，则以用时少的队名次列前。

9．弃权

超过比赛时间 5 分钟未到场。因对裁判的判罚有异议而拒绝继续比赛，中断时间达5分钟。

10．裁判人员

比赛设裁判长1人，副裁判长1人，计时员3人，检查员4人，检录员、记录员各1人。

11．裁判人员职责

裁判长：组织裁判人员学习和熟悉竞赛规程及规则，明确有关工作任务和事项，进行裁判员分工；领导全体裁判人员检查场地、器材及其他比赛用具、设备；发出比赛开始和比赛结束的信号；处理规则中未作明文规定的有关问题，对比赛中发生的争议和异议作出最后裁判；对所有成绩、名次进行审核并签字。

副裁判长：协助裁判长进行工作，并主要负责接球手方的判罚；裁判长缺席时，代理其工作，行使其职权；做好后勤保障工作。

计时员：当裁判长发出比赛开始的信号后，即开始计时，当某队在比赛中投完绣球，向裁判长示意，裁判长发出停止比赛信号时，停止计时，并将最后该队投完绣球所用的准确时间记录。

检查员：投球区和接球区各设两名检查员，负责检查运动员在比赛中有无违例行为，并进行记录。投球区的检查员协助裁判长发放绣球，接球区检查员协助副裁判长准确记录投进背篓的绣球，由副裁判长告诉记录员。

检录员：赛前30分钟进行检录，并将每一场的运动员按顺序检录好，于该场比赛前5分钟带到比赛场地，等候比赛。

记录员：准确记录每场队员投进背篓的绣球数和所用的时间，填好记录表，排出名次，交给裁判长最后审定。

第二节　板鞋竞速

一、板鞋起源

板鞋运动起源于明朝嘉靖年间，至今已有200多年的历史。在民间，关于板鞋的传说还有一段激动人心的故事：据说，明朝嘉靖年间，广西壮族女英雄瓦氏夫人曾经以板鞋作为“秘密武器”，训练士兵之间的团结性以及协作能力。她让三名士兵同穿上一副长板鞋一起跑步，长期如此训练，士兵的战斗素养大大提高，斗志昂扬，所向披靡，从而在战场上大败倭寇。后来，南丹县那地州壮族人民模仿瓦氏夫人练兵方法，开展三人板鞋竞技活动自娱自乐，相袭成俗，流传至今。2005年，国家民委、国家体育总局批准将“板鞋竞速”项目列为全国少数民族传统体育运动会的正式比赛项目。

二、板鞋竞速基本技术

板鞋竞速在标准的田径场地上进行，场地线宽为5厘米，跑道分道宽2.44米~2.50

米。比赛板鞋以长度为 100 厘米、宽度为 9 厘米、厚度为 3 厘米的木料制成（以三人板鞋为例）。每只板鞋配有三块宽度为 5 厘米护足，分别固定在板鞋规定的距离上，护皮以牛皮为宜。第三块护皮后沿距板鞋末端 15 厘米。

1．板鞋技术

板鞋竞速基本技术有预备姿势、原地踏步、向前走、快速跑、弯道走、终点冲刺技术。

2．预备姿势

动作要领：三人将脚套进板鞋的鞋套，第二名和第三名队员分别扶在前一名队员腰部或者肩部。

3．原地踏步——向前走——快速跑

动作要领：三人都穿好鞋后，一人或一齐喊口令“一、二、一”或“左、右、左”原地踏步，步调一致。熟练后，自然向前走，再慢慢过渡到自然跑、快速跑，提高速度。

三、赛事规则

（一）竞赛项目

男子（2 项）60 米、100 米；女子（2 项）60 米、100 米；2 × 100 米混合接力。

（二）场地及器材

1．场地

板鞋竞速在标准的田径场地上进行。场地线宽均为 5 厘米，跑道分道宽 2.44 米~2.50 米。在实际活动中可根据比赛的需要和场地状况设置跑道的多少。

2．器材

比赛板鞋以长度为 100 厘米，宽度为 9 厘米，厚度为 3 厘米的木料制成。（以三人板鞋为例）每只板鞋配有三块宽度为 5 厘米护足面皮，分别固定在板鞋规定的距离上，护皮以套紧脚面为宜。第一块护皮前沿距板鞋前端 7 厘米，第二块护皮在第一块护皮与第三块护皮的中间，第三块护皮后沿距板鞋末端 15 厘米。

（三）比赛通则

1．竞赛办法

比赛中，运动员应自始至终在各自跑道内进行。

2．比赛方法

（1）起跑口令。各就位：运动员将板鞋置于跑道起跑线前，运动员共同套好板鞋，任何一只板鞋不得触及或超过起跑线。枪响后，运动员方可起动跑进。

（2）途中跑。运动员在比赛过程中，如果出现某一队员脚脱离板鞋脚触地或摔倒，须在触地（落地）处重新套好板鞋继续比赛。

（3）终点。以第一名运动员身体躯干任何部位抵达终点线后沿垂直面瞬间为止，运动员的身体和板鞋须全部超过终点线后才能分离。

（四）计时

全自动电子计时或手动计时均可，电子计时成绩均以百分之一秒为最小计时单位。

（五）犯规与判罚

1．犯规

（1）抢跑。鸣枪前跑进起跑线。
（2）窜道。运动员在比赛过程中窜离本跑道。
（3）比赛中运动员脚脱离板鞋触地，或有阻挡或妨碍其他运动员跑进的行为。
（4）运动员抵达终点时，两只板鞋的一部分仍未过线，脚与板鞋分离。

2．罚则

抢跑犯规第一次给予警告，第二次取消犯规者该项目比赛资格。

（六）名次排定

板鞋竞速的名次排定以比赛中的决赛成绩决定，时间少者名次列前。

（七）弃权与申诉

1．弃权

在规定检录时间内三次点名未到场为弃权。中途退出比赛为弃权，无成绩。

2．申诉

（1）对运动员参加比赛资格提出异议，应在大会开始前向仲裁委员会或资格审查委员会提出，在未有结果前，应允许该队员参加比赛。

（2）参赛运动员若对比赛结果有异议，可在比赛结果宣告后30分钟内，向仲裁委员会提出书面申诉，同时交纳申诉费。仲裁委员会对申诉作最终裁决。

（3）大会竞赛部门应负责记录所有成绩宣告的时间。

第三节　毽 球 运 动

毽球运动是一种在民间广为流传的传统体育，其对场地和器材的限制非常小，而且所需要费用也很少，几乎随时随地都可以开展。另外，毽球运动对参与者的性别和年龄也没有限制，是一种男女老少皆宜的传统体育项目。毽球的踢法有很多种，有单人踢、双人踢、多人踢；有正踢、反踢、交叉踢等几百种花样。毽球运动寓游戏于运动，只要合理掌握运动量，不但可以强身健体，也可获得极大的乐趣。

一、毽球项目的起源与发展

据历史文献和出土文物证明，踢毽子起源于我国汉代，盛行于六朝、隋、唐、宋。据记载，南北朝北魏时，河南嵩山少林寺的跋陀在去洛阳的途中遇到了 12 岁的惠光在天街井栏上踢毽子，连续踢了 500 次，赞叹不已。宋朝的《事物记源》中对踢毽子有较详细的记载："今时小儿以铅锡为钱，装以鸡羽，呼为毽子，三四成群走踢，有里外廉、拖抢、耸膝、突肚、佛顶珠等各色。"另据宋人周密的《武林旧事》中介绍，在宋代的临安城（今杭州），还有专门制作毽子的作坊和出售毽子的商店，这也从一个侧面反映出宋代踢毽子活动之盛。明、清时期，踢毽子进一步发展。明代刘侗在《帝京景物略》中写道："杨柳儿活，抽陀螺；杨柳儿青，放空钟；杨柳儿死，踢毽子；杨柳儿发芽，拓拔儿。"

至清末踢毽子活动更加广泛，并且已发展到数人同踢的技巧运动，而且把踢毽子和书画、下棋、放风筝、养花鸟、唱二黄等并提，青少年参加者更为普遍，当时就有这样的童谣："一个毽儿，踢两半儿，打花鼓，绕花线儿，里踢外拐，八仙过海，九十九，一百。"说明踢毽子已经达到了相当普及的程度。

新中国成立后，毽球得到了空前的发展。1950 年，北京市吸收以踢毽子糊口的街头艺人，并于杂技团中专设了踢毽子节目，在出国进行表演时受到了国外观众的热烈欢迎。1961 年，中央新闻电影制片厂拍摄了《飞毽》的电影，对毽球运动的发展起到了很大的推动作用。1963 年，踢毽子被国家确定为提倡开展的体育项目，被编入小学体育课程教材。到 20 世纪 80 年代，毽球运动得到迅速普及，广泛开展于工厂、学校、机关和企事业单位。北京、广州、中山、武汉、上海、承德、天津、丹东等"毽球之乡"也日益发展起来。

毽子的第一次正式比赛是广州市体委于 1956 年举办的。1984 年国家体委将毽球列为全国正式比赛项目。1986 年出版了第一本《毽球竞赛规则》。自此，毽球进入全国少数民族传统体育运动会，以及农民、职工和大、中、小学生运动会等赛事，同时还有专门的毽球邀请赛和锦标赛，毽球运动从此朝着规范化的方向发展。1993 年首届国际毽球邀请赛在重庆举行。1999 年，由中国、越南、德国、匈牙利、老挝等发起成立了世界毽球联合会。近年来，毽球的赛事更是络绎不绝，极大地推动了毽球在国内外的广泛开展。

二、毽球项目的技术实践

（一）准备姿势技术实践

在毽球运动中，准备姿势与移动是最基本的技术，这两项技术是其他各项技术运用的纽带。准备姿势与移动是相辅相成的，做好准备姿势是为了更好地移动，而快速地移动是以准备姿势为基础的。

1．准备姿势

在毽球运动中，运动员在做起动、移动和击球前的身体姿势即为准备姿势。准备姿势根据两脚开位的不同，可以分为左右开立准备姿势和前后开立准备姿势。

（1）左右开立。两脚左右开立，比肩略宽，两膝弯曲，上体前倾，微微提踵，将重心放在前脚掌，两肩的垂直面超过膝部，两臂自然弯曲放在体侧，全身肌肉适度紧张，双目注视来球。

（2）前后开立。两脚前后开立与肩同宽，两脚尖正对前方，后脚跟稍提起，膝关节保持一定的弯曲。将上体稍前倾，重心靠前，两臂放松，自然弯曲置于体侧。全身肌肉不宜过分紧张，应适当放松，两脚保持微动状态，两眼注视来球。

2. 移动

队员从起动到制动之间所采用的身体位移方法即为移动。在毽球运动中，两三步的短距离移动使用较多。常用的移动步法主要有左右滑步、前上步、后撤步、跨步、并步、跑步、交叉步等多种。

（1）左右滑步。左右开立准备姿势，左（右）脚用力侧蹬，重心侧移，同时右（左）脚向侧迈出，左（右）脚迅速蹬地滑动，跟随右（左）脚移动，可连续滑步。

（2）前上步。前上步或斜上步时，踢球脚蹬地，支撑脚向前或斜前方迈一步，踢球脚跟上，成踢球准备姿势。

（3）后撤步。后撤时，支撑脚向后蹬，重心后移，同时踢球脚向后迈出一步，支撑脚跟上，成踢球准备姿势。

（4）跨步。支撑脚向前或斜前方蹬地，重心降低前移，击球脚沿地面跨出，插入球下成救球姿势，两手臂自然摆动保持身体平衡。在来不及移动或快速移动后的衔接中，跨步运用较多。

（5）并步。前并步时，右（左）脚向前蹬地，将身体重心前移，左（右）脚向前迈一步，同时右（左）脚跟上并步。左（右）侧并步时，右（左）脚向左（右）侧蹬地，将重心向左（右）移，左（右）脚向左（右）侧迈出一步，右（左）脚跟上并步。

（6）跑步。跑步在球的落点距离身体较远时采用。跑步时，起动的步子要小，步频要快，然后逐渐加大步幅，两臂要配合摆动，在接近来球时，减速制动，逐渐降低重心做好击球前的准备姿势。

（7）交叉步。若向右侧交叉步移动时，将上体稍向右移，左脚内侧蹬地从右脚前面向右交叉迈出一步，然后右脚再向右跨出一步，同时身体转向来球方向，保持击球前姿势。

（二）发球技术实践

发球是进攻的开始。在毽球比赛中，发球技术的运用十分关键，往往决定着比赛的胜负。发球的方法有很多种，根据球接触脚的部位不同，可以将发球技术分为脚背发球和脚侧发球两大类。

1. 脚背发球

脚背发球又可根据发球对身体与球网的关系分为正面和侧身两种。

（1）正面脚背发球。在毽球的所以发球方式中，正面脚背发球是最简单的一种，同时也是比赛中应用最广泛的发球技术。相较于其他的发球方式，正面脚背发球的准确性和成功率较高。

准备正面脚背发球时，将身体正对球网，前后开立，左臂自然前伸，掌心将球托于体前。然后，左手把球垂直向上轻轻抛起，球在右脚前方约 40 厘米处下落；发球队员重心前移，右脚踝关节绷直，利用抬大腿、踢小腿的动作，在离地面 20 厘米高度，抖动加力将球击出，把球发人对方场区。脚的击球部位应在脚背正面食趾的跖趾关节处。发球队员在发球时，重心要跟进，踝关节要绷紧、绷直，大腿带动小腿。

（2）侧身脚背发球。相对应正面脚背发球方式，侧身脚背发球难度要大一些。在击球时一定要注意身体的协调性发力，保持身体平衡，尽可能地提高发球的准确性和成功率。在毽球训练和比赛中，侧身脚背发球运用较多。

准备侧身脚背发球时，将身体侧对球网，左脚在前，两膝微屈，重心落在两脚之间，左臂自然前伸，掌心托球于体前。然后，左手把球垂直向上轻轻抛起，球在右脚内侧体前约 50 厘米处下落；发球队员身体重心前移，以支撑脚的前脚掌为轴向左转体，踢球腿以髋关节为轴，大腿带动小腿由后向前摆动，脚背自然绷直，拇趾尖向斜下指，以脚背正面或稍外侧一点的跖趾关节部位击球，将球击入对方场区。

2．脚侧发球

在通常情况下，脚侧发球都是从正面发起的。脚侧发球有正面脚内侧发球和正面脚外侧发球两种。

（1）正面脚外侧发球。在发球前，将身体正对球网，两脚前后开立，左脚在前，发球时，抛球于右脚前，绷脚尖，右腿由后向前摆动，足踝内转，用脚外侧加力将球击入对方场区。

（2）正面脚内侧发球。在准备发球前，将身体正对球网，前后开立站好。持球抛脚前，抬腿加转髋，内踝加力送推球。与正脚背发球的准备姿势基本相同，发球者重心前移，髋、膝关节外翻，屈膝向前摆动，当身体重心超过身体垂直面后，支撑脚向后蹬地，加速重心前移，髋、膝关节加力外翻，发球脚踝关节背曲用脚弓内侧中部把球发人对方场区。而后发球脚迅速着地保持身体平衡。注意发球时要用大腿带动小腿。

（三）踢球技术实践

踢球是运动员用膝关节以下某一部位将球击向预定目标的技术动作。常见的踢球方法有膝盖踢球和脚部踢球，脚部踢球又可分为脚内侧踢球、脚外侧踢球、正脚背踢球。

图 14-3　膝盖踢球

1．膝盖踢球

用右手持毽子，将两腿自然开立，右手将毽子向正前上方抛起，左腿支撑，右腿屈膝向上抬起（约与地面平行），用膝盖上方平面部位击毽子，当毽子下落至膝部上方 20 厘米时，大腿再向上摆发力击毽。动作熟练后可两膝交替进行。如图 14-3 所示。

2．脚部踢球

（1）脚背踢球。脚背踢球包括脚背屈踢、脚背绷踢、脚背直踢三种，这三种方式的共同点是单脚支撑用脚趾或脚趾跟部踢球。

用右手持毽子，两腿自然开立，右手将毽子向正前上方抛起，等毽子下落到膝盖下方时，屈踝，脚背抬平向上踢毽，上体微向前倾，注意体会球感并控制踢毽高度，脚背垂直向上用力。熟练后可两脚交替踢。其动作有踢上飞高球、侧身扣球和踢倒钩球三种。如图 14-4 所示。

（2）脚外侧踢球。以左脚为支撑脚，用右大腿带动小腿，膝内收，小腿向体外侧上摆，击球的一刹那勾足尖，踝关节外屈端平，用脚背外侧把球向上踢起。等毽子下落至膝外侧时再重复踢毽。如图 14-5 所示。脚外侧踢球可踢上飞高球和斜飞高球。

（3）脚内侧踢球。两腿自然开立，左手持毽子于胸前，然后将毽子垂直向上抛起，下落至膝部时，右腿屈膝外展并正摆，用脚内侧中上部向上击毽子，等毽子下落后，再重复用右脚内侧踢毽子。每踢一次，右脚落地保持身体平稳，然后，再继续踢毽子。踢毽高度可在肩以上，熟练后可两脚交替踢。如图 14-6 所示。由于脚内侧踢球的攻击力不强，因此，很少用来踢向对方场区，较多的用于传球。在比赛中，可踢上飞高球和斜飞高球。

图 14-4　脚背踢球

图 14-5　脚外侧踢球

图　14-6　脚内侧踢球

（4）脚前掌踢球。脚前掌踢球具体可分为前脚掌拍压球和脚前掌身后踢球两种。

①前脚掌拍压球。面对网站立，当球在网前时，一腿微曲支撑，踢球腿抬大腿屈膝提起，前伸小腿，使脚前掌对准来球。同时，支撑腿稍屈，提脚跟，上体后仰，双臂稍曲前摆。在踢球的一刹那，小腿前伸，脚面绷直，脚踝用力，以前掌拍压动作将球击入对方场区，可跳起用脚掌拍压。

②脚前掌身后踢球。当来球落在紧靠身体后面时，一腿微曲站立，踢球腿屈膝，小腿向后方摆起，使脚前掌对准来球。同时，上体稍微转向来球一侧，在踢球的一刹那，脚踝绷直并用力，用脚前掌将球踢起。

（5）倒钩踢球。背向球网两脚平行站立，如右脚蹬地起跳，则左腿屈膝上摆，当上摆到最高点时，左脚迅速下落，同时右腿屈膝，大腿带动小腿用力上摆，击球一刹那，脚踝抖屈，以脚趾或脚跟部位踢球，随后左右脚先后落地，并保持身体平衡。

（四）传接球技术实践

在毽球运动中，传接球是指用头、胸、腿、脚等身体有效部位，把对方击过网的球或本方一传的球击起（接球），再传给本方二传手或攻球手的动作（也可作自传自攻）。传接球技术根据传接球时运用的身体部位的不同可分为脚部传接球、腿部传接球、头部传接球和胸部接传球四大类，而腿部传接球又可根据传接球与脚接触部位的不同分为脚背传接球、脚内侧传接球和脚外侧传接球三种。

1．脚部传接球

在毽球运动中，脚部传接球是最常用的传接球技术。相较于头部、胸部和腿部来说，脚部的灵活性要强一些，因此，脚部传接球的方式也就较多。

（1）脚背传接球。脚背传接球是脚部传接球中最常用的方法，其灵活性较高，活动范围较大，成功率也相对较高。

在准备用脚背传接球前，两膝微屈，重心下降，做好准备姿势。接球时，一脚支撑身体，另一脚主动插入球下，脚背与地面基本呈水平，当球快落到脚背上时，利用适度的伸膝和踝关节背屈的协调勾踢动作，把球向上踢起。击球部位应在脚的跖趾关节处，离地面 10 厘米~15 厘米的高度适宜作为击球点。为了提高或保证传接球的准确性和成功率，具体可通过脚背面的变化、踝关节背屈勾踢的程度来调整击出球的方向、弧度和落点。

（2）脚外侧传接球。相较于脚背传接球，脚外侧传接球的活动范围较小，对击球方向的把握准确性较低，不利于得分，因而这种传接球方法用得较少。

在用脚外侧传接球时，两脚自然开立，两膝微屈，双眼注视来球。接球时，将重心移到支撑脚上，击球腿的髋、膝关节内扣，踝关节背屈，膝、踝关节外翻，使脚外侧尽量与地面平行，击球是利用小腿快速屈膝上抬的动作向体后上方击球。脚接触球的部位在脚外侧面的中部或中后部。为取得较好的传接球效果，要注意保证击球点的高度，以不超过膝关节为宜。

（3）脚内侧传接球。脚内侧传接球也是一种比较常用的传接球方法，相较于脚背传接球来说，脚内侧传接球的简易性要差一些。在运用脚内侧传接球时，传接球者必须及时调整好身体姿势才能去进行传接球，否则就会出现失误。

在用脚内侧传接球时，两脚前后自然开立，踢球脚在后，两膝微屈，两手臂放松自然下垂于体侧。眼睛注视来球。接球时，身体重心应移到支撑脚上，踢球腿大腿带动小腿由后向前上方摆动。在摆动过程中应逐渐形成髋关节外张、膝关节弯曲、踝关节内翻的基本姿势。击球的一刹那脚部击球面端平，击球部位应在脚弓内侧面的中部，击球点一般应在支撑腿膝关节高度之体前 40 厘米处。为了保证传接球的质量，要注意击球的全过程应柔和协调，大腿、小腿应完成向前上方送球的动作，尽量准确地做每一个动作。

2．腿部传接球

腿部传接球就是用大腿或小腿来进行传接球，通常运用较多的为大腿传接球。

两膝微屈做好准备姿势。当球飞近大腿时，将重心移到支撑腿上，击球腿自然屈膝，大腿带动小腿由后向前上方快速抬起，用大腿的前 1／3 处击球，抬腿力量的大小应根据球的弧度和落点要求加以控制。

腿接触球时应与地面保持一定角度，形成良好的反射角。腿部传接球的重点是要把握好来球的方向和击球的方向，应尽量避免因没有准确把握击球部位而导致的失误。

3．胸部传接球

胸部传接球就是用胸部来进行传接球，这一传接球方式在来球偏高，脚部和腿部都无法够到时比较常用。

在准备胸部传接球时，判断来球，移动胸堵。当来球偏低时，可采用屈膝姿势，偏高则可跳起胸堵。击球时，两手臂微屈自然置于体侧，身体自然挺胸、伸膝，身体重心上移，给球向前上方一个作用力，使球呈小弧度飞行下落。由于胸部活动范围小，一定要控制好球的飞行方向。可根据具体情况运用左右转体，压肩动作对球的飞行方向进行适当调整。由于胸部传接球的灵活性较差，不太方便发力，因此，为保证产接球的质量和成功率，一定要注意把握好来球的速度和方向。如图 14-7 所示。

4．头部传接球

准备进行头部传接球时，首先要准确判断来球方向，及时移动使身体正对来球方向。当来球飞近额前时，头颈应有主动迎球的动作。当球快触击到前额的一瞬间，及时抬头触击球，顺势把球击起。整个动作要连贯，使触击前额的球向前上方成小弧度下落。头部击球动作可根据来球的高低，在原地或跳起空中完成。在进行传接球时，眼睛要一直注视着球，直到根据场上情况，将球传向处于有利位置的队友那里，或直接击入对方场区为止。另外，在传接球过程中，还要注意把握好来球的方向和速度，以保证传接球的质量。如图 14-8 所示。

图 14-7　胸部传接球

图 14-8　头部传接球

（五）攻球技术实践

攻球是毽球的基本技术之一，是获得发球权和得分的重要手段，是进攻中最积极有效的武器。将高于球网上沿的球直接攻入对方场区的一种击球动作，即为攻球技术。攻球技术可根据击球时所采用的部位不同分为脚攻技术和头攻技术两大类。其中脚攻球又可分为脚踏攻球、倒钩攻球和吊球。

1．脚部攻球

在毽球运动中，脚部攻球是进攻得分的主要手段，也是训练和比赛中，使用最为广泛的攻球方式。根据攻球所用的脚部位的不同，可分为脚掌攻球和脚背攻球。

（1）脚掌攻球。

①正面脚掌前踏攻球。进攻队员身体面对球网，运用腿充分提起后快速进行下压的动作，以脚掌击球，把球踏入对方的一种动作，即为正面脚掌前踏攻球。正面脚掌

前踏攻球对来球方向的判断准确性要求较高，使用时要注意。

在正面脚掌前踏攻球时，两膝微屈面对球网站立，判断二传来球，通过适合的助跑选择最佳支撑脚的位置，随后击球腿的踝关节自然背勾，大腿带动小腿迅速上摆到最高点，支撑腿伸直。提踵或跳起提高击球点，两臂自然上摆，身体向上伸展，控制平衡。击球时，一般当球落在头前上方离身体 50 厘米处时，击球腿依次利用髋、膝、踝的力量“鞭打式”下压，用脚掌前 1／3 处击球。远网球可展髋发力，近网球可屈膝踏球，还可利用身体方向的变化打出不同线路的球。

②侧身里合脚掌前踏攻球。侧身里合脚掌前踏攻球是指队员身体侧对球网站立，当传起的球飞到体前高于球网时，可突然采用转体里合摆腿动作，用脚掌将球攻入对方场区的一种动作。在毽球比赛中，这种方法运用较为普遍。

在侧身里合脚掌前踏攻球时，将身体侧对网站立，判断来球的情况，支撑腿上步调整人与球的最佳位置，随后击球腿直腿向上里合摆动到最高点，脚自然绷直，踝关节内翻。击球时，当球落在头前上方靠击球腰内侧时，迅速利用转身里合腿的动作，加快摆腿速度并用脚掌的前 1／3 处击球。在大腿里合摆动的同时，应加上小腿屈膝的协调动作，增大攻击的威力。击球后应屈膝收腿，以防触网，击球腿落地时，身体应向异侧方向转体 90 度～180 度，控制好身体的平衡，准备迎接下一来球。

③正面倒钩脚掌吊球。正面倒钩脚掌吊球是指进攻队员先做倒钩动作，在空中突然改变击球动作，采用脚掌托送动作把球吊入对方场区的一种进攻手段。在技术水平较高的队员中，这种攻球方法用得较多。

在运用正面倒钩脚掌吊球攻球前，攻球队员背对网，两膝微屈做好准备姿势，两眼注视来球情况。当判断二传来球离身体较近，落点在头前上方附近时，采用原地或调整一小步，保持好人与球之间的合理距离起跳，起跳动作要与脚背倒钩强攻的动作基本相似，身体腾空后突然变脚背倒钩动作为脚掌吊球。在击球时，击球腿微屈上摆，逐步伸直，踝关节背屈，当摆到脚底与地面几乎呈水平时脚掌击球，运用腿向后摆的托送动作，把球吊入对方场区空当。在完成空中击球动作后，击球腿自然前摆下落，摆动腿先落地缓冲，控制身体平衡，并做好准备，迎接下一来球。

（2）脚背攻球。

①外摆脚背倒钩攻球。外摆脚背倒钩攻球是一种最常用的攻球方法，是指传起的球在击球脚同侧外面，进攻队员运用脚背外摆，加之膝、踝关节的倒钩动作把球攻入对方的一种进攻手段。

在用外摆脚背倒钩攻球技术时，稍向右侧身背对球网站立，将两膝微屈，两眼注视二传来球情况。起跳时，膝踝关节充分蹬直，摆腿和摆臂动作有力。身体腾空后，击球腿迅速屈膝上摆。在击球时，当球落在头上方右侧约 50 厘米处时，击球腿迅速外摆，膝关节猛力伸踢，最后用踝关节的勾踢动作把球攻入对方场区。击球后，应控制击球腿在空中的动作幅度，以防触网犯规。落地时，注意摆动腿应先落地缓冲，击球腿随后落地，以使身体保持平衡，并做好准备迎接下一个来球。

②里合脚背倒钩攻球。里合脚背倒钩攻球的难度较大，是指击球点在攻球脚异侧

肩的前上方，进攻队员利用转体大腿里合、膝踝关节的倒钩动作把球攻入对方场区的一种进攻手段。

在里合脚背倒钩攻球时，背对球网站立，两膝微屈，判断二传来球，调整好准备姿势。助跑起跳要充分，摆腿和摆臂动作要协调有力，并准备向左侧转体。起跳腾空后，摆动腿膝外展，向左转体，击球腿由外向内里合摆腿，使身体产生向左旋转。在击球时，当球落在左肩的头上方时，膝关节快速发力，最后用踝关节的勾踢动作把球攻入对方场区。击球后摆动腿先落地缓冲，击球腿随后落地，马上进行下一个动作的准备。

③凌空里合脚背倒钩攻球。凌空里合脚背倒钩攻球是指传起的球在击球脚异侧肩外面的前上方，进攻队员充分起跳，身体凌空平卧在空中，利用转体，加之膝、踝关节的倒钩动作把球攻入对方场区的一种进攻手段。

在凌空里合脚背倒钩攻球时，背对网两膝微屈做好准备姿势。二传传球后，攻球队员判断二传球离网的远近和弧度，及时采用适合的助跑方式进行助跑起跳，在起跳时，摆动腿和手臂积极上摆，并伴有向左转体的动作。在身体腾空后，摆动腿膝外展，身体后仰左转，起跳腿迅速屈膝里合上摆，踝关节自然绷直，整个空中击球过程中身体几乎处于平卧凌空状态。击球时，当球落在左肩外侧、头的前上方时，击球腿充分抬高，利用腰腹力量的转动和小腿的加速摆动，最后用踝关节有力的勾踢动作把球攻入对方场区。在攻球结束后，身体继续左转，击球腿下摆，以保持身体的平衡，然后右脚和左脚依次缓冲着地，准备迎接下一个来球。

2. 头部攻球

头部攻球技术在来球的位置较高，脚及腿部很难或者无法够到时运用较多，并根据场上情况将球攻入对方场区，使对方因来不及判断球的落点和速度而失误。

在运用头部攻球时，队员站在限制线后 1.5 米左右的地方，正对球网，面对来球，观察二传的传球情况，根据传球的弧度和落点不同，采用不同的助跑方式进行起跳，上体挺胸展腹、扭腰、向后预摆头，使身体呈反弓形。当球离头 10 厘米左右时，利用收腹转腰来带动屈颈“狮子摆头”动作，用头发在额前如挥鞭子式地抽击动作将球攻入对方场区。在落地时，应由前脚掌过渡到全脚掌，同时顺势屈膝，以缓冲下落的力量，并立即准备做下一个动作。落地姿势可以用单脚，也可以用双脚，根据个人习惯和喜好而定即可。

三、毽球竞赛规则

（一）场地设施与器材

1. 场地

（1）场地面积。比赛场地采用羽毛场双打场地，长 11.88 米、宽 6.1 米。场地上空 6 米以内（由地面计算）和场地四周 2 米以内不得有障碍物。

（2）界线。比赛场地，线宽 4 厘米，线的宽度包括在场地面积之内。较长的两条边界叫边线，较短的叫端线。连接场地两边线的中点与端线平行的线叫中线。中线将场地分为均等的两个场区。在中线两侧各画一条与中线平行的线叫限制线（此线包括在限制区内）。中线至限制线的距离为 2 米。

（3）发球区。距两端线中点两侧各 1 米处向场外各画一条长 20 厘米与端线垂直的短线叫发球区线（此线不包括在发球区内）。发球区线向后无限延长的区域叫发球区。

2. 球网

（1）球网的规格。球网长 7 米，宽 76 厘米，网孔 2 厘米见方。球网上沿缝有 4 厘米宽的双层白布，用绳穿起，将球网张挂在网柱上。球网必须挂在中线的垂直上空。球网为深绿色。网柱安在中线以外，距边线 50 厘米处。

（2）球网的高度。球网的中部顶端距地面垂直高度为 1.60 米（男），1.50 米（女）。网的两端距地面的垂直高度必须相等，两端的高度与中间的高度相差不得超过 2 厘米。

（3）标志杆与标志带。在球网的两端，垂直于边线和中线交接处，各系有一条宽 4 厘米，长 76 厘米的白色带子，叫标志带。在球网上连接标志带外侧应系有两根有韧性的杆，叫做标志杆。两杆内侧相距 6 米。标志杆长 1.20 米，直径 1 厘米，用玻璃纤维或类似的材料制成。标志杆应高出球网上沿 44 厘米，并用鲜明对比的颜色画上 10 厘米长的格纹。

3. 毽球

毽球由毽毛、毽垫等构成。毽毛为四支白色或彩色鹅羽成十字形插在毛管内，没支羽毛宽 3.20 厘米~3.50 厘米。毽垫直径 3.80 厘米~4 厘米，厚 1.30 厘米~1.50 厘米。毛管高 2.50 厘米。毽球的高度为 13 厘米~15 厘米。毽球的重量为 13 克~15 克。

（二）比赛队员的组成

比赛队由 6 人组成，上场队员 3 人，其中队长 1 人（左臂应佩戴明显标志）。比赛前，各队应将参赛队员（包括替补队员）的姓名、号码登记在记分表上。未登记的队员不得参加比赛。也可因时、因地、因人制宜，增加单人、双人毽球赛，规则与 3 人制大体相同。记分可采取直接得分法。教练员和替补队员应坐在指定的位置上。

双方队员必须站在本方场区内。站在靠近球网的两名队员从左至右分别为 3 号位和 2 号位队员，靠近端线的队员为 1 号位队员。场上队员的位置必须与登记的轮转顺序相符合。发球的一方，2、3 号位的队员在发球队员的前方，彼此间相距不得少于 2 米。球发出后，双方队员可以在本方场区内任意交换位置。每局比赛结束之前，队员的轮转顺序不得调换。

比赛成死球时，教练员和队长有权要求暂停或换人。在暂停时间内，教练员可以进行场外指导，但不得进入场区。比赛进行中，场上队长有权向裁判提出询问或要求解释，但必须服从裁判的最终判决。

（三）服装

比赛队员应穿着整齐划一的运动服和毽球鞋或运动鞋。场上队员上衣的前后须有明显的号码，号码颜色须一致，并与上衣颜色有明显的区别。号码应清晰可见，背后的号码至少高 20 厘米，胸前的号码至少高 10 厘米，笔划至少宽 2 厘米，同队队员不得使用重复号码。队员不得穿戴任何危及其他队员的服饰。

（四）比赛局数和场区选择

比赛采用三局两胜制，第三局采取每球得分制。比赛前选择场区或发球权。第一局结束后双方交换场地和发球权。决胜局开始前，正裁判员召集双方队长重新选择场区或发球权。决胜局比赛中，任何一队先得 8 分时两队应交换场地。交换时，不得进行场外指导。交换场区后，双方队员的轮转位置不得变换。经记录员查对后，由原发球队员继续发球。如未及时交换场区，一旦裁判员或一方队长发现时，应立即交换。比分不变。

（五）暂停

比赛成死球时，教练员或队长可以向裁判员要求暂停。暂停时，教练员可以在场地外进行指导，但场上队员不得出场，也不得与场外其他任何人讲话，场外人员不得进入场内。每局比赛中，每队可以要求两次暂停，每次暂停时间不得超过 30 秒钟。某队在一局中请求第三次暂停，应判该队失发球权或对方得 1 分。

（六）换人

在比赛中成死球时，教练员或队长可以向裁判员要求换人。换人时，场外人员不得向队员进行指导，场内队员不得离开场地。每个队员在每一局比赛中换人不得超过三人次。替补队员在上场前，应在记录台附近作好准备，换人时间不得超过 15 秒钟，否则判该队一次暂停。如该队在该局已暂停过两次，则判该队失发球权或对方得一分。

教练员或队长要求换人时，应向裁判员报告下场和上场队员的号码。比赛中因故被取消比赛资格的队员，不能继续参加该场比赛，可由替补队员替换。如该队在该局已换人三人次，或场外无人替换时，则判为负局。

（七）死球与中断比赛

死球：球触地及违例为死球。

中断比赛：其他人或物品进入比赛场区；更换损坏的器材；运动员发生意外事故等。发生以上情况，裁判员应鸣哨，中断比赛和恢复比赛。

（七）计胜方法

接发球队失误，应判对方得一分；发球队失误，则判由对方发球。某队得 15 分并至少比对方队得多 2 分时，则为胜一局。如比分是 14∶14，比赛应继续进行，直至某队领先 2 分，方为胜一局。

（八）判定和申诉

一场比赛中，正裁判员的判定是最终判决。只有场上队长可以对裁判员的判罚当场提出询问或要求解释，正裁判员应及时予以解释。申诉比赛队对裁判员的判罚有争议，比赛时必须服从裁判员的裁判，比赛后可向仲裁委员会提出书面申诉。正裁判员也可向仲裁委员会提出书面报告。

第四节　龙舟运动

龙舟文化融合了中华民族传统竞技文化、祭祀文化、服饰文化、歌舞文化与饮食文化等多种文化于一体，在竞赛形式、器材、服装、活动仪式等方面体现了丰富的民族元素，承载了同舟共济的中华民族精神。

一、龙舟运动概述

龙舟运动是一项集众多划手依靠单片桨叶的划桨作为推进方式，运用肌肉力量向船后划水，推动舟船前进的运动。中国龙舟协会的标准比赛龙舟配备有龙头、龙尾、鼓（鼓手）、舵（舵手），以此保持中国民俗传统。在传统龙舟的比赛中，可考虑设立锣（锣手）。根据区域民俗特点不同，龙舟造型在头尾设计方面包括凤舟、象牙舟、龟舟、虎头舟、牛头舟、天鹅舟、蛇舟等形状，均可保存原有规格和名称，只要是类似划龙舟动作，统称为龙舟运动。

龙舟，是端午节竞渡用的龙形船。赛龙舟是汉族传统节日端午节的主要习俗，最初是中国人民祛病防疫的节日，江浙地区春秋之前有在农历五月初五以龙舟竞渡形式举行龙图腾祭祀的习俗，后因诗人屈原在这一天逝世，便成了中国汉族人民纪念屈原的传统节日习俗，也是汉族龙图腾文化的代表之一。春秋战国时期，龙舟竞渡盛行于吴国、越国、楚国，最晚在南北朝时期就已经非常盛行。传出国外后，深受各国人民的喜爱并形成了国际比赛。

龙舟是船上画着龙的形状或做成龙的形状的船，扒龙舟分为起龙、游龙、竞赛、收龙等几个环节。扒龙舟是中国民间传统水上体育娱乐项目，是一种多人集体划桨竞赛，多是在喜庆节日举行，现流行于中国及世界上一些国家与地区。扒龙舟不仅是一种体育娱乐活动，更体现出我国传统的悠久历史文化继承性和人们的集体主义精神。

二、龙舟基本技术

1. 动作名称

从划龙舟运动员的职能来划分，可分为划手、鼓手、舵手。合理的身体姿势可以减少划水的阻力，有利于两臂的活动，使动作配合更协调、更有力。鼓点鼓法各有不同，与当地传统有很大关系。舵手的姿势有站立把固定舵、站立把活动舵、坐着把活动舵。民间比赛的舵长短不一，舵手还可以参加划水，但正式比赛的舵有统一规格，舵手不能参加划水。

2. 动作方法

划手动作方法由坐姿、握桨、入水、拉手、御水空中移桨和集体配合、节奏等技术组成。

（1）握桨。右排的划手左手先放在桨把的上端，四指从外向内并拢，掌心紧贴桨把上端，大拇指从内向外包住桨把。右手在桨的下端（桨叶与桨把的交界处），四指从外向内并拢，大拇指从内向外包住桨把。左排坐姿的握桨要领与右排一样，只要左、右手换位就行了。

技术要点：划行时要自然放松，不能握得太紧，以免手心起泡。

（2）坐姿。右排划手的身体保持坐姿，右大腿外侧紧靠船边，右腿弯曲，脚掌后撑自己座位下的隔板，左腿半屈，脚掌前撑前排隔板（左、右腿也可互换）。左排划手的坐姿与右排相反。

技术要点：合理利用两腿前蹬后撑的力量，稳定身体重心。利用身体前俯，躯干扭转，充分做伸肩动作。拉水时脚要前蹬，移桨时脚要后撑。

（3）入水。左排划手划水时，身体前倾，转动躯干，右肩前伸。背部、肩部发力传给左臂，左肘关节微屈，抬肘，形成高肘动作。在桨入水瞬间，左臂用力向下压桨至拉水完毕。桨入水时右臂向前伸直，桨入水的角度为 80 度~90 度比较合理，桨入水后，右臂后拉，肘关节不能向外伸，整个动作类似火车轮的传动臂。

技术要点：桨入水的角度一定在 80 度~90 度之间。桨入水时，左臂下压，右臂后拉。

（4）拉水。桨入水后划手马上要拉水，拉水时右臂后拉，左臂向下压桨，右腿（或左腿）前蹬隔板，躯干有后移动作，拉水距离为 1 米~1.2 米，拉水时桨要垂直水面。

技术要点：拉水距离要尽量长，拉水时间尽可能短而快。

（5）出水。在桨拉水结束后的出水动作。出水时，左臂放松，上抬提桨。右腕内扣，上抬提桨，使桨叶御水。

技术要点：左、右臂放松上抬提桨，桨不能提得太高，刚过水面就可以了。

（6）前推移桨。比较常用的有以下两种方法：①左手下压，使桨几乎与水面平行，接着右臂往前推桨，然后入水。这种方法适合风浪较大的比赛场地，运动员身体不高，但手臂力大。②左、右臂上抬前推。前推过程中桨叶不能碰着水面，以免产生阻力。也不能提得太高，影响向前伸展手臂、入水时间以及划行的速度。

技术要点：移桨过程中左、右臂一定要放松 ，为拉水过程作准备。

三、龙舟运动主要规则如下：

1. 航道

根据河道条件，设男女 400 米、500 米、600 米、800 米、1000 米直道（可按当地条件变更距离）；比赛应设在静水水域，航道是直的，起航线与终点线必须平行并与航道线垂直；根据参赛队数及场地条件，设 2、4、6、8 条航道，每条航道宽度可按 9 米、11 米、13.5 米布置；航道最浅处水深不得少于 2.5 米，航道内不得有水草、暗礁和木桩，航道外 5 米内应无障碍物。

2. 器材

按各地传统龙舟式样规格制造，制作材料不限；舵桨及划桨规格按各地传统要求制作。

3．附属装置

传统龙舟可按各习惯制作龙头和龙尾，并备有锣、锣架、鼓和鼓架等，另可带水标 2 个，预备划桨若干个。

4．队员

队员必须身体健康，会游泳，熟悉水性。龙舟参赛队员为 25 人；每队设队长一名（运动员兼），比赛时佩戴标志；每队登舟比赛队员为 23 人，包括：舵手、锣手、鼓手各 1 人，划手 20 人；每队替补队员 2 人。替换时需经裁判员验明资格，并于检录登舟前替换完毕，登舟后不得替换。

5．赛舟规则

根据中国龙舟协会竞赛规则，龙舟长度为 12 米（龙头至龙尾），船身长度为 9.6 米，龙舟宽度为 96 厘米（中舱最宽处），龙舟重量不设统一标准但要求同一赛事所用之最重龙舟与最轻龙舟差距不超过 5 公斤。

6．龙舟竞赛形式

直道竞速赛，指在尽可能短的时间通过 1000 米标志清楚无任何障碍的直线航道。

环绕赛，指在半径不少于 50 米以上，直线距离不少于 500 米以上的人工或自然水域所进展的多圈赛事。

拉力赛，指在自然环境水域，但必须是封闭的航线上所进行的长距离赛事。

7．竞赛类别

（1）正式比赛类。正式比赛类包括：世界龙舟锦标赛、世界俱乐部龙舟锦标赛、洲际龙舟锦标赛、全国龙舟锦标赛、全国综合性运动会龙舟赛、地方龙舟赛。

（2）邀请赛类。邀请赛类包括：国际龙舟邀请赛、全国龙舟邀请赛、地方龙舟邀请赛。

（3）竞赛组别。竞赛组别主要包括：男子组、女子组、混合组、成年男子组、成年女子组、成年混合组、青年男子组、青年女子组、青年混合组、少年男子组、少年女子组、老将男子组、老将女子组、老将混合组。

男子组：所有参赛选手必须是男性，队员无年龄限制。

女子组：所有参赛选手必须是女性，队员无年龄限制。

混合组：必须有至少 8 名最多 12 名女子选手参人，所有选手无年龄限制。

成年男子组：参赛选手年龄须为比赛当年 12 月 31 日已满 18 岁，未满 40 岁。

成年女子组：参赛选手年龄须为比赛当年 12 月 31 日已满 18 岁，未满 40 岁。

成年混合组：参赛选手年龄须为比赛当年 12 月 31 日已满 18 岁，未满 40 岁，必须有至少 8 名最多 12 名女子选手参人。

青年男子组：参赛选手年龄须为比赛当年 12 月 31 日未满 18 岁者。

青年女子组：参赛选手年龄须为比赛当年 12 月 31 日未满 18 岁者。

青年混合组：参赛选手年龄须为比赛当年 12 月 31 日未满 18 岁者，必须有至少 8 名最多 12 名女子选手参入。

少年男子组：参赛选手年龄须为比赛当年 12 月 31 日未满 16 岁者。

少年女子组：参赛选手年龄须为比赛当年 12 月 31 日未满 16 岁者。

老将男子组：从 40 岁生日开始成为老将运动员。

老将女子组：从 40 岁生日开始成为老将运动员。

老将混合组：从 40 岁生日开始成为老将运动员，必须有至少 8 名最多 12 名女子选手参入。

公开组：参赛选手无性别与年龄限制。

第五节　舞龙运动

一、舞龙舞狮运动文化简介

中国是世界舞龙舞狮运动的发源地。舞龙舞狮运动诞生两千多年以来，一直颇受广大人民群众的喜爱，历代相传，鼎盛不衰，并随着华人的迁移而传播世界各地。

舞龙舞狮运动从一种以自发性、娱乐性、随意性为特点的中国民间传统文体活动，逐步发展成为一项具有健身功能的体育运动项目。舞龙舞狮运动是一项集体健身运动，它充分体现了一种民族精神，展示出一种团结力量，代表着一个民族的象征。

目前，舞龙舞狮运动在世界上推广普及得很快，特别是西方人，把舞龙舞狮看作集中国的历史、文化和体育于一体的运动。随着舞龙舞狮运动的蓬勃开展，人们在实践中不断开拓创新，使它更加展现出其无穷的魅力，并为世界各国越来越多的人们所接受和喜爱。国际性和地区性的舞龙舞狮比赛也在逐年增多。舞龙舞狮运动作为民族传统体育中的一项内容，它的产生和发展也是与中华民族的传统文化一脉相承的。

二、舞龙运动

（一）舞龙的基本方法

舞龙的基本动作有形（姿势）、技（配合）、法（方法）、情（神韵）四大要素。其中，“形”包含圆、连、顺、灵四种形态；“技”指人与龙体、龙珠与龙体、音乐与龙体的配合；“法”包含舞法、步法、握法、鼓乐法；“情”指人、龙之间情感的表达，即舞龙时表现出的喜怒哀乐等情感。

舞龙的难度按动作技术易难分为 A 级难度动作、B 级难度动作、C 级难度动作。A 级难度动作是指舞龙的基本动作和技术较为简单的舞龙技巧动作。B 级难度动作是指在舞龙基本动作上有所发展、有所提高，具有一定难度，必须经过严格的训练才能完成的舞龙技巧动作。C 级难度动作是指必须具备较高的身体专项素质和专项技能才能完成的高难度舞龙技巧动作，高难度的舞龙组合动作，并有较高的锻炼价值和审美价值。

（二）舞龙的基本技术动作

按照舞龙队员所持部位的不同，舞龙的基本动作主要有舞龙珠、舞龙头、持龙、舞龙尾，见图 14-9、图 14-10、图 14-11、图 14-12。

图 14-9　舞龙珠

图 14-10　舞龙头

图 14-11　持龙

图 14-12　舞龙尾

舞龙的基本步法有两种，一种是滑步行进，另一种是直线行进，见图 14-13、图 14-14。

图 14-13　滑步行进

图 14-14　直线行进

三、舞龙比赛规则

（一）比赛场地

在平坦水泥或沥青地面（木板）上画边线为 20 米的正方形（正方形边线最小不得少于 18 米），边线周围有 1 米宽的无障碍区。

（二）器材的规定

（1）龙珠：球体直径 0.33 米~0.35 米，杆高（含珠）不低于 1.7 米。

（2）龙头：龙头重量不得少于 3 千克。龙头外形尺寸，宽不少于 0.36 米；高不少于 0.6 米；长不少于 0.9 米；杆高不低于 1.25 米。龙头（含杆高）不低于 1.85 米。

（3）龙身：以九节布龙参赛，龙身为封闭式圆筒型，直径 0.33 米~0.35 米，全长不少于 18 米，龙身杆高（含龙身直径）不低于 1.6 米，两杆之间距离大致相等。

（4）龙体、龙尾、龙珠的重量不限制。

（5）凡器材不符合规定者，不准参加比赛。

（6）套路竞赛的参赛人数、竞赛器材，技能舞龙竞赛方式等，在主办竞赛规程中索命。

（三）比赛办法

比赛办法主要有以下两种方式。

1．抽签方法

根据《国际舞龙舞獅竞赛规则裁判法》舞龙竞赛规则规定的动作中，选择 45 个典型动作（其中 A 级难度动作 15 个；B 级难度动作 15 个；C 级难度动作 15 个），分别放入 A、B、C 三个不同的抽签箱中，由各参赛队领队或教练员在竞赛部的监督下，抽取 4 个 A 级难度动作，4 个 B 级难度动作，4 个 C 级难度动作，并登记。按赛场各队所抽取的分类动作进行组合编排。

2．抽签与套路编排

联席会议上，各参赛队抽上场顺序。各队参赛前 1 小时，抽参赛动作内容签。

套路编排要求构思巧妙，结构合理，动作流畅。舞龙动作与动作之间要有机联系，动作与伴奏音乐和谐配合、完整统一。套路编排过程中考虑到动作之间的衔接以及动作的搭配，允许增加其他过渡动作，但不可替换本队所抽取的任何一个动作。

（四）规定套路的评分标准（满分为 10 分）

1．动作规格，分值为 7 分

（1）姿势正确，方法合理，配合协调，技术熟练，出色完成全部动作给予满分。

（2）与动作规格有差距，轻微错误扣 0.05 分，明显错误扣 0.1 分，严重错误扣 0.2 分。

（3）一个动作出现多种错误，最多扣 0.3 分。

2．布局、结构、精神面貌，分值为 1.5 分

（1）布局合理，结构严谨，动作顺序、方位、路线正确，有很好的表现力给予满分。

（2）改变规定套路动作顺序、运动方向线路，每出现一次扣 0.1 分。

（3）完成套路节奏松散、运动员精神面貌不足、缺乏表现力，根据程度扣 0.1 至 0.5 分。

3．音乐伴奏，分值为 1 分

（1）音乐伴奏的节奏与舞龙动作、构图紧密配合，协调一致，乐曲完整，很好地烘托舞龙气氛给予满分。

（2）与以上标准有差距，根据情节扣 0.1 分~0.5 分。

4．服饰，分值为 0.5 分

（1）运动员的服饰符合规则要求，给予满分。

（2）与标准有差距，扣 0.1 分~0.2 分。

第六节　舞 狮 运 动

舞狮，又称“狮子舞”“狮灯”“舞狮子”，多在年节和喜庆活动中表演。狮子在中国人心目中为瑞兽，象征着吉祥如意，从而在舞狮活动中寄托着民众消灾除害、求吉纳福的美好意愿。舞狮历史久远，《汉书：礼乐志》中记载的“象人”便是舞狮的前身；唐宋诗文中多有对舞狮的生动描写。现存舞狮分为南狮、北狮两大类。

一、舞狮起源与分类

舞狮开始于南北朝。在我国，舞狮的形式多种多样，大致可以分为北方舞狮和南方舞狮两种。北方舞狮的外形与真狮很相像，全身狮披覆盖，舞狮者（一般两人合舞一只大狮子）只露双脚，不见其人。北方舞狮有雌、雄之分，还有文狮、武狮、成狮、崽狮之分。南方舞狮主要流行在广东。这种舞狮由一人舞狮头，一人舞狮尾。狮子的造型、式样、颜色多与北方狮不同。舞狮者穿各种灯笼裤，上穿密纽扣的唐装灯笼袖衫或背心，可见舞狮者全身。舞狮要使出浑身解数。

相传明代初年，广东佛山出现一头怪兽，每逢新旧岁之交，便出来糟踏庄稼，伤害人畜，百姓叫苦连天。后来，有人建议用狮舞来吓唬怪兽，果然奏效，那怪兽逃之夭夭。当地百姓认为狮子有驱邪镇妖之功，有吉祥之兆，所以每逢春节便敲锣打鼓，挨家挨户，舞狮拜年，以消灾除害，预报吉祥之意。

南狮队由 8 人~10 人组成，其中狮头、狮尾 2 人、鼓乐 4~6 人。比赛项目：规定套路、自选套路。比赛时间 10 分钟~15 分钟。比赛器材：10~15 米长的高桩。南狮由北狮演变而来，又创新发展为新的模式，活跃在我国南方地区，以广东省发展最为活跃，民间习惯称为醒狮、瑞狮、雄狮等，南狮主要是在高桩上表演各种技巧动作，包括采青、飞桩、转体等，动作细腻、扣人心弦。是由一头狮子表演。

北狮队由 10 人~12 人组成，其中引狮员 1 人、狮头、狮尾 4 人（双狮），鼓乐 4~5 人，比赛时间 10 分钟~15 分钟，比赛器材为高台。北狮，民间习惯称为圣狮、狮子舞、狮灯等，活跃在全国各地，较为分散，表演五花八门。北狮以在平地上表演为主，同时也可以在梅花桩、高台、彩球、高梯等器械上表演。是由引狮员引逗两头狮子进行表演。

总之，南北狮无论在外形、舞步、动作以及锣鼓钹等节奏上都有着不同的风格和不同的传统。随着我国龙狮运动的蓬勃发展，现在已经是南狮北舞，或北狮南舞了。南狮的表演，编排新颖、套路紧凑、动作高雅、表演流畅；北狮雍容华贵、力量感强。南北狮各具特色。

二、舞狮基本动作

1．狮头的握法

（1）单阴手。单手握狮头，手背朝上，大拇指托狮舌，其余四指握在狮舌上方。

（2）单阳手。动作与单阴手相反，掌心朝上。

（3）双阴手。动作与单阴手相同，两手握于狮舌两侧头角处。

（4）双阳手。握法与双阴手相反，握的部位相同。另外，根据要表演狮子神态的需要还有开口式、闭口式等握法。

2．狮尾的握法

（1）单手握法。舞狮尾者一手用大拇指插入舞狮头者的腰带，与四指轻抓腰带，另一手可做摆尾等动作。

（2）双手握法。双手大拇指插入舞狮头者的腰带，做各种动作时应紧握。

3. 舞狮的基本步法

（1）上步和退步。两脚平行站立，左（或右）脚向前进步，另一脚跟上，即为上步，反之为退步。

（2）侧步。包括左侧步和右侧步。两脚平行站立，左（或右）脚向左（或右）侧进一大步，另一脚跟上，即为左侧步，反之为右侧步。

（3）弓步。右腿大小腿弯曲，大腿成水平，上体正对前方，呈前弓后绷型。

（4）扑步（铲步）。左腿大小腿弯曲全蹲，重心在左腿。右腿向右侧前伸，大小腿成一直线，脚掌内扣。左右动作相同，但方向相反。

（5）跪步。从基本站立姿势开始，左腿大、小腿弯曲约 90 度。右大小腿弯屈小于 90 度，右膝关节和右脚趾着地，上体稍前倾，将重心放在右脚。右与左动作相同，方向相反。

（6）虚步。左腿弯曲，将重心放在左腿，右脚大、小腿微曲，脚尖前点。左与右动作相同，方向相反。

（7）吊步。在虚步的基础上，提起右腿，支撑腿微曲，右大腿在体前成水平，膝关节放松，小腿自然下垂，脚尖绷直。左与右动作相同，方向相反。

（8）插步。从基本站立姿势开始，将重心移至左脚，右脚提起，从左脚的左后方下插，左右腿成交叉。右插步与左插步动作相同，方向相反。

（9）跃步。从基本站立姿势开始，下蹲用力蹬地，向左（或右）上方跃起，下地后还原。

（10）探步。从右虚步开始，右腿提起，右大腿成水平，以左膝关节为轴，小腿前伸，脚尖前点。左与右动作相同，方向相反。

（11）交叉步。分为左、右交叉步。移动方向的异侧脚向运动方向一侧跨出一大步（经两腿交叉），另一脚随即向运动方向一侧跨出一步成平行站立。

（12）开合步。从基本站立姿势开始，两脚蹬地，两腿向左右分开宽于肩；两脚蹬地，两腿并拢；完成动作的过程时，上体保持基本姿势。

（13）行礼步。从基本站立姿势开始，以左为例。两脚用力蹬地，向上跃起，在中线落地，将重心放在右脚，成左虚步。右虚步与左虚步相同，方向相反。

（14）麒麟步。从基本站立姿势开始，将重心移至左脚，右脚经左腿前向左移步，左右腿交叉，两腿弯曲，将重心在两腿中间。右与左动作相同，但方向相反。

（15）小跑步。从基本站立姿势开始，脚跟提起，前脚掌着地，左右脚交替小跑前移。

（16）小跳步。跳步的要求比较严格，可随着舞狮的方向任意跳跃，可单脚跳，也可双脚跳。两腿用力蹬地，向前方跳起，腾空的同时，稍向左转，两脚落地成侧向马步。左与右动作相同。除上述方法外，还有单跳步、跨跳步、击步、碎步、并脚直立跳、双飞脚、打转身等。

（17）大四平步。两脚左右开立宽于肩，两腿弯曲，两大腿呈水平，上体正直，收腹挺胸。

（18）金鸡独立步。将右腿提起，大腿成水平，大、小腿弯曲小于 90 度，脚尖绷直，上体稍前倾。左与右动作相同，方向相反。

4．舞狮的基本动作

（1）摇头摆尾。2 人在原地，舞狮头者不断地将狮头东摆西摇，舞狮尾者随着狮头的摆动协调地进行摆尾。

（2）叩首。2 人一组，舞狮头者将狮头持于头上，用小碎步快速向前跑动，在跑动过程中将狮头举起，并不停地左右摇头和眨眼；舞狮尾者低头塌腰，双手搂住前者腰部，用小碎步或左右摆尾跟着前者行进运动，然后，用同样的碎步动作退回，两者配合做狮子叩拜动作。动作方向为先左后右，最后向中间叩拜，叩拜时下肢伴随做小跳步动作。

（3）翻滚。2 人一组，后面队员抓住前面队员腰的两侧，将身体重心下降，屈腿半蹲，一脚蹬地，向一侧滚动，滚身时前者须将狮头举高。

（4）叠罗汉。舞狮尾者站马步，舞狮头者两脚站于狮尾者的膝盖上，舞狮尾者扶住舞狮头者的腰，使其平衡、稳定，舞狮头者持狮头做各种动作。

（5）引狮员基本动作。引狮员的动作有静态和动态之分。静态动作是指引狮员静态亮相的动作，如弓步抱球、高虚步举球、弓步戏球等。动态动作是指引狮员在运动过程中完成的动作，如行步、跳跃、翻腾等。

三、舞狮比赛规则

套路评分标准（满分为 10 分）。

1．动作规格，分值为 7 分

（1）人体姿势正确，狮的形态饱满，技术方法合理，步行、步法规范，配合协调，圆满完成套路全部动作给予满分。

（2）出现与规格要求不符，每出现一次其他失误扣 0.1 分，每出现一次轻微失误（小跌）扣 0.3 分；每出现一次明显失误（中跌）扣 0.5 分，每出现一次严重失误（大跌）扣 1 分。

2．艺术表现，分值为 3 分

（1）运动员精神饱满，神态丰富逼真，充分展示狮的精气神韵，具有较强的艺术感染力，视完成情况给予 0.5 分~1 分。

（2）结构严谨，布局合理，动作连贯，配合默契，规定动作顺序、方位、路线正确。狮饰、服饰制作精良，符合规则要求，视完成情况给予 0.5 分~1 分。

（3）音乐伴奏与南狮动作紧密配合，协调一致，乐曲完整，节奏清晰，很好地烘托南狮气氛，视完成情况给予 0.5 分~1 分。

第十五章 武 术

第一节 初级长拳

一、初级长拳简介

初级长拳第3路编创于1957年。全套除了预备式和结束动作，分为4段，来回练习4趟，每段8个动作，合计36个动作。套路内容充实，包括拳、掌、勾3种手型，弓、马、虚、仆、歇5种步型；手法有冲、劈、抡、砸、栽等拳法，推、挑、穿、摆、亮等掌法，盘、顶等肘法；腿法有弹、踹、踢、拍等，还有跳跃和平衡等动作。套路编排合理，由简而繁，由易到难，有利于循序渐进地进行练习；套路布局和路线变化前后呼应，左右兼顾，均匀合理；在强调动作规格化、注重功力的同时，还较好地体现了攻防意识，增强了学习的情趣。

二、长拳的文化内涵及套路打法

长拳是我国的一项较为传统的武术健身项目，在其发展及流传的过程中，得到了广大人民的喜欢和政府部门的支持。新中国成立后，原国家体委把群众中流传广泛的查、华、炮、洪、弹腿、少林等拳种，根据其风格特点，综合整理创编了长拳。长拳是以套路为主的拳术，既适合基础武术训练，又适合进行竞赛和技术水平的提高。这类拳术的共同特点是：姿势舒展、动作灵活、快速有力、节奏鲜明，并多起伏转折、窜蹦跳跃、跌扑滚翻等动作和技术。

长拳的练习方法是按照一定的套路来进行的。长拳类套路是中华武术套路运动的基础，既适合各类武术的基础训练，又适合武术的各类竞赛，是我国重点推广和普及的武术项目之一。长拳套路有单练套路和对练套路。其中单练套路分为规定套路和自选套路。长拳套路技术以姿势、方法、身法、眼法、精神、劲力、呼吸、节奏等为8要素。

1．四击

四击，是指武术中的踢、打、摔、拿4种技击法则。这4种法则各有各的具体内容与运动方法。踢，泛指蹬、踹、弹、点、缠、摆、扫、挂等；打，是指冲、撞、挤、靠、崩、劈、挑、砸、撑、搂、拦、勾、抄等；摔的内容有绷、揣、滑、倒、爬、拿、捣、勾等；拿的内容有刁、拿、锁、扣、封、闭、错、截等。

2．八法

八法，是指手、眼、身法、步、精神、气、力、功。即指手要快捷；眼要明快、锐利；身要灵活；步要稳固；精神要充沛、饱满；气需要气沉丹田，提、托、聚、沉运用顺其自然；力要顺达；功要纯青。功是指力量、速度、耐力、灵敏等身体素质和运动的各种技巧。

3．十二型

十二型，是指长拳运动时表现出的动势、静势、起势、落势、立势、站势、转势、折势、轻势、重势、缓势、快势等 12 种动静之势。以自然事物中的 12 种形象来比喻这 12 种动静之势，以此来要求动作技术之气势。

三、长拳的锻炼价值

长拳锻炼对于人们的身体是有一定的好处的。经常从事长拳锻炼，能有效地增强体质，提高身体素质，增强内脏器官的功能。长拳中的各种手法、步法、腿法和身法，动作幅度大，牵动关节多，使肌肉、韧带拉长并富有弹性，柔韧性大大提高；套路中许多踢打摔拿、窜蹦跳跃和跌扑滚翻等动作，可很好地发展灵敏性、速度、力量等身体素质，提高弹跳力和协调性；一套长拳几十个动作要在很短的时间里完成，动作又多起伏转折，节奏多变，强度和运动量很大，可有效地提高循环系统、呼吸系统和消化系统的机能；要求每一动作都能做到“手、眼、身法、步、精神、气、力、功”八法协调，对神经系统有良好的影响，使支配各肌肉群活动的运动中枢和内脏器官活动的植物神经系统能很好地配合工作；运动节奏的变化，可增强中枢神经系统快速转换的能力和兴奋与抑制交替过程的灵活性。

四、长拳的动作名称

预备势：①虚步亮掌；②并步对拳。

第一段：①弓步冲拳；②弹腿冲拳；③马步冲拳；④弓步冲拳⑤弹腿冲拳；⑥大跃步前穿；⑦弓步击掌；⑧马步架掌。

第二段：①虚步栽拳；②提膝穿掌；③仆步穿掌；④虚步挑掌；⑤马步击掌；⑥叉步双摆掌；⑦弓步击掌；⑧转身踢腿马步盘肘。

第三段：①歇步抡砸拳；②仆步亮掌；③弓步劈拳；④换跳步弓步冲拳；⑤马步冲拳；⑥弓步下冲拳；⑦叉步亮掌侧踹腿；⑧虚步挑拳。

第四段：①弓步顶肘；②转身左拍脚；③右拍脚；④腾空飞脚；⑤歇步下冲拳；⑥仆步抡劈拳；⑦提膝挑掌；⑧提膝劈掌弓步冲拳。

结束动作：①虚步亮掌；②并步对拳；③还原。

五、长拳技术动作及图解

（一）预备式

动作纲领：两脚开立，两臂垂于体侧，五指并拢贴靠腿外侧，平视前方。

动作要点：头要正，颌微收，挺胸，塌腰，收腹。

1．虚步亮掌

虚步亮掌动作纲领（见图 15-1）：

（1）右脚向左后方撤步成左弓步，右掌向右、向上、向前划弧，掌心朝上；左臂屈肘，左掌提至腰侧，掌心朝上。

（2）右腿微屈，重心后移，左掌经胸前从右臂上向前穿出伸直；右臂屈肘，右掌收至腰侧，掌心朝上。

（3）重心继续后移，左脚稍向右移，脚尖点地，成左虚步。左臂内旋向左、向后划弧成勾手，勾尖朝上；右手继续向后、向右、向前上划弧，屈肘抖腕，在头前上方成亮掌（即横掌），掌心向前，掌指向左，目视左方。

动作要点：3 个动作必须连贯。成虚步时，重心落于右腿，右大腿与地面平行。左腿微屈，脚尖点地。

2．并步对拳

并步对拳动作纲领（见图 15-2）：

（1）右腿蹬直，左腿提膝，脚尖里扣，上肢姿势不变。

（2）左脚向前落步，重心前移。左臂屈肘，左勾手变掌经左肋前伸；右臂外旋向前下落于左掌右侧，两掌同高，掌心均向上。

（3）右脚向前上一步，两臂下垂后摆。

（4）左脚向右脚并步，两臂向外向上经胸前屈肘下按，两掌变拳，拳心向下，停于小腹前，目视左方。

图 15-1　虚步亮掌

图 15-2　并步对拳

动作要点：并步后挺胸、塌腰。对拳、并步、转头要同时完成。

（二）第一段

1．弓步冲拳

弓步冲拳动作纲领（见图 15-3）：

（1）左脚向左上一步，脚尖向斜前方；右腿微屈，成半马步。左臂向上向左格打，拳眼向后，拳与肩同高；右拳收至腰侧，拳心向上。

（2）右腿蹬直成左弓步。左拳收至腰侧，拳心向上；右拳向前冲出，高与肩平，拳眼向上。

动作要点：成弓步时，右腿充分蹬直，脚跟不要离地。冲拳时，尽量转腰顺肩。

2．弹腿冲拳

弹腿冲拳动作纲领（见图 15-4）：重心前移至左腿，右腿屈膝提起，脚面绷直，猛力向前弹出伸直，高与腰平。右拳收至腰侧；左拳向前冲出。

动作要点：支撑腿可微屈，弹出的腿要有爆发力，力点达于脚尖。

3．马步冲拳

马步冲拳动作纲领（见图 15-5）：右脚向前落步。脚尖里扣，上体左转 90 度。左拳收至腰侧，两腿下蹲成马步；右拳向前冲出。目视右拳。

图 15-3　弓步冲拳

图 15-4　弹腿冲拳

图 15-5　马步冲拳

动作要点：成马步时，大腿要平，两腿平行，脚跟外蹬，挺胸、塌腰。

4．弓步冲拳

弓步冲拳动作纲领（见图 15-6）：上体向右转 90 度，右脚尖外撇向斜前方，成半马步。右臂屈肘向右格打，拳眼向后。左腿蹬直成右弓步。右拳收至腰侧；左拳向前冲出。

动作要点：与本段的弓步冲拳相同，惟左右相反。

5．弹腿冲拳

弹腿冲拳动作纲领（见图 15-7）：重心前移至右脚，左腿屈膝提起，脚面绷直，猛力向前弹出伸直，高与腰平。左拳收至腰侧，右拳向前冲出。目视前方。

图 15-6　弓步冲拳

图 15-7　弹腿冲拳

动作要点：与本段的弹腿冲拳相同。

6．大跃步前穿

大跃步前穿动作纲领（见图 15-8）：

（1）左腿屈膝，右拳变掌内旋，以手背向下挂至左膝外侧，上体前倾，目视右手。

（2）左脚向前落步，两腿微屈。右掌继续向后挂，左拳变掌，向后向下伸直，目视右掌。

（3）右腿屈膝向前提起，左腿立即猛力蹬地向前跃出。两掌向前向上划弧摆起，目视左掌。

（4）右腿落地全蹲，左腿随即落地向前铲出成仆步。右掌变拳抱于腰侧，左掌由上向右向下划弧成立掌，停于右胸前，目视左脚。

图 15-8　大跃步前穿

动作要点：跃步要远，落地要轻，落地后立即接着做下一个动作。

7．弓步击掌

弓步击掌动作纲领（见图 15-9）：右腿猛力蹬直成左弓步，左掌经左脚面向后划弧至身后成勾手，左臂伸直，勾尖向上；右拳由腰侧变掌向前推出，掌指向上，掌外侧向前，目视右掌。

动作要点：左脚猛力蹬直成弓步，勾手，推掌动作要一致。

8．马步架掌

马步架掌动作纲领（见图 15-10）：

（1）重心移至两腿中间，左脚脚尖里扣成马步，上体右转。右臂向左侧平摆，稍屈肘；同时左勾手变掌由后经左腰侧从右臂内向前上穿出，掌心均朝上，目视左手。

（2）右掌立于左胸前，左臂向左上屈肘抖腕亮掌于头部左上方，掌心向前，目向右转视。

图 15-9　弓步击掌

图 15-10　马步架掌

动作要点：马步同前。

（三）第二段

1．虚步栽拳

虚步栽拳动作纲领（见图 15-11）：

（1）右脚蹬地，屈膝提起，左腿伸直，以前脚掌为轴向右后转体 180 度。右掌由左胸前向下经右腿外侧向后划弧成勾；左臂随体转动并外旋，使掌心朝右，目视右手。

（2）右脚向右落地，重心移至右腿上，下蹲成左虚步。左掌变拳下落于左膝上，拳眼向里，拳心向后；右勾手变拳，屈肘向上架于头右上方，拳心向前，目视左方。

动作要点：虚步要挺胸，立腰，右脚实，左脚虚，虚实要分明。

2．提膝穿掌

提膝穿掌动作纲领（见图 15-12）：

（1）右腿稍伸直。右拳变掌收至腰侧、掌心向上；左拳变掌由下向左向上划弧盖压于头上方，掌心向前。

（2）右腿蹬直，左腿屈膝提起，脚尖内扣。右掌从腰侧经左臂内向右前上方穿出，掌心向上；左掌收至右胸前成立掌，目视右掌，提膝穿掌。

动作要点：支撑腿与右臂充分伸直。

3．仆步穿掌

仆步穿掌动作纲领（见图 15-13）：右腿全蹲，左腿向左后方铲出成左仆步。右臂不动，左掌由右胸前向下经左腿内侧，向左脚面穿出，目随左掌转视。

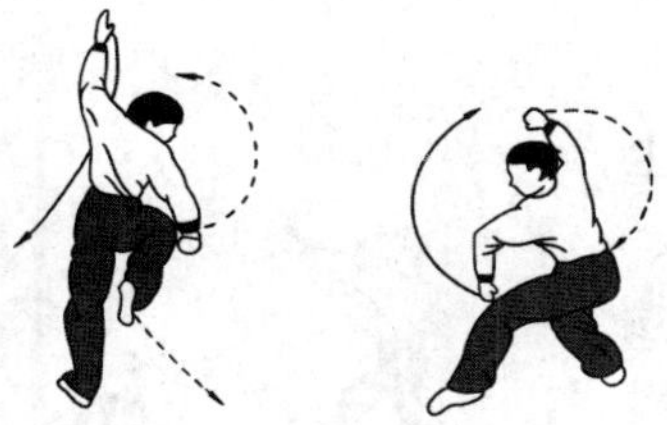

图 15-11　虚步栽拳

图 15-12　提膝穿掌

图 15-13　仆步穿掌

动作要点：前手低，后手高，两臂伸直，上体向左侧前倾。

4．虚步挑掌

虚步挑掌动作纲领（见图 15-14）：

（1）右腿蹬直，重心前移至左腿，成左弓步。右掌稍下降，左掌随重心前移向前挑起。

（2）右脚向左前方上步，左腿半蹲，成右虚步。身体随上步左转 180 度。在右脚上步的同时，左掌由前向上向后划弧成立掌，右掌由后方向前上挑起成立掌，指尖与眼平。目视右掌。

动作要点：上步要快，虚步要稳。

5．马步击掌

马步击掌动作纲领（见图 15-15）：

（1）右脚踏实，脚尖外撇，重心稍升高并右移，左掌变拳收至腰侧；右掌俯掌向外掳手。

（2）左脚向前上一步，以右脚为轴向右后转体 180 度，两腿下蹲成马步。左掌从右臂上成立掌向左侧击出；右掌变拳收至腰侧，目视左掌。

动作要点：右手做掳手时，先使臂内旋、腕伸直，手掌向下向外转，接着臂外旋，掌心经下向上翻转，同时握成拳，收马步和击掌动作要同时进行。

6．叉步双摆掌

叉步双摆掌动作纲领（见图 15-16）：

图 15-14　虚步挑掌

图 15-15　马步击掌

图 15-16　叉步双摆掌

（1）重心稍右移，同时两掌向下向右摆，掌指均向上，目视右掌。

（2）右脚向左腿后插步，前脚掌着地。两臂继续由右向上向左摆，停于身体左侧，均成立掌，右掌停于左肘窝处，目随双掌转视。

动作要点：两臂要划立圆，幅度要大，摆掌与后插步配合一致。

7．弓步击掌

弓步击掌动作纲领（见图 15-17）：

（1）两腿不动，左掌收至腰侧，掌心向上；右掌向上向右划弧，掌心向下。

（2）左腿后撤一步，成右弓步，右掌向下向后伸直摆动，成勾手，勾尖向上；左掌成立掌向前推出，目视左掌。

动作要点：撤步成弓步与勾手、推掌要同时完成。

图 15-17　弓步击掌

8．转身踢腿马步盘肘

转身踢腿马步盘肘动作纲领（见图 15-18）：

（1）两脚以前脚掌为轴向左后转体 180 度，在转体的同时，左臂向上向前划半立圆，右臂向下向后划半立圆。

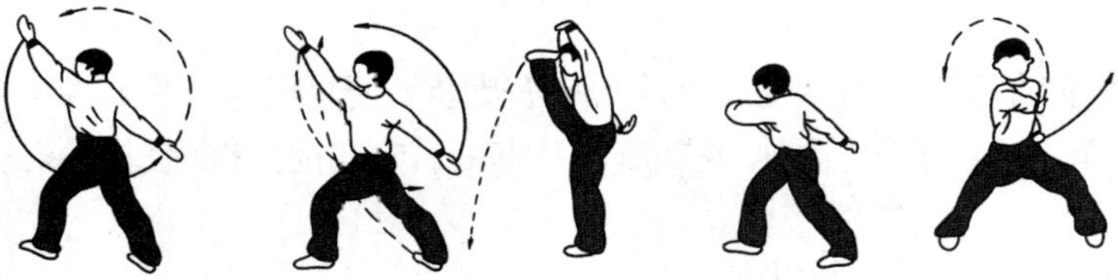
图 15-18　转身踢腿马步盘肘

（2）上动不停，两脚不动，右臂由后向上向前划半立圆，左臂由前向下向后划半立圆。

（3）上动不停，右臂向下成反臂勾手，勾尖向上；左臂向上成亮掌，掌心向上方。右腿伸直，脚尖勾起，向额前踢。

（4）右脚向前落地，脚尖里扣。右手不动，左臂屈肘下落至胸前，左掌心向下。目视左掌。

（5）上体左转 90 度，两腿下蹲成马步。同时左掌向前向左平搂变拳收至腰侧，右勾手变拳。右臂伸直，由体后向右向前平摆，至体前时屈肘，肘尖向前，高与肩平，拳心向下，目视肘尖。

动作要点：两臂抡动时要划立圆，动作连贯，盘肘时要快速有力，右肩前顺。

（四）第三段

1. 歇步抡砸拳

歇步抡砸拳动作纲领（见图 15-19）：

（1）重心稍升高，右脚尖外撇。右臂由胸前向上向右抡直；左拳向下向左，使臂抡直。目视右拳。

（2）上动不停，两脚以前脚掌为轴，向右后转体 180 度。右臂向下向后抡摆，左臂向上向前随身体转动。

（3）紧接上动，两腿全蹲成歇步。左臂随身体下蹲向下平砸，拳心向上，臂部微屈；右臂伸直向上举起，目视左拳。

图 15-19　歇步抡砸拳

动作要点：抡臂动作要连贯完成，划成立圆。歇步要两腿交叉全蹲，左腿大、小腿靠紧，臀部贴于左小腿外侧，膝关节在右小腿外侧，脚跟提起；右脚尖外撇，全脚掌着地。

2. 仆步亮掌

仆步亮掌动作纲领（见图 15-20）：

（1）左脚由右腿后抽出前上一步，左腿蹬直，右腿半蹲，成右弓步。上体微向右转。左拳收至腰侧，右拳变掌向下经胸前向右横击掌，目视右掌。

（2）右脚蹬地屈膝提起，上体右转。左拳变掌从右掌上向前穿出，掌心向上；右掌平收至左肘下。

（3）右脚向右落步，屈膝蹲，左腿伸直，成仆步。左掌向下向后划弧成勾手，勾尖向上；右掌向右向上划弧微屈，抖腕成亮掌，掌心向前。头随右手转动，至亮掌时，目视左方。

图 15-20　仆步亮掌

动作要点：仆步时，左腿充分伸直，脚尖里扣，右腿全蹲，两脚脚掌全部着地。上体挺胸塌腰，稍左转。

3. 弓步劈拳

弓步劈拳动作纲领（见图 15-21）：

（1）右腿蹬地立起，左腿收回并向左前方上步。右掌变拳收至腰侧，左勾手变掌向下向前向上经胸前向左做掳手。

（2）右腿经左腿前方左绕上步，左腿蹬直成右弓步。左手向左平掳后再向前挥摆，虎口朝前。

（3）在左手平掳的同时，右掌向后平摆，然后再向前向上做抡劈拳，拳高与耳平，拳心向上，左掌外旋接扶右前臂，目视右拳。

图 15-21　弓步劈拳

动作要点：左右脚上步稍带弧形。

4．换跳步弓步冲拳

换跳步弓步冲拳动作纲领（见图 15-22）：

图 15-22　换跳步弓步冲拳

（1）重心后移，右脚稍向后移动。右拳变掌，臂内旋，以掌背向下划弧挂至右膝内侧；左掌背贴靠右肘外侧，掌指向前，目视右掌。

（2）右腿自然上抬，上体稍向左扭转。右掌挂至体左侧，左掌伸向右腋下，目随右掌转视。

（3）右脚以全脚掌用力向下震跺，与此同时，左脚急速离地抬起。右手由左向上向前掳盖而后变拳收至腰侧；左掌伸直向下向上向前屈肘下按，掌心向下。上体右转，目视左掌。

（4）左脚向前落步，右腿蹬直成左弓步。右拳向前冲出，拳高与肩平；左掌藏于右腋下，掌背贴靠腋窝，目视右拳。

动作要点：换跳步动作要连贯、协调。震脚时腿要弯曲，全脚掌着地。左脚离地不要高。

5．马步冲拳

马步冲拳动作纲领（见图 15-23）：上体右转 90 度，重心移至两腿中间，成马步。右拳收至腰侧，左掌变拳向左冲出，拳眼向上，目视左拳。

动作要点：重心要平稳，马步要低平，冲拳要有寸劲。

6．弓步下冲拳

弓步下冲拳动作纲领（见图 15-24）：右腿蹬直，左腿弯曲，上体稍向左转，成左弓步。左拳变掌向下经体前向上架于头左上方，掌心向上，右拳自腰侧向左前斜下方冲出，目视右拳。

图 15-23 马步冲拳

图 15-24 弓步下冲拳

动作要点：蹬右腿转体，挺胸塌腰，力发于腰，力达拳面。

7．叉步亮掌侧踹腿

叉步亮掌侧踹腿动作纲领（见图 15-25）。

（1）上体稍右转。左掌由头上下落于右手腕上，右拳变掌，两手交叉成十字，目视双手。

（2）右脚蹬地并向左腿后插步，以前脚掌着地。左掌由体前向下向后划弧成勾手，勾尖向上；右掌向前向右向上划弧抖腕亮掌，掌心向前，目视左侧。

（3）重心移至右腿，左腿屈膝提起，向左上方猛力蹬出。上肢姿势不变，目视左侧。

动作要点：插步时上体稍向右倾斜，腿、臂的动作要一致。侧踹高度不能低于腰，大腿内旋，着力点在脚跟。

8．虚步挑拳

虚步挑拳动作纲领（见图 15-26）：

（1）左脚在左侧落地。右掌变拳稍后移，左勾手变拳由体后向左上挑，拳背向上。

（2）上体左转 180 度，微含胸前俯。左拳继续向前向上划弧上挑，右拳向下向前划弧挂至右膝外侧，同时右膝提起，目视右拳。

（3）右脚向左前方上步，脚尖点地，重心落于左脚，左腿下蹲成右虚步。左拳向后划弧收至腰侧，拳心向上；右拳向前屈臂挑出，拳眼斜向上，拳与肩同高，目视右拳。

图 15-25 叉步亮掌侧踹腿

图 15-26 虚步挑拳

动作要点：虚步与上肢动作要一致。

（五）第四段

1．弓步顶肘

弓步顶肘动作纲领（见图 15-27）：

图 15-27 弓步顶肘

（1）重心升高，右脚踏实。右臂内旋向下直臂划弧以拳背下挂至右膝内侧，左拳不变。目视前下方。

（2）左腿蹬直，右腿屈膝上抬。左拳变掌，右拳不变，两臂向前向上划弧摆起，目视右拳。

（3）左脚蹬地起跳，身体腾空，两臂继续划弧至头上方。

（4）右脚先落地，右腿屈膝，左脚向前落步，以前脚掌着地。同时两臂向右向下屈肘停于胸前，右拳变掌，左掌变拳。右掌心贴靠左拳面。

（5）左脚向左上步屈膝，右腿蹬直成左弓步，右掌推左拳，以左肘尖向左顶出，高与肩平。目视前方。

动作要点：交换步时不要过高，但要快，两臂抡摆时要成圆弧。

2．转身左拍脚

转身左拍脚动作纲领（见图 15-28）：

（1）以两脚前脚掌为轴向右后转体 180 度。随着转体，右臂向上向前向下划弧抡摆，同时左拳变掌向下向后向前上抡摆。

（2）左腿伸直向前上踢起，脚面绷平，左掌变拳收至腰侧，右掌由体后向上向前拍击左脚。

动作要点：右掌拍脚时手掌稍横过米，拍脚要准确响亮。

3．右拍脚

右拍脚动作纲领（见图 15-29）：

图 15-28 转身左拍脚

图 15-29 右拍脚

（1）左脚向前落地。左拳变掌向下向后摆，右掌变拳收至腰侧。

（2）右腿伸直向前上踢起，脚面绷平。左拳变掌由后向上向前拍击右脚面。

动作要点：与本段的转身左拍脚相同。

4．腾空飞脚

腾空飞脚动作纲领（见图 15-30）：

图 15-30 腾空飞脚

（1）右脚落地。

（2）左脚向前摆起，右脚猛力蹬地跳起，左腿屈膝继续前上摆。同时右拳变掌向前向上摆起，左掌先上摆而后下降拍击右掌背。

（3）右腿继续上摆，脚面绷平。右手拍击右脚面，左掌由体前向后上举。

动作要点：蹬地要向上，不要太向前冲，左膝尽量上提。击响要在腾空时完成，右臂伸直成水平。

5．歇步下冲拳

歇步下冲拳动作纲领（见图 15-31）：

（1）左、右脚相继落地，左掌变拳收至腰侧。

（2）身体右转 90 度，两腿全蹲成歇步。右掌抓握、外旋变拳收至腰侧；左拳由腰侧向前下方冲出，拳心向下。目视左拳。

动作要点：右掌抓握动作要快速，歇步与左冲拳的动作要一致。

6．仆步抡劈拳

仆步抡劈拳动作纲领（见图 15-32）：

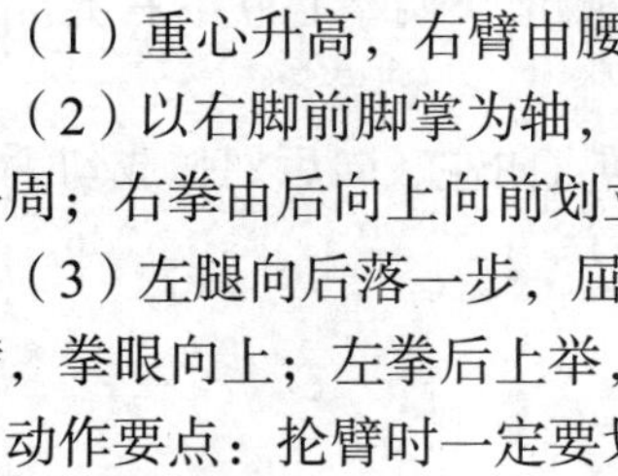

图 15-31 歇步下冲拳

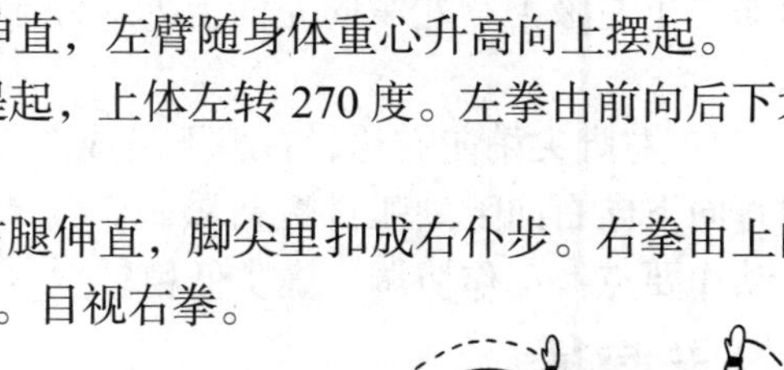

图 15-32 仆步抡劈拳

（1）重心升高，右臂由腰侧向体后伸直，左臂随身体重心升高向上摆起。

（2）以右脚前脚掌为轴，左腿屈膝提起，上体左转 270 度。左拳由前向后下划立圆一周；右拳由后向上向前划立圆一周。

（3）左腿向后落一步，屈膝全蹲，右腿伸直，脚尖里扣成右仆步。右拳由上向下抡劈，拳眼向上；左拳后上举，拳眼向上。目视右拳。

动作要点：抡臂时一定要划立圆。

7．提膝挑掌

提膝挑掌动作纲领（见图 15-33）：

（1）重心前移成右弓步，同时右拳变掌由下向上抡摆，左拳变掌稍下落，右掌心向左，左掌心向右。

图 15-33 提膝挑掌

（2）左、右臂在垂直面上由前向后各划立圆一周。右臂伸直停于头上，掌心向左，掌指向上；左臂伸直停于身后成反勾手。同时右腿屈膝提起，左腿挺膝伸直独立。目视前方。

动作要点：抡臂时要划立圆。

8．提膝劈掌弓步冲拳

提膝劈掌弓步冲拳动作纲领（见图 15-34）：

（1）下肢不动。右掌由上向下猛劈伸直，停于右小腿内侧，用力点在小指一侧；左勾手变掌，屈臂向前停于右上臂内侧，掌心向右。目视右掌。

（2）右脚向右后落地；身体右转 90° 。同时左掌变拳收至腰侧，右臂内旋向右划弧做劈掌。

（3）上动不停，左腿蹬直成右弓步。右手抓握变拳收至腰侧，左拳由腰侧向左前方冲出。目视左拳。

动作要点：左掳手动作要快，右弓步与左冲拳的动作要一致。

（六）结束动作

1．虚步亮掌

虚步亮掌动作纲领（见图 15-35）：

图 15-34　提膝劈掌弓步冲拳

图 15-35　虚步亮掌

（1）右脚扣于左膝后，两拳变掌，两臂右上左下屈肘交叉于体左前，目视右掌。

（2）右脚向右后落步，重心后移，右腿半蹲，上体稍右转。同时右掌向上向右向下划弧停于左腋下；左掌向左向上划弧停于右臂上与左胸前，两掌心左下右上。目视左掌。

（3）左脚尖稍向右移，右腿下蹲成左虚步。左臂伸直向左、向后划弧成勾手；右臂伸直向下向右向上划弧抖腕亮掌，掌心向前。目视左方。

动作要点：动作协调，虚步低稳。

2．并步对拳

并步对拳动作纲领（见图 15-36）：

（1）左腿后撤一步，同时两掌从两腰侧向前穿出伸直，掌心向上。

（2）右腿后撤一步，同时两臂分别向体后下摆。

（3）左脚后退半步向右脚并拢。两臂由后向上经体前屈臂下按，两掌变拳，停于腹前，拳心向下，拳面相对。目视左方。

动作要点：与预备动作相同，松肩，精神饱满。

3．还原

还原动作纲领（见图 15-37）：两臂自然下垂成预备式，目视正前方。

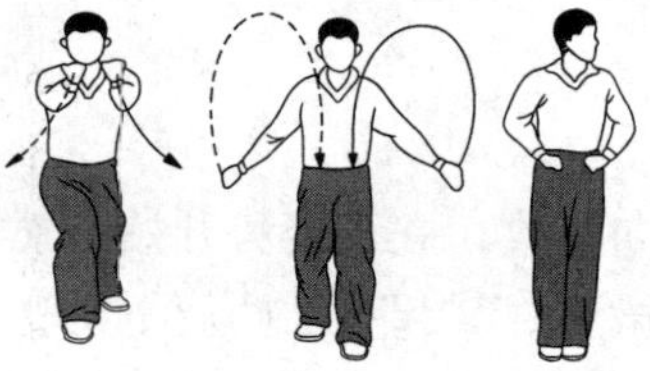

图 15-36 并步对拳

图 15-37 还原

第二节 太 极 拳

一、太极拳的起源

太极拳运动是中华民族的国粹，是一种比较柔和舒缓、重意轻力、圆柔练内的拳术。它不仅能够达到调整阴阳、疏理经络、强身健体、延年益寿的目的，还能防病疗疾，提高人的修养，健全人格，陶冶情操，是一项深受人们喜爱的运动。

太极拳创始于清朝初期，早期曾称为“长拳”“绵拳”“十三势”“软手”。清朝乾隆年间，山西人王宗岳著《太极拳论》，才确定了太极拳的名称。“太极”一词源出《周易·系辞》：“易有太极，是生两仪。”“太极”含有至高、至极、绝对、唯一之意。关于太极拳的起源与创始人，众说纷纭，但现在多数拳家认为太极拳起源于武当，创始人是张三丰。现在的各式太极拳几乎都是起源于陈式太极拳。

24 式简化太极拳是原国家体育委员会在 1955 年创编的一种简化的太极拳，是在杨式太极拳的基础上演化而来的。其特点为：动作舒展、大方、缓慢、连贯、圆滑；要求全神贯注，意识导引；上下相随；周身协调；虚实分明，重心稳定；动作轻缓，呼吸自然；速度均匀；连绵不断。

二、24 式简化太极拳动作名称

本套动作集中了太极拳的主要结构和技术内容，易学易懂，全套共 8 组 24 个姿势动作。

第一组：起势；左右野马分鬃；白鹤亮翅。

第二组：左右搂膝拗步；手挥琵琶；左右倒卷肱。

第三组：左揽雀尾；右揽雀尾；单鞭。

第四组：云手；单鞭；高探马。

第五组：右蹬脚；双峰贯耳；转身左蹬脚。

第六组：左下势独立；右下势独立；左右穿梭。

第七组：海底针；闪通臂；转身搬拦捶。

第八组：如封似闭；十字手；收势。

三、24 式简化太极拳图解与说明

（一）起势

要点：①预备势。头颈正直，下颌微向下收，立正姿势开始，然后左脚向左分开，与肩同宽，身体重心落于两腿中间，双膝微屈。②起势。两肩下沉，两肘松垂，手指自然微屈，臂部不可凸出，两臂的起落和双膝的起蹲要协调一致（见图 15-38）。

图 15-38　起势

（二）左右野马分鬃

要点：上体不可前俯后仰，两臂分开时要保持弧形，身体转动要以腰为轴，弓步动作与分手速度要均匀一致；迈出的脚脚跟先着地，然后脚掌慢慢踏实，做到前弓后箭，前腿膝盖不要超过脚尖，后腿自然伸直，脚跟不得离地，前后腿夹角为 45 ~ 60 度，前后脚的脚跟要在中轴线两侧，其横向距离保持在 10 ~ 30 厘米（见图 15-39）。

图 15-39　野马分鬃

（三）白鹤亮翅

要点：完成姿势时胸部不要挺出，两臂上下都要保持半圆形；左膝微屈，身体重心后移和右手上提、左手下压动作协调一致（见图 15-40）。

图 15-40　白鹤亮翅

（四）左右搂膝拗步

要点：前手推出时要沉肩垂肘、坐腕舒掌，同时须与松腰、弓腿动作上下一致，身体不可前俯后仰（件图 15-41）。

技击意义：用自己的手搂按对方进攻的手或腿、脚，使其前行攻击自己的力改变方向（向下或向外运行），失去攻击的意义；同时自己上一步，用另一手拍按、击打对方面部或胸口。

图 15-41　搂膝拗步

（五）手挥琵琶

要点：右脚跟进时，前脚掌先着地，再全脚踏实；身体重心后移和左手上起、右手回收动作要协调一致；身体要平稳自然，沉肩垂肘，胸部放松（见图 15-42）。

图 15-42　手挥琵琶

（六）左右倒卷肱

要点：前推的手和后撤的手随转体走弧线，且转腰松胯，两手速度要一致；退步时脚掌先着地，再全脚踏实，同时前脚随转体以脚掌为轴扭正；退左脚时略向左后斜，退右脚时略向右后斜，避免两脚后退时落在一条直线上（见图 15-43）。

图 15-43　倒卷肱

（七）左揽雀尾

要点：绷出时，两臂前后均保持弧形，分手、松腰、弓腿3个动作必须协调一致；下捋时上体不可前倾，臀部不要凸出，两臂下捋须随腰旋转，仍走弧线，左脚全脚掌着地；向前挤时上体要正直，并与松腰、弓腿动作一致；向前按时两手须走曲线，手部高与肩平，两肘微屈（见图15-44）。

图15-44　左揽雀尾

（八）右揽雀尾

要点：与左揽雀尾动作相同，只是方向相反（见图15-45）。

技击意义：左揽雀尾和右揽雀尾是太极拳的基本技法，绷是向外、向上，阻击对方进攻时用的一种力；捋是向后、向下，借对方劲的一种力；挤是靠近对方用的一种力。

图15-45　右揽雀尾

（九）单鞭

要点：上体保持正直、松腰；完成姿势时两肩下沉，右肘稍下垂，左肘与左膝上下相对，左手向外翻掌推出时，要随转体边翻边推出，不要翻掌太过或突然翻掌；全部过渡动作上下要协调一致（见图15-46）。

图15-46　单鞭

（十）云手

要点：两脚平行向左移动，开步与并步时脚要轻提轻落，脚前掌内侧先着地；整个动作要平均、平稳、连贯，以腰为轴，上体正直；两掌云转时，上掌指不高过眉，下掌指不低过裆，不可突然翻掌（见图 15-47）。

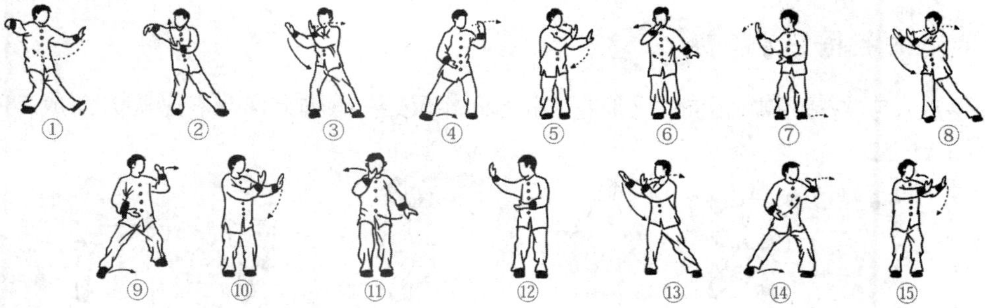

图 15-47　云手

（十一）单鞭

动作如图 15-48 所示。

（十二）高探马

要点：收手和推手速度要均匀（见图 15-49）。

图 15-48　单鞭

图 15-49　高探马

（十三）右蹬脚

要点：身体要保持稳定，不可前俯或后仰；两手分开时腕部与肩部齐平；蹬脚时左腿微微弯屈，右脚尖回勾，劲使在脚跟；分手与蹬腿动作要协调一致；右臂与右腿上下相对（见图 15-50）。

图 15-50　右蹬脚

（十四）双峰贯耳

要点：完成姿势时，头颈要正直，松腰、松胯，两拳松握，沉肩垂肘，两臂均保持弧形；弓步与身体方向和右蹬脚方向相同（见图 15-51）。

图 15-51　双峰贯耳

（十五）转身左蹬脚

要点：与“右蹬脚”相同，只是左、右方向相反，左蹬脚方向与右蹬脚方向成 180°（见图 15-52）。

图 15-52　转身左蹬脚

（十六）左下势独立

要点：右腿全蹲时，上体不可过于前倾；左腿伸直时，左脚尖须向内扣，两脚掌全部着地；成独立势时，上体正直，独立腿微屈，右腿提起时脚尖要自然下垂（见图 15-53）。

图 15-53　左下势独立

（十七）右下势独立

要点：右脚尖触地后，身体微向左转，动作方向和“左下势独立”相反（见图 15-54）

图 15-54　右下势独立

（十八）左右穿梭

要点：完成姿势时面向斜前方，一手上举一手前推，要与弓腿送腰动作上下协调一致；上体不可前俯，防止引肩上耸（见图 15-55）。

（十九）海底针

要点：身体要先向右转，再向左转，完成姿势；双腿微屈，上体不可太向前倾，不可低头和臀部外凸（见图 15-56）。

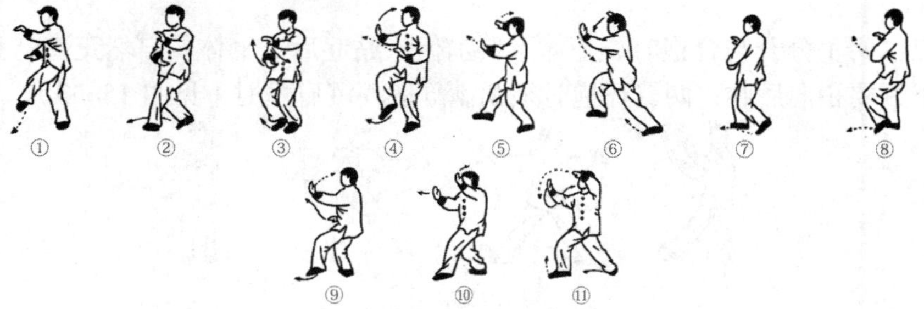

图 15-55 左右穿梭

（二十）闪通臂

要点：完成姿势时上体自然正直，松腰、松胯；左臂前伸时不要伸直，背部肌肉要伸展；推掌、举掌和弓腿成弓步时，动作要协调一致；弓步时两脚尖稍内扣，两脚跟横间距离不超过 10 厘米（见图 15-57）。

图 15-56 海底针

图 15-57 闪通臂

（二十一）转身搬拦捶

要点：向右后转身，拍按左右掌，再搬右拳，重心前移，右拳向右划弧；顺势左腿上步；左手由外向内拦时，落左脚成弓步，左手回撤，右拳向前打出（见图 15-58）。

图 15-58 转身搬拦捶

（二十二）如封似闭

要点：身体后坐时，避免后仰，臀部不可凸出；两臂随身体回收时，肩、肘略向外松开，不要直着收回；成弓步两手推出时宽度不要超肩宽（见图 15-59）。

图 15-59 如封似闭

（二十三）十字手

要点：两手分开与合抱时，上体不要前俯；站起后，身体要自然正直，头要微向上顶，下颏要稍向后收；两臂环抱时须圆满舒适，沉肩垂肘（见图 15-60）。

图 15-60　十字手

（二十四）收势

要点：两手左右分开下落时，要注意全身放松，同时气也徐徐下沉（呼气略加长）；呼吸平稳后，把左脚收到右脚旁，至此，整套动作完成（见图 15-61）。

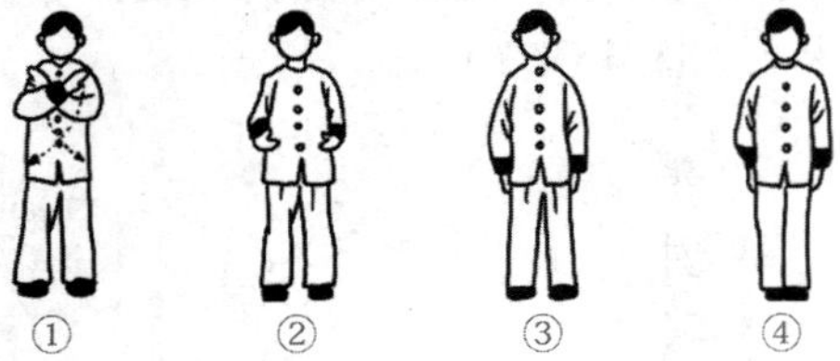

图 15-61　收势

第十六章 体 育 游 戏

第一节 体育游戏概念

体育游戏也称“活动性游戏”，是体育教学内容和方法之一。为提高学生的兴趣，将某种体育活动加上情节或规则，或以活动的结果作为判断胜负的依据，可提高学生参加锻炼的积极性。构成的基本要素是身体活动、情节、规则、方法、结果和场地与器具。其中身体活动是体育游戏不可缺少的。

一、中国古代体育游戏的来源

从发生学的观点看，体育游戏的来源可分成间接发生和直接发生两类。间接发生是指从军事战争、生产劳动、社会娱乐等人类社会生活中演变发生的体育游戏活动；直接发生的体育游戏，则是人们为了娱乐消遣或教化的原因而有意识地创造出来的。中国早期体育游戏的起源多是自发的和间接发生的，并且与中国古代的社会文化生活紧密关联。

二、体育游戏原则

体育教学就是要使学生取得自主、快乐的情感，发展学生的个性，增进学生健康成长，提高体育教学的实效性。培养学生学习参与运动的积极性，培养爱国爱民，团结协作、互帮互助、独自自主、顽强拼搏的精神。具体来说，体育游戏的开展要遵循序以下几个基本原则。

1．趣味性原则

创编的体育游戏要具有新颖性、趣味性，让学生有新鲜感。趣味性是体育游戏固有的特点，缺乏趣味的游戏，就失去了意义。因此，在创编游戏时，可以多挖掘一些生活素材、喜剧素材、文化素材、地方特色素材，在游戏的竞争性、动作设计、规则方面多下功夫，可设计一些与日常生活习惯不同的、相反的或难以协调的动作来组织游戏。

2．目的性原则

在体育教学中运用游戏，其目的是为完成教学任务服务，绝不仅仅是为了活跃课堂气氛，让学生玩得高兴。因此，运用体育游戏的目的要非常明确。在身体锻炼方面，体育游戏具有增强学生体质、提高学生身体素质的功能，因此创编时应适当融进一些身体素质练习，让学生在娱乐中得到身体锻炼。

3．简易性原则

创编的体育游戏在方法上要简单易学，在规则上要便于操作和裁判，创编时一定要合理设计，并进行必要的实践考证，严格把握好操作环节和裁判标准。有些体育游戏虽然形式新颖、内容富有吸引力，但由于游戏组织的方法比较复杂，不方便在体育课上进行，这样的游戏最好不要选用。

4．针对性原则

创编和选择游戏时要考虑学生的年龄、性别、身体条件、认知能力等多种因素，针对不同的教学对象选择与其特点相适应的游戏。

三、体育游戏特点

1．自由性

体育游戏没有直接的外在功利性。人们在体育游戏中注意的是过程的乐趣，而不是活动的最终目的或结果，因而游戏活动的目标往往可根据游戏者自己的愿望提出和设定。游戏活动过程中不受外部的制约和约束。游戏者可以自由选择玩什么，怎样玩，用什么器材。并可以商议游戏的方法及进程，可以充分发挥参与者的自主性，做自己的主人，完善个体，实现自我。

2．灵活性

体育游戏的活动方法、动作路线、主要规则可以根据参加者的实际情况有不同变化，场地器材也可以根据实际情况选用。体育游戏中的动作，可以根据参加者的具体情况和不同要求作相应变化，既可以是正常的跑、跳、投、攀爬、攀登，也可以是变异的跑、跳、投、攀爬、攀登；既可以徒手进行，也可以用各种器械；既可以提出严格的动作规范，也可以淡化动作规范。这与竞技体育严格的技术规范形成了鲜明的对比。体育游戏中的路线，可以根据参加者具体情况和不同要求作相应的变动，可以是直线、曲线，也可以是弧线、螺旋形；既可以一次直接到达终点，也可以几人接力到终点，或一个人数次往返来回。体育游戏中的规则，不需要过分精细，只要有必要的几条主要规则就行，规则可根据体育游戏的目的，对活动的路线作不同限制，能产生不同的游戏效果。体育游戏对场地器材要求极低，可以根据实际不同情况因地制宜。

3．竞争性

与其他体育活动一样，体育游戏也具有竞争性，而体育游戏的竞争与一般竞技体育的竞争有所差别。竞技体育的竞争是在统一严格的规则制约下，一种强者的竞争，只有体能好，专项战术水平高的人才可能在竞争中获胜。而体育游戏由于其活动方式有较大的变通性，虽然游戏结果一般也是以获胜而告终，但体育游戏获胜的因素是多种多样的。竞争的内容可以随意变通，可以比体力，比技巧，比智力，也可以比运气，比与同伴的协作，比集体的力量，比应变能力，比勇气……因此可能出现的结果也是多种多样的。体育游戏的这种竞争性，可以使弱者有成功获胜的可能，给强者提出新的挑战，只要全力以赴，参加者都有夺标的希望，在游戏中可以更好地挖掘人的潜力，各显神通。

4．趣味性

趣味性是体育游戏的显著特征。由于体育游戏是一种参加者自由选择的活动，没有任何外来的压制，所以参加者能轻松、自由、平等地参加活动，使其将活跃起来的心理功能得到发挥，获得自由表现的机会，把注意力集中于活动过程的乐趣上，使参与者拥有一种轻松愉快的心境。体育游戏的变通性使游戏的创编更具灵活性，从而赋予游戏具有引人入胜、精彩纷呈的色彩。体育游戏过程中的随机性、偶然性，会使游戏参加者产生浓厚的兴趣和出乎预料的愉快成份，满足人们情绪、情感上的需求，产生愉快的情绪体验，使人情趣倍增。

第二节　体育游戏技术

一、游戏名称：让距追逐跑

（1）游戏目的：使学生在游戏化的氛围中获得奔跑的动作体验，促进奔跑能力的发展与提高。

（2）游戏准备：画 4 条 40 米的跑道，距离起点线后方 1 米处画一条平等线作为预备线。起跑线前 2 米处画一条平行线作为第二起跑线。距离 40 米再画一条平行线作为终点线。将学生分成人数相等的 4 队，分别成纵队站在预备线后，面向本道的终点。每两队为一组，同组同排的 2 人为一队。

（3）游戏方法：游戏开始后，同组中两队队长猜拳确定本轮追逃的角色定位。接着，每组的第一排两人，按角色定位站到各自岔道的起跑线后做好预备姿势，听到信号时两人同时跑出，后者在途中拍到前者为胜。后面的同学依次进行游戏直到结束，最后以获胜者多的队为胜。

二、游戏名称：答题接力赛

（1）游戏目的：锻炼学生的短跑能力，提高反应力，促进团队合作能力等。场地器材：田径场。

（2）游戏方法：可根据情况分为四组，由老师当发令员，各组在跑道上设定的起点处排成纵队，在另一边 50 米处设定一个终点，每组各设一名小组长在排头，由发令员发出一个问题，每个小组开始讨论出答案，然后由小组长向发令员答题，答对后小组所有人一起跑到终点，根据所用时间排名次。

（3）游戏规则：回答问题时必须由小组长回答，其他人回答无效，比赛过程中不能跑出自己小组的跑道，不能干扰对手，必须全队所有人员跑过终点才算完成。

三、游戏名称：运抢球

（1）游戏目的：加强学生对球的控制和熟练度。

（2）游戏准备：篮球、篮球场。

（3）游戏方法：在整个篮球场上进行。一半同学持球，另一半同学无球。游戏开始，持球同学在场内运球，在运球中要躲避无球同学的抢断。无球同学则用合理的动作进行抢断球，一旦抢到球后互换。

（4）游戏规则：无球者不得用推、拉等犯规动作抢球；发生被迫运球出界或违例情况，按被抢断论处。

四、游戏名称：传球游戏

（1）游戏目的：加强学生对球的控制和熟练，掌握投篮动作技术。

（2）游戏准备：篮球、篮球场。

（3）游戏方法：

①班级分组，每组 10 个人（男女生各 5 个）排头人双手拿球，经头顶到脑后，第二名接过球在头顶后传球，依次进行。最后一个将球投进篮筐内。速度快的那组获胜。

②两腿分开站立，排头抱球弯腰从两腿下把球传给第二名，第二名再从两腿下后传给第三名，依次进行。最后一个将球投进篮筐内。速度快的那组获胜。

③站成两路纵队，分成甲乙两组，甲组第一名传给乙组第一名，乙组第一名传给甲组第二名，依次相互传球。或从左向右，从右向左传球。最后一个将球投进篮筐内。速度快的那组获胜。

五、游戏名称：垫球接力

（1）游戏目的：锻炼学生身体素质，熟练球性。

（2）游戏准备：排球、排球场。

（3）游戏方法：每组分成两队站在两边的发球线上。其中一队开始垫球前进，中间要垫球钻过网，然后到达对面的另一队。如果中途球落地的话那就要从头开始。先完成者为胜。

六、游戏名称：抛球叫号

（1）游戏目的：练习学生的灵敏性、判断排球的线路。

（2）游戏准备：排球、排球场。

（3）游戏方法：学生围成一圈，中间一名学生为第一个发令员。发令员叫出一个学生的学号，随后将球竖直抛向空中，同时人往远处跑开。接到指令的学生从人群中冲出，在球第二次落地以前将球握在手中，依次类推。

七、游戏名称：追羽毛球加速跑

（1）游戏目标：发展灵敏、速度素质，提高奔跑能力；培养合作意识。

（2）游戏准备：羽毛球场、羽毛球

（3）游戏方法：学生分成人数相等的几个小组，每小组由一名学生负责掷羽毛球，其他学生站成一路纵队。掷球者喊“预备”，纵队排头学生做好站立式起跑姿势，掷球者喊“跑”的同时，用力将羽毛球向前上方掷出。在羽毛球被掷出瞬间，起跑者立即以最快速度向前跑出，争取将羽毛球接住。依次进行练习。各小组学生要轮流掷球。

注意：掷球者不得往下掷球；起跑者不得抢跑。

八、游戏名称：隔网击掌步法移动游戏

（1）游戏目的：锻炼身体素质、熟悉并步、交叉步。

（2）游戏准备：羽毛球场地、羽毛球。

（3）游戏方法：以球网为分割线，把学生平均分为 2 组，每组再平均分为 3 纵队，分别沿各自边场地的单打边线和中线以底线为起始线站好。教练喊开始后，两边的学生以高抬腿、侧滑步、后踢腿、摸脚踝、鸭子步、交叉步等和队友不同的步法同时球网前进，与网对面的另一队队员网上击掌后接着转向采用前进时的步法向自己的底线方向移动，返回到自己底线位置 后与同队的队员击掌，立刻退到队伍的后面。同队队员再继续向前，重复前面队员的动作。

九、游戏名称：抢收抢种

（1）游戏目的：锻炼身体素质，加强学生灵敏性，熟悉球性。

（2）游戏准备：乒乓球场、乒乓球。

（3）游戏方法：全班分成 5 人~10 人一组，每组组长拿一盆球自由撒向指定区域（撒播种子），其他同学迅速捡取（抢收成果），比比谁收得多。这类游戏难度低，可操作性强，在体育教学的准备和放松活动中使用得较多。

十、游戏名称：传球接力

（1）游戏目的：发展身体素质，熟悉乒乓线路，提高灵敏性。

（2）游戏准备：乒乓球场、乒乓球

（3）游戏方法：全班学生分成若干横队或纵队体操队形排列，每队第一人手持一盆乒乓球（数量相等），游戏开始时，每队第二人从盆中每次取一球从头顶（或跨下、左、右等方向）向下一人传，先传完一盆球的队获胜

十一、游戏名称：一拍击中

（1）游戏目的：游戏练习学生的平衡能力和稳定性、熟悉球性。

（2）游戏准备：网球场、网球、网球拍、绳子。

（3）游戏方法：把班级分成几组，用网球拍在身体左右侧前方向上拍打网球，不要拍太高。要求：连续拍打网球时，网球拍要经过身体后侧，比如说右手持拍，向上拍一下网球，然后网球拍绕过身体后侧，在左侧向上拍打网球，再从身体后侧绕回拍打网球，依次类推，先完成的获胜。

十二、游戏名称：网球大冲关

（1）游戏目的：调动学生学习积极性，熟悉球性。

（2）游戏准备：网球场地或排球场地或篮球场地；12 障碍物（高 0. 6 米、直径 0.3 米）；12 个地面标志贴（0.2×0.2 米）；6 米长绳梯（梯间隔 0.4 米）；圆圈直径 0.6 米，离地高度 0.914 米；网球拍 2 把；网球 5 个；秒表 1 块。

（3）游戏方法

①第一关：把网球场分成 ABCD 四个端点，队员从 A 点用球拍颠着网球（球不能停在拍子上，如球掉落要求从掉球处开始）按照规定路线绕着障碍物向 B 点方向点移动（必须绕过每一个障碍物，不允许直接跑向 B 点，如有错过的障碍物则回到 A 点重新开始，重新开始时裁判不重新计时），移至 B 点后第一关完成。

②第二关：从 B 点开始，要求队员用球拍拍着网球向 C 点移动，途中必须让球击中每个指定标志物（队员必须击中每个标志物后方可离开），到达 C 点后第二关完成。网球用下手发球的方式打入指定圈内，每人有四次机会，每进一球得分。

③第三关：队员从 C 点按照规定步法越过障碍物后，将 D 点的加 100 分。六人的累加分数为本队成绩。

（4）游戏规则：每个参赛队员限时 70 秒。比赛共设三关，前两关各 300 分，最后一关每进一球加 100 分（共 4 球），总分 1000 分；在 70 秒内，完成前两关，第三关没有进球，得 600 分；在 70 秒内，完成第一关，第二关没有完成，得 300 分；一关没有完成，得 0 分。

十三、游戏名称：群龙戏珠

（1）游戏目的：进一步掌握水中平衡及水中平卧起身技术。

（2）游戏准备：游泳池、塑料球或水球

（3）游戏方法：几人分为一组，2 组~3 组在水中抢充气塑料球或水球，持球人传球给自己组的同伴，其他组的人防守并抢球，比一比哪组持球时间长。持球时间长的获胜。

十五、游戏名称：水下拾宝

（1）游戏目的：加强水中平衡能力及水中观察能力。

（2）游戏准备：游泳池、小橡皮。

（3）游戏方法：距学生 5 米处，齐腰深的水中，扔若干彩色的小橡皮。口令下达后，学生们以最快的速度去捡，每次只准捡一块，捡到后要回到原出发点交给教师再去捡，看谁捡得多，捡得多的一方获胜。

十五、游戏名称：前后滑步抓人

（1）游戏目的：培养学生的反应能力和练习下肢速度。

（2）游戏的准备：一块平坦的场地，中央画两条相距 2 米的平行直线。在两条直线两侧各 10 米处画两条平行线为安全线。学生按人数平均分成两组，在中线后一米处二人相对站立。其中一组为单数，另一组为双数。

（3）游戏方法：当听到教师喊单数时，单数的一组同学做前滑步，去追双数的同学，而双数的同学应立即向后滑步，避免让单数的同学抓到，直到跑出安全线为止。当听到教师喊双数时，游戏反向进行。规则：被追逐者在安全线以内被抓住则被惩罚 10 次~15 次俯卧撑。如追逐者在安全线以内未能抓住被追逐者则被惩罚 10 次~15 次俯卧撑。

两组同学可也可用“猜拳”的方法进行，赢的一方追，输的一方跑。

参 考 文 献

[1] 孟祥立，杜红宇．体育与健康[M]．南京：南开大学出版社，2010．

[2] 马宝壮．大学体育与健康[M]．北京：冶金工业出版社，2011．

[3] 杨莉华．大学生体育与健康[M]．上海：上海交通大学出版社，2008．

[4] 贾鹏飞．公共体育课教程[M]．北京：人民教育出版社，2010．

[5] 杜宣新．久坐族简易健身法[M]．北京：金盾出版社，2009．

[6] 王永祥．体育与健康教程[M]．长春：吉林大学出版社，2010．

[7] 高鹏革，蔡军．体育与健康[M]．北京：冶金工业出版社，2011．

[8] 胡振浩，张溪，田翔．职业体能训练[M]．北京：高等教育出版社，2008．

[9] 王昆欣．形体训练与形象塑造[M]．北京：清华大学出版社，2008．

[10] 张云成．大学生体育与健康[M]．北京：中央广播电视大学出版社，2010．

[11] 李茹彬．体育实践[M]．青岛：中国海洋大学出版社，2012．

[12] 王淳海，厦晶，韩玉波．大学生体育综合教程[M]．长春：东北师范大学出版社，2010．

[13] 刘彬．体育与健康[M]．长春：东北师范大学出版社，2011．